高等职业教育轨道运输类专业“十二五”规划教材

铁路客运业务实务

（第二版）

王慧晶　主编
黄　欣　主审

中 国 铁 道 出 版 社

2017 年·北 京

内容简介

本书主要包括旅客运输运费计算、旅客运输基本业务、旅客运输计划编制、客运站工作组织、旅客列车工作组织、旅客运输事故的处理等内容。

本书为高等职业院校、高等专科学校等相关专业的教材，也可作为客运站、段教育室的培训用书，并可供从事铁路客运工作的干部、职工学习参考。

图书在版编目（CIP）数据

铁路客运业务实务/王慧晶主编．—2版．—北京：中国铁道出版社，2014.4（2017.8重印）
高等职业教育轨道运输类专业“十二五”规划教材
ISBN 978-7-113-18175-8

Ⅰ．①铁… Ⅱ．①王… Ⅲ．①铁路运输—旅客运输—高等职业教育—教材 Ⅳ．①U293

中国版本图书馆CIP数据核字（2014）第048267号

书　　名：铁路客运业务实务（第二版）
作　　者：王慧晶　主编

责任编辑：李丽娟　悦　彩　　电话：010-51873135
封面设计：王镜夷
责任校对：焦桂荣
责任印制：李　佳

出版发行：中国铁道出版社（100054，北京市西城区右安门西街8号）
网　　址：http://www.tdpress.com
印　　刷：北京鑫正大印刷有限公司
版　　次：2009年8月第1版　2014年4月第2版　2017年8月第6次印刷
开　　本：787 mm × 1092 mm　1/16　印张：13.25　插页：1　字数：331千
书　　号：ISBN 978-7-113-18175-8
定　　价：30.00元

第二版前言

PREFACE ▶

本书是在2009年出版的高等职业教育规划教材《铁路客运业务实务》的基础上修订而成的。

随着改革开放的深入，中国的铁路建设取得了令世人惊叹的成就。随着时速350 km京津城际铁路的开通，我国高速铁路技术进入了世界先进行列。截至2013年底，中国高铁通车里程达到11 152 km。与此同时，铁路客运的运营管理也与时俱进，铁路主管部门改变客运规章的制定理念，变管理为服务，以人为本，对《铁路旅客运输规程》、《铁路旅客运输办理细则》、《铁路客运运价规则》等规章进行了修改。本书在修订过程中结合铁路客运规章的修改情况，吸纳了近年来铁路旅客运输中运用的高科技手段，对章节内容进行了更新、补充和调整。

本书仍保持第一版突出内容实用性的特点，与第一版相比增加了互联网售票、站车客运信息无线交互系统、高速铁路客运应急处置的内容，根据国务院规定2013年1月1日起废止《铁路旅客意外伤害强制保险条例》的这一变化，对旅客运输运费计算的内容进行了调整，根据客运规章的变化情况对旅客运输基本业务的内容进行了更新和补充。

本书由湖南铁路科技职业技术学院王慧晶担任主编，广州铁路（集团）公司客运处黄欣担任主审。编写分工如下：王慧晶编写模块一；长沙客运段谢玲、王慧晶编写模块二；广州铁路（集团）公司客运处廖明聪编写模块三；株洲站汤霜编写模块四；谢玲编写模块五；湖南铁路科技职业技术学院杨琳编写模块六。

本教材在编写过程中得到了全国铁道行业职业教育教学指导委员会、中国铁路总公司运输局、广州铁路（集团）公司客运处、株洲站以及长沙客运段等部门的大力支持，特此表示感谢！

编　者

2014年1月

第一版前言

PREFACE

随着经济社会的不断发展和人们生活水平的提高，旅客运输总量逐年攀升，旅客对运输产品的需求不断提高。为适应竞争激烈的旅客运输市场，铁路运输企业从方便旅客、满足旅客需求出发，对现行铁路客运服务方式进行了很大的调整，并增加了新内容、新形式和新标准。这就要求铁路客运职业教育以创新的精神深化教育教学改革，加快职业教育教材建设，《铁路客运业务实务》正是为了适应这一形势发展而作的有益尝试。

本书根据“以职业岗位为课程目标，以职业标准为课程内容，以教学模块为课程结构，以最新技术为课程视野，以职业能力为课程核心”的课程建设要求，体现了教学做合一的指导思想，通过召开有现场专家参加的专业建设指导委员会会议，深入铁路现场站段调研，对铁路客运主要工种的知识要求和技能要求进行归纳和总结，制订了教学指导方案和教学指导要点。在阐述客运理论的同时，注重对实务的介绍，书中有大量的案例。本书内容分为六个模块，主要包括旅客运输运价计算、旅客运输基本业务能力、旅客运输计划编制、客运站工作组织、旅客列车工作组织、旅客运输阻碍和事故处理等。

本书由湖南铁路科技职业技术学院王慧晶担任主编，广州铁路（集团）公司客运处肖伟担任主审。编写分工如下：湖南铁路科技职业技术学院王慧晶编写模块一，杨琳、王慧晶编写模块二，郭垂江编写模块三；广州铁路（集团）公司株洲车站汤霜编写模块四；广州铁路（集团）公司长沙客运段谢玲编写模块五；湖南铁路科技职业技术学院赵文辉编写模块六。

由于编者水平有限，书中疏漏和错谬之处在所难免，恳请学者、专家、教育同仁和广大读者多提宝贵意见。本教材在编写过程中得到了全国铁道行业职业教育教学指导委员会、铁道部运输局、广州铁路（集团）公司客运处、株洲车站以及长沙客运段等部门的大力支持，特此表示感谢！

编　者

2009．7

目录

CONTENTS

模块一　旅客运输运费计算

内容一　旅客票价计算

【知识目标】

(1)了解旅客车票的作用、分类以及票价的构成。

(2)掌握客票、加快票、卧铺票、空调票、减价票、团体旅客票和站台票的发售规定。

【技能目标】

(1)掌握使用《铁路客运运价里程表》确定运价里程的方法,并且能够利用《旅客票价表》熟练查找各种票价。

(2)掌握代用票的填写要求。

(3)能够默画全国铁路客运接算站示意图。

【引导案例】

图1-1是一张2014年2月8日株洲至沈阳北的新空调硬座特快卧联合票,该张车票的票价应如何计算得出?

图1-1　车票样张

【思　　考】

(1)车票的票种包括哪些?

(2)票价是由哪些部分组成的?运价里程如何查找?

(3)票价如何确定?

铁路旅客票价,是铁路旅客运输产品的销售价格,旅客票价的高低,对旅客流量、乘车座别以及客运量在各种运输方式之间的分配,都有一定的影响。在确定旅客票价时,必须考虑人民生活水平,妥善处理国家积累与照顾人民生活需要的关系,以及各种运输工具的合理利用。

一、车票的作用和分类

（一）作　　用

铁路旅客运输合同是明确承运人与旅客之间权利义务关系的协议，铁路旅客运输合同的基本凭证是车票。

（二）分　　类

车票是乘车票据的总称。车票票面（特殊票种除外）主要应当载明发站、到站、径路、座别、卧别、票价、车次、乘车日期、有效期等内容，其分类情况如下。

1. 按形式分

（1）磁卡式。在一些大的客运站通过电子计算机等高科技设备发售磁卡票。

（2）薄纸式。它包括电子售票机打印的软纸票（图 1－1）以及根据需要临时填发的代用票（见下一模块图 2－1）等。

2. 按性质分

（1）客票，包括软座、硬座客票。

（2）附加票，包括加快票、卧铺票、空调票。附加票是客票的补充部分，可以与客票合并发售，但除儿童外不能单独使用。

此外，还有为便利旅客乘坐快车、卧铺车、空调车和简化售票手续，提高发售速度而使用的各种联合票，以及为某些旅客发售的专用半价票、国际联运票等。

3. 按乘车途中是否中转换乘分

（1）直达票：从发站至到站不需中转换乘的车票。

（2）通票：从发站至到站需中转换乘的车票，如图 1－2 所示。

图 1－2　通票票例

二、旅客票价的构成

旅客票价根据列车种类、车辆类型、设备条件、客票的使用期间以及减收票价的有关规定，分为两大类：一是客票票价，包括硬座、软座客票票价；二是附加票票价，包括加快、卧铺、空调票票价。

(一)旅客票价的构成特点

1. 基本票价率与票价比例关系

国家铁路的旅客票价率由国务院铁路主管部门拟定,报国务院批准。在国务院批准的价格内,经国家物价主管部门同意,国务院铁路主管部门可根据运输市场的需求浮动价格;对铁路局管内运行的列车的票价,铁路局可根据情况自行浮动。

旅客票价以硬座客票票价率为基础,其他各种票价率就按其加成或减成比例计算。现行硬座客票票价率为 0.058 61 元/(人·km),各种票价率的比例关系见表 1－1。

表 1－1　各种票价率和比例关系

<table>
<tr><th colspan="3">票　种</th><th>票价率[元/(人·km)]</th><th>比　例(%)</th></tr>
<tr><td colspan="3">硬座客票</td><td>0.058 61</td><td>100</td></tr>
<tr><td colspan="3">软座客票</td><td>0.117 22</td><td>200</td></tr>
<tr><td rowspan="2">加快票</td><td colspan="2">普　快</td><td>0.011 72</td><td>20</td></tr>
<tr><td colspan="2">快　速</td><td colspan="2">按普快票价 2 倍计算</td></tr>
<tr><td rowspan="5">硬卧票</td><td rowspan="3">开放式</td><td>上铺</td><td>0.064 47</td><td>110</td></tr>
<tr><td>中铺</td><td>0.070 33</td><td>120</td></tr>
<tr><td>下铺</td><td>0.076 19</td><td>130</td></tr>
<tr><td rowspan="2">包房式</td><td>上铺</td><td colspan="2">按开放式硬卧中铺票价另加 30% 计算</td></tr>
<tr><td>下铺</td><td colspan="2">按开放式硬卧下铺票价另加 30% 计算</td></tr>
<tr><td rowspan="2">软卧票</td><td colspan="2">上　铺</td><td>0.102 57</td><td>175</td></tr>
<tr><td colspan="2">下　铺</td><td>0.114 29</td><td>195</td></tr>
<tr><td rowspan="2">高级软卧票</td><td colspan="2">上　铺</td><td>0.123 08</td><td>210</td></tr>
<tr><td colspan="2">下　铺</td><td>0.134 80</td><td>230</td></tr>
<tr><td colspan="3">空调票</td><td>0.014 65</td><td>25</td></tr>
</table>

2. 旅客票价里程区段

计算旅客票价时,并不是完全按运输里程一一计算的,而是将运输里程分为若干区段,对同一里程区段,按照每小区段的中间里程核收同一票价。现行旅客票价里程区段划分见表 1－2。

表 1－2　旅客票价里程区段

里程区段(km)	每小区段里程(km)	区段数	里程区段(km)	每小区段里程(km)	区段数
1～200	10	20	1 601～2 200	60	10
201～400	20	10	2 201～2 900	70	10
401～700	30	10	2 901～3 700	80	10
701～1 100	40	10	3 701～4 600	90	10
1 101～1 600	50	10	4 601 以上	100	

计算旅客票价,除实行票价区段外,同时考虑到运输成本及分流的问题,对票价的计算规定了起码里程:客票 20 km,空调票 20 km,加快票 100 km,卧铺票 400 km(特殊区段另有规定者

除外）。

3. 递远递减率

由于运输成本随运距增加而相应降低，因此，旅客票价采取递远递减的办法进行确定，以减轻长途旅客的经济负担，特别是照顾边远地区的居民同其他地区的联系。

旅客票价从 201 km 起实行递远递减。现行各里程区段的递远递减率和递减票价率（以硬座票价为例）见表 1-3。

表 1-3　旅客票价递减率和递减票价率（以硬座票价为例）

区　段 （km）	递减率 （%）	票价率 ［元/（人·km）］	各区段全 程票价（元）	区段累计 票价（元）
1~200	0	0.058 61	11.722	
201~500	10	0.052 749	15.824 7	27.546 7
501~1 000	20	0.046 888	23.444	50.990 7
1 001~1 500	30	0.041 027	20.513 5	71.504 2
1 501~2 500	40	0.035 166	35.166	106.670 2
2 501 以上	50	0.029 305		

国家铁路的旅客票价，以 5 角为计算单位，不足 5 角的尾数按 2.5 角以下舍去、2.5 角及以上进为 5 角处理。国家铁路的行李、包裹运价及客运杂费的尾数保留至角。对浮动票价应分别按票种处理尾数。旅客具体票价以国务院铁路主管部门公布的票价表为准。

4. 其他票价规定

（1）电子计算机发售的软、硬座客票票价，内含软票费 1 元（票价不超过 5 元的，内含软票费 0.5 元）。

（2）超过 200 km 的硬座客票票价，内含 1 元的候车室空调费。

（3）新型空调列车的各票种票价，分别在普通车客票、加快票、卧铺票、空调票的票价基础上向上浮动不超过 50% 计算。同时浮动的票价应分别按票种处理尾数（不足 1 元的尾数按四舍五入处理）。

（4）加快票由低到高分为三等，即普通加快票、快速加快票和特别加快票。为体现列车提速不提价，特别加快票票价暂按快速加快票票价核收。

（5）棚车代用客车时，其客票票价按硬座客票半价计算，棚车加快票价按普通加快票价计算；棚车儿童客票票价按棚车客票半价计算，棚车儿童加快票票价按普通加快票半价计算。

（6）广深线开行的列车，票价由企业自主定价。

（二）广深、地方铁路票价的特殊规定

（1）广深股份有限公司广州至深圳站间，根据国家有关部门批复，广深线普通客运价格在国铁票价上下浮动 50% 的基础上再上下浮 50% 。

（2）广深准高速列车票价试行由企业自主定价的管理方式，调整价格向国务院价格主管部门备案。

（3）经京九线运行的直通列车实行京九线分段计价地铁票价（超过 2 000 km 的直通列车按国铁票价通算）。

(4)广梅汕公司东莞至定南、龙川至琥市、汕头站间,三茂股份公司三水至茂名站间,根据广东省物价部门批复,票价在国铁票价基础上上浮50%计算;其中100 km卧铺价在国铁票价基础上上浮100%。

(5)广梅汕公司各站发售经京九线漳龙线运行的直通列车,实行经京九线分段计价地铁票价(超过2 000 km的直通列车按国铁票价通算)。

(6)石长公司捞刀河至石门县北站间,根据湖南省物价部门批复,票价在国铁票价基础上上浮50%,行李包裹每票起码运费1元。

(7)平南公司平湖至深圳西间,根据广东省物价部门批复,卧铺票价在国铁票价基础上上浮50%,其他票种票价在国铁票价基础上上浮200%。行李包裹每票起码运费1元。经京九线运行的直通列车实行京九线分段计价地铁票价(超过2 000 km的直通列车按国铁票价通算)。

(8)粤海公司塘口至海口间根据广东省物价部门批复,票价在国铁票价基础上上浮50%计算。行李包裹每票起码运费1元。

(9)违约金、迟交(滞纳)金均按铁路总公司颁布标准执行。

(10)国铁、地铁有广深特殊票价区段相互间办理运输时,分别按各段里程、票价计算加总核收(跨局直通列车另有规定除外)。国铁涉及几个地段时,国铁段里程加总通算。因分段计算时卧铺票价不足起码里程时,分别按100 km、400 km计算(涉及石长线列车分别按100 km、200 km、300 km、400 km计算)。跨局直通车另按有规定执行。不涉及分段计费的卧铺起码里程仍按400 km计算。

三、车票的发售规定

车票由车站或铁路运输企业设立的其他售票处所发售,为了方便旅客,也可委托其他部门代售车票。在有运输能力的情况下,承运人或销售代理人应按购票人的要求发售车票。承运人可以开办往返票、联程票(指在购票地能够买到换乘地或返回地带有席位、铺位号的车票)、定期、不定期、储值、定额等多种售票业务,以便于购票人购票和使用。有计算机售票设备的车站,除系统设备故障等特殊情况外,不得发售手工车票。发售车票按以下规定办理:

1. 客票

(1)车站发售客票时,不能使用到站不同但票价相同的车票互相代替。

(2)发售软座客票时最远至本次列车终点站。始发站给中途站预留的包房,可利用其发售最远至预留站的软座客票,但涉及夜间(20:00至次日7:00)乘车时不得超过2 h,超过时不得发售软座客票。

(3)旅客在乘车过程中,要求一段乘坐硬座车,一段乘坐软座车时,全程发售硬座客票。乘坐软座时,另收软座区段的软硬座票价差额。动车组列车车票最远只发售至本次列车终点站。

(4)发售去边境地区的客票时,旅客应出示边境居民证、身份证或边境通行证。

2. 加快票

(1)旅客凭软座或硬座客票购买加快票。

(2)发售不换车的加快票的到站,必须是所乘快车、快速车或特别快车的停车站。

(3)发售需要中转换车的加快票的中转站,必须是有同等级快车始发的车站,还应具备发到站之间全程都应有快车运行,如中间有无快车运行的区段时,则不能发售全程加快票。

3. 卧铺票

(1)旅客凭软座或硬座客票(乘快车时还应有加快票)购买卧铺票。身高不够1.2 m的儿童单独使用卧铺时,只购买全价卧铺票,如有空调时还应购买半价空调票,但不必购买儿童票。

(2)卧铺票必须和客票的座别到站相同,但对持通票的旅客,卧铺票只发售到中转站。

4. 空调票

(1)旅客乘坐提供空调的列车时,应购买相应等级的车票或空调票。

(2)旅客在全部旅途中分别乘坐空调车和普通车时,可发售全程普通硬座车票,对乘坐空调车区段另行核收空调车与普通车的票价差额。

5. 减价票

减价票包括儿童票、学生票和伤残军人票。减价票应按下列规定发售:

(1)儿童票

承运人一般不接受儿童单独旅行(乘火车通学的学生和承运人同意在旅途中监护的除外)。随同成人旅行身高1.2~1.5 m的儿童乘车时,应当购买儿童票。儿童票可享受客票、加快票和空调票的优惠,儿童票票价按相应客票和附加票票价的50%计算。免费乘车及持儿童票乘车的儿童单独使用卧铺时,应另收全价卧铺票价,有空调时还应另收半价空调票票价。超过1.5 m应购买全价票。每一成人旅客可免费携带身高不足1.2 m的儿童一名,超过一名时,超过的人数应购买儿童票。儿童票的到站,不得远于成人车票的到站。

为测量儿童的身高,在售票窗口、检票口、出站口、列车端门口应涂有测量儿童身高的标准线。通学的小学生不论身高多少,均按学生票办理。

(2)学生票

普通大专院校(含国家教育主管部门批准有学历教育资格的民办大学),军事院校,中、小学和中等专业学校、技工学校就读,没有工资收入的学生、研究生,家庭居住地和学校不在同一城市时,凭附有加盖院校公章的减价优待证的学生证(小学生凭书面证明),每年可购买家庭至院校(实习地点)之间四次单程的学生票。新生凭录取通知书、毕业生凭学校书面证明可买一次学生票。学生票限于使用普通旅客列车硬座和动车组列车二等座,使用普通旅客列车硬卧时应当补收票价差额。学生票票价按相应客票和附加票票价的50%计算。持学生票乘车的学生使用硬卧时,应另收全价硬卧票价,有空调时还应另收半价空调票票价。动车组列车的学生票价按全价票价的75%核收。

学生票的发售时间为每年的寒假12月1日~3月31日,暑假6月1日~9月30日。

①普通大、专院校,中、小学和中等专业学校、技工学校是指符合政府教育部门所规定的年限、学期和课程等制度并经相应级别的教育机关注册的院校,不包括各类职工大学、电视大学、业余广播大学、函授学校。

②“没有工资收入的学生”,是指没有固定工资收入的学生。学生有无工资收入,由学校确定,铁路凭学校发给的减价优待证售票。如能够确认有工资收入的学生持减价优待证购票时,车站可以拒绝发售学生票,并通知学校处理。

③学生父母都不在学校所在地,并分两处居住时,由学生选择其中一处,并登记在学生减价优待证上。如学生父母迁居时,根据学生申请,经学校确认,可将学生减价优待证上的乘车区段更改并加盖公章或更换新证。学生回家后,院校迁移或调整,也可凭院校证明和学生减价

优待证，发售从家庭所在地到院校所在地的学生票。

④学生每年仅限于购买 4 次单程减价票，当年未使用的次数，不能留作下年使用。

⑤学生票应按近径路发售，但有直达列车或换车次数少的远径路也可发售。学生购买联程票或乘车区间涉及动车组列车的，可分段购票。学生票分段发售时，由发售第一段车票的车站在学生优惠卡中划销次数，中转站凭上一段车票售票，不再划销次数。

⑥在乘降所上车的学生（其减价优待证上注明上车地点不为乘降所），可以在列车上售给全程学生票，并在减价优待证相对栏内，由列车长注明"某年某月某日乘某某列车"，加盖名章，作为登记一次乘车次数。

⑦减价优待证记载的车站是没有快车或直通车停靠的车站时，离该站最近的大站（可以超过减价优待证规定的区间）可以发售学生票。

⑧超过减价优待证上记载的区间乘车时，对超过区间按一般旅客办理，核收全价。

⑨华侨学生和港澳台学生回家时，车票发售至边境站。

⑩符合减价优待条件的学生无票乘车时，除补收票款外，同时应在减价优待证上登记盖章，作为登记一次乘车次数。

下列情况不能发售学生票：

①学校所在地有学生父或母其中一方时。

②学生因休学、复学、转学、退学时。

③学生往返于学校与实习地点时。

④学生证未按时办理学校注册的。

⑤学生证优惠乘车区间更改但未加盖学校公章的。

⑥没有"学生火车票优惠卡""学生火车票优惠卡"不能识别或者与学生证记载不一致的。

（3）残疾军人票

中国人民解放军和中国人民武装警察部队因伤致残的军人凭"中华人民共和国残疾军人证"及因公致残的人民警察凭"中华人民共和国伤残人民警察证"可享受客票和附加票的优惠，残疾军人票票价按相应客票和附加票票价的 50% 计算。

"中华人民共和国残疾军人证"和"中华人民共和国伤残人民警察证"由国家有关部门颁发，持有其他抚恤证的人员，如革命工作人员残废证，参战民兵、民工残废证等，均不能享受减价待遇。

上述享受优惠的儿童、学生、伤残军人乘坐市郊、棚车时，仍按硬座半价计算，不再减价。

6. 团体旅客票

20 人及以上乘车日期、车次、到站、座别、经由相同的旅客集体乘车时为团体旅客，即可发售团体旅客票。承运人对团体旅客乘车应优先安排；如填发代用票时除代用票持票本人外，每人另发一张团体旅客证。

团体票除下列情况不得实现优免外，其他情况可以享受"满 20 个人时，给予免收 1 个人票价的优惠，20 人以上，每增加 10 人，再免收 1 个人的票价"。

（1）已享受铁路优惠政策的车票，如学生票、小孩票、伤残军人票等。

（2）临时从外站调拨的票额。

（3）因客流需要临时加挂车厢的票额。

（4）春运、暑运、小长假和黄金周运输期限内的票额。

7. 代用票

代用票是根据需要临时填发的票据。它是车站在无计算机售票设备或计算机设备故障等特殊情况下代用车票和办理团体旅客乘车、包车、旅行变更、旅客丢失车票补票以及在列车内补收票价、杂费时使用的一种票据。

票面各栏的填写方法如下:

(1)事由栏,按下列规定的略语填写(同时办理两种以上内容时,应分别填写事由):

代用客票——“客”

代用普通加快票——“普快”

代用快速加快票——“快速”

代用特别加快票——“特快”

代用卧铺票——“卧”

代用客快联合票——“客快”或“客普快”

代用客快速联合票——“客快速”

代用客特快联合票——“客特快”

代用客快卧联合票——“客快卧”

代用客快速卧联合票——“客快速卧”

代用客特快卧联合票——“客特快卧”

代用空调票——“空调”

办理包车票——“包车”

办理团体票——“团体”

儿童超高——“超高”

丢失车票——“丢失”

变更座别——“变座(补价)”

变更铺别(包括软座变硬卧)——“变铺(补价)”

变更径路——“变径”

无普快或无特快——“无快”或“无特快”

乘车日期、车次、径路不符——“不符”

误撕车票——“误撕”

不符合减价规定——“减价不符”

有效期终了——“过期”

退加快票——“退快”

退卧铺票——“退卧”

持站台票来不及下车——“送人”

改乘高等级列车补收票价差额——“补价”

空调、包车、无票、越席、误售、误购、分乘、团体按本项定语填写。

(2)原票栏按收回的原票转记。

(3)乘车区间栏、填写乘车区间的发、到站名、经由、乘车里程。

(4)人数栏,分开全价、半价、小孩用大写数字填写,不用栏用“#”符号抹消。

(5)票价栏,按收费种别,分别在适当栏内填写。其他费用应在空白栏内注明收费种别和款额,卧铺栏前加“上、中、下”,不用栏用斜线划消,合计栏为收款总计。补收过程中有退款相冲抵时,退款金额前用减号表示。发生退款时在空白栏著明退款种别,在合计栏的金额数前用减号表示退款额。

(6)记事栏内记载下列事项：

①发售新型空调列车车票记载“新”。

②发售学生票时，记载“学”字。

③发售包车时，注明包车的车种、车号和定员数。

④办理团体票时，注明团体旅客证的起止号。

⑤在列车上发生退款时，应注明“到站净退××元”。

⑥随同原票使用时记载“随同原票使用有效”。

⑦发售(补)卧辅票时记载“××车××号铺”。

⑧票价超过万元时记载大写款额。

⑨其他需要注明事项。

(7)票面填写禁止涂改，乙联按合计栏款额在相应的剪断线剪断后交旅客，原票随丙联上报。代用票分甲、乙、丙三联，甲联——存根，乙联——旅客用，丙联——上报。

总之，站、车发售代用票时，字体要清楚、不潦草、不写自造简化字、不涂改、项目填写齐全，不用栏划斜线。发、到站间有两条及其以上径路和发、到站间涉及两条线路时，应填写经由；发、到站均在一条线路上，一般情况下不必填写经由。

【例1－1】发售代用票。

2013年3月18日，一旅客要求乘当日K1628次列车(新空调快速)由长沙—郑州，使用硬座，试填制代用票。

【解】①确定运价里程

长沙—郑州898 km。

②票价计算

硬座票价:70.00元；普快票价:28.00元；空调费:17.00元；合计:115.00元。

③填写代用票

代用票填写式样如图1－3所示。

8. 站台票

到站台上迎送旅客的人员应买站台票。站台票当日使用一次有效。对经常进站接送旅客的单位，车站可根据需要发售定期站台票。随同成人进站身高不足1.2 m的儿童及特殊情况经车站同意进站人员可不买站台票。未经车站同意无站台票进站时，加倍补收站台票款。遇特殊情况，站长可决定暂停发售站台票。

对确有需要的单位，可发售定期站台票。定期站台票可按实际需要分为季票和月票。季度站台票的式样和价格由国务院铁路主管部门统一制定。月度站台票的式样和价格由铁路局自定，价格应不少于每日一次。

9. 其他乘车凭证

除车票外，还可以持铁路乘车证和特种乘车证乘车。特种乘车证包括：

(1)全国铁路通用乘车证。

(2)中央和各省、市、自治区机要部门使用的软席乘车证(限乘指定的乘车位置)。

(3)邮政部门使用的机要通信人员免费乘车证，包括押运员、检查员(只限乘坐邮车及铁路指定的位置)。

(4)邮局押运人员免费乘车证(只限乘坐邮车及铁路指定的位置)。

(5)邮局视导员免费乘车证(只限乘坐邮车及铁路指定的位置)。

(6)口岸站的海关、边防军、银行使用的往返免费乘车书面证明。

(7)我国铁路邀请的外国铁路代表团使用的中华人民共和国铁路免费乘车证。

(8)用于到外站装卸作业及抢险的调度命令。

为了加强对铁路运输企业执行国家政策法令的监督，国务院铁路主管部门邀请的其他政府部门和新闻单位检查铁路工作时，凭“中国铁路免费乘车证”可乘坐除国际列车以外各种等级、席别的列车。

“中国铁路免费乘车证”由国务院铁路主管部门制发和管理。

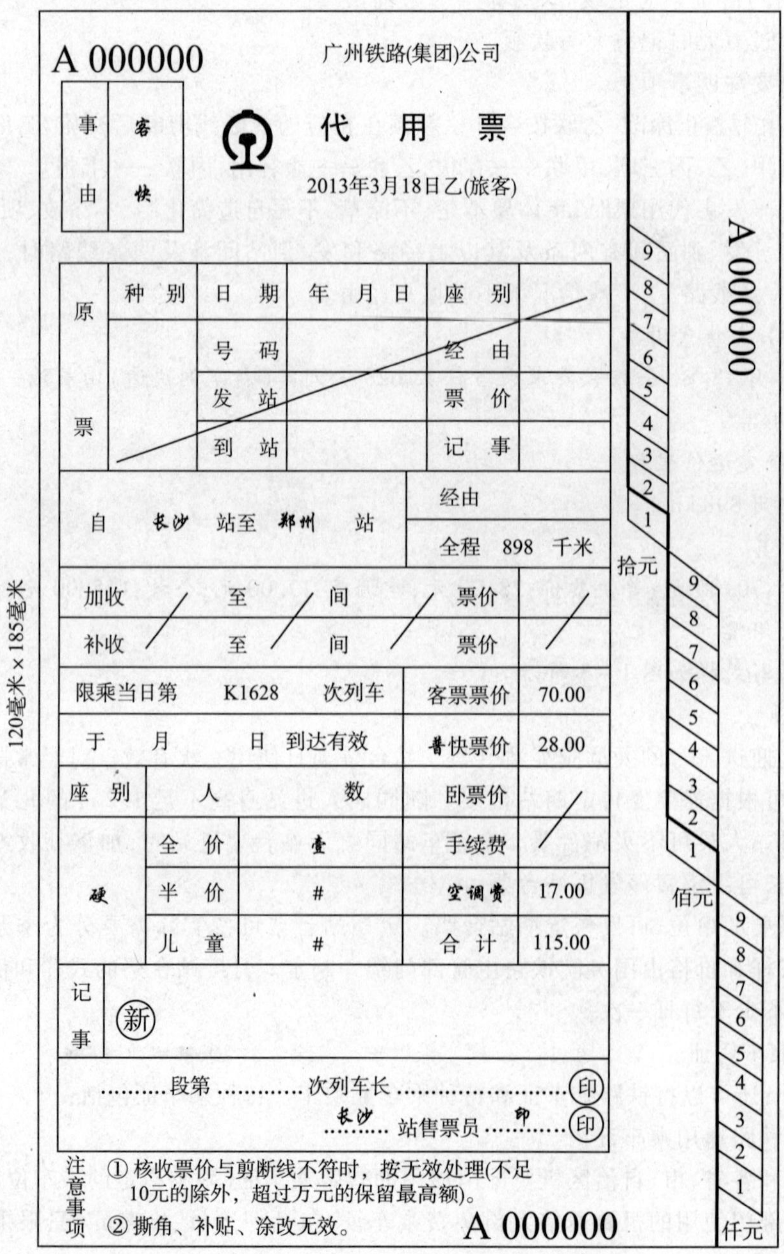

图1－3　代用票填写式样

四、旅客票价表的运用

（一）旅客票价的查找步骤

1. 客运运价里程的确定

计算运价所应用的里程，称为运价里程，运价里程分为客运运价里程和货运运价里程。全路的客运运价里程都列在《铁路客运运价里程表》内，《铁路客运运价里程表》是《铁路旅客运输规程》的附件四，是用以计算旅客票价及行李、包裹运价里程的依据，并用以查找和确认车站有无营业办理限制。

确定客运运价里程的方法如下。

（1）查找站名

首先从汉语拼音或笔画站名首字索引表中，查出站名索引表的页数，再从站名索引表中查出发、到站的站名里程表页数，并从站名里程表中确认到站有无营业办理限制。

（2）接算站

所谓规定的接算站，就是为了将发、到站间跨及两条以上不同的线路衔接起来，进行里程加总计算票价和运价所规定的接算衔接点。

在客运运价里程接算站示意图中（图 1－4），接算站用红色圆圈表示。在里程表中接算站站名用黑体字印刷，站名下部印有 1 mm 宽的黑色横线，并在该站的第 13 栏印有“接××线”字样。

接算站的形式有下列几种：

①多数接算站是两条及其以上线路相互衔接的接轨站，如哈尔滨、株洲等站。此类接算站，查找、计算里程都较为方便，如图 1－4 所示。

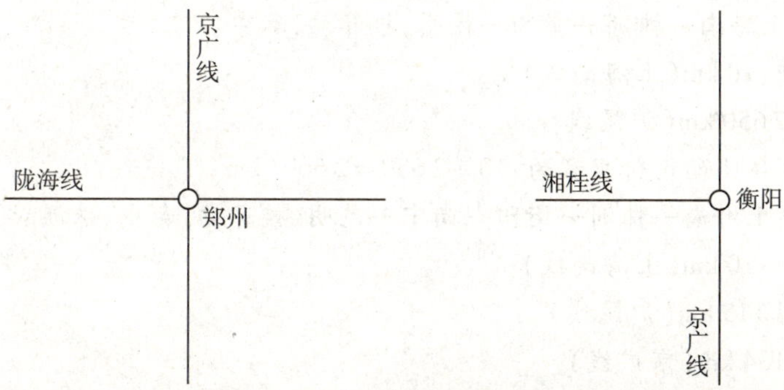

图 1－4　接算站示意图例之一

②个别接算站是在同一城市无线路衔接的车站（由于城市建设的关系，相互间未能铺轨连接），为了计算里程的方便，而特定该两站为同一的接算站。如昆明站与昆明北站，中间相隔约 5 km，即视为昆明站与昆明北站相互衔接，并指定为同一的接算站，如图 1－5 所示。

（3）计算里程

①发站和到站在同一条线时，用自本线起点站或终点站至发站和到站的运价里程相减，即可计算出发站至到站的运价里程。

②发站和到站在互相衔接的两条线时，应分别计算出自发站和到站至该两条线的接算站

间的运价里程相加，即可算出发站至到站的运价里程。

③发站和到站在不相衔接的两条线，而旅客指定的径路与本里程表中的直通运价里程径路相同时，应分别计算出自发站和到站至直通运价里程接算站间的运价里程相加，即可算出发站至到站的运价里程。

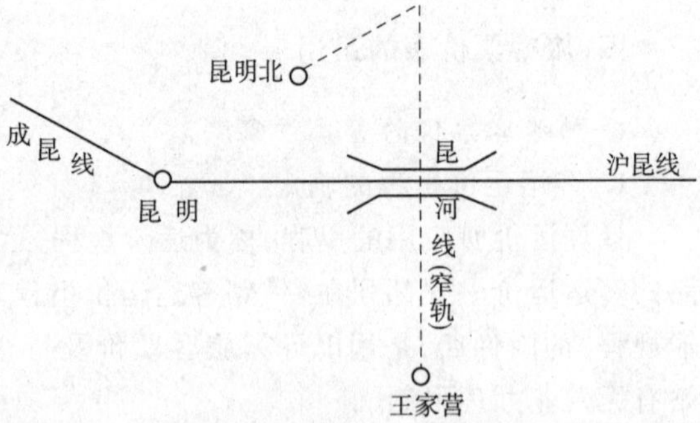

图 1－5　接算站示意图例之三

④发站和到站在不相衔的两条线，而旅客指定的径路与本里程表中运价里程的径路不同时，根据规定的或旅客指定的乘车径路和乘坐列车车次，逐段计算出各线的运价里程，然后相加，即得出发站至到站的运价里程。

确定运价里程时，还应考虑一些特殊规定，如国际旅客联运经由国境线时，应另加算国境站至国境线的里程；如经轮渡时，应另加轮渡里程。

2. 查找旅客票价

票价表按客车装备分为两部分，一是基本票价表，适用于无新型空调车的列车，二是新型空调车票价表，适用于空调列车。空调列车票价表又根据是否折扣，折扣多少分为三档。旅客票价根据发、到站间的运价里程和不同的车辆设备以及旅客所购票种，从相应的《旅客票价表》有关栏内直接查得该票种应收的票价。

（二）旅客票价查找实例

【例 1－2】运用《旅客票价表》，分别查找 K79、K181 次列车上海南—昆明新空调硬座特快卧（下）铺票价。

【解】①确定运价里程

K79 次径路：上海南—株洲—贵阳—昆明，接算站：春申。

上海南—春申：10 km（上海南线）

春申—昆明：2 650 km（沪昆线）

K79 次上海—昆明的运价里程为：10 + 2 650 = 2 660（km）

K181 次径路：上海南—株洲—衡阳—南宁—昆明，接算站：春申、株洲、衡阳、南宁。

上海南—春申：10 km（上海南线）

春申—株洲：1 115 km（沪昆线）

株洲—衡阳：134 km（京广线）

衡阳—南宁：793 km（湘桂线）

南宁—昆明：828 km（南昆线）

K181 次上海南—昆明的运价里程为：10 + 1 155 + 927 + 828 = 2 880（km）

②查找上海—昆明空调硬座特快卧（下）铺票价

方法一：查空调列车分票种票价表。

K79 次 2 660 km 票价：

$$F_{硬座} = 170.50\ 元$$

$$F_{快速} = 66.00\ 元$$

$$F_{空调} = 42.00\ 元$$

$$F_{卧铺(下)} = 228.00\ 元$$

$$F_{联合}=170.50+66.00+42.00+228.00=506.50(元)$$

K181 次 2 880 km 票价：

$$F_{硬座}=179.50 元$$

$$F_{快速}=70.00 元$$

$$F_{空调}=44.00 元$$

$$F_{卧铺(下)}=240.00 元$$

$$F_{联合}=179.50+70.00+44.00+240.00=533.50(元)$$

方法二：查找空调列车硬席联合票价表

空调硬座快速卧(下)联合票：①K79 次 506.50 元；②K181 次 533.50 元。

【引导案例分析】

(1)引导案例的车票(图 1-1)株洲至沈阳北票种是新空调硬座快速卧(上铺)联合票。票价的组成包括新空调硬座客票、附加票(快速加快票、空调票、卧铺票)。

(2)运用《铁路客运运价里程表》确定运价里程。

①确定接算站

株洲、沈阳北属于发站和到站在不相衔的两条线，而旅客指定的径路与本里程表中运价里程的径路不同，应根据旅客指定的乘车径路和乘坐列车车次，逐段计算出各线的运价里程，然后相加，即得出发站至到站的运价里程。

T124 次运行径路如下：京广线—石德线—京九线—津霸线—津山线—京哈线，由此确定接算站为：石家庄、衡水、霸州、天津、狼窝铺。

②确定运价里程

查《铁路客运运价里程表》得：

株洲—石家庄：1 362 km(京广线)

石家庄—衡水：118 km(石德线)

衡水—霸州：182 km(京九线)

霸州—天津：87 km(津霸线)

天津—狼窝铺：153 km(津山线)

狼窝铺—沈阳北：536 km(京哈线)

株洲—沈阳北运价里程：1 362+118+182+87+153+536=2 438(km)

③查找票价：

查空调列车分票种票价表：

$F_{硬座}=160.50$ 元

$F_{特快}=64.00$ 元

$F_{空调}=39.00$ 元

$F_{卧铺(上)}=183.00$ 元

$F_{联合}=160.50+64.00+39.00+183.00=446.50$(元)

查找空调列车硬席联合票价表：

空调硬座快速卧(上)联合票：446.50 元。

内容二　行李、包裹运价计算

【知识目标】

(1) 了解行李包裹运价的制定原理。

(2) 了解行李包裹运费的核收规定。

【技能目标】

(1) 掌握行李包裹运价的理论计算。

(2) 掌握运用《行李包裹运价表》查找行李及包裹运价的方法。

【引导案例】

牙膏属于几类包裹？图 1－6 中运费应如何计算得出？

中铁快运股份有限公司

包　裹　票

甲

(报　告)

A000000

2007　年 4　月　26 日

到　北京西　站　　　　经由　衡阳　郑州　站

托运人	单位姓名：柳州两面针股份有限公司牙膏厂	电　话：2513750
	详细地址：广西柳州市柳北区长风路2号	邮政编码：545001
收货人	单位姓名：王府井百货大楼	电　话：85111242
	详细地址：北京市王府井大街255号	邮政编码：100006

顺号	品　名	包装种类	件数	实际重量	声明价格			
三	牙膏	纸箱	20	200	2000	运价里程	2 311	千米
						运到期限	8	日
						计费重量	200	千克
						运　费	535.80	元
						保价费	20.00	元
								元
						合　计	555.80	元
						月　日	次列车到达	
						月　日	时　通　知	
合　计			20	200	2000	月　日	交　付	
记事								

柳州　营业部经办人　　印 ㊞

B0000000000000　　柳州　　(上分)包裹票号码：A000000 印

图 1－6　包裹票样张

【思　　考】

行李与包裹的运价计算有何区别？

铁路行李、包裹运价，是根据运输条件，并参照铁路货物运价和民航等其他运输工具的行李、包裹运价而制定的。由于行李、包裹的特点和装载方法等因素，行李车的载重利用率低，而行李车的容量有限，因此，根据行李、包裹的运输条件和与其他运输工具合理分工的原则，行李、包裹运价应高于铁路货物运价，但低于民航行李、包裹运价。

一、行李、包裹运价的制定原理

(一)行李运价率

行李运输随同旅客运输而产生，与旅客运输是不可分割的，旅客不购票乘车，就不可能产生行李运输。

行李包括以下物品：

(1)旅客自用被褥、衣服、个人阅读的书籍。

(2)残疾人用车(每张客票限1辆并不带汽油)。

(3)其他旅行必需品。

(4)凭地、市级以上文化行政部门证明和"营业演出许可证"办理托运的文艺团体演出器材。

行李中不得夹带的物品包括：

(1)货币，含各币种的纸币和金属辅币。

(2)证券，含股票、彩券、国库券及具有支付、清偿功能的票据等。

(3)珍贵文物，指具有一定年代的有收藏、研究或观赏价值的物品。

(4)档案材料，指人事、技术档案，组织关系，户口簿或户籍关系，各种证件、证书、合同、契约等。

(5)危险品，指国务院铁路主管部门公布的，《危险货物品名表》内的品名。对其性质有怀疑的物品也按危险品处理。

行李运价率按硬座票价率的1%计算，即每100 kg · km行李运价等于1人 · km硬座客票基本票价率。

行李运价率 = 硬座票价率 ×1% = 0.058 61 ×1% = 0.000 586 1[元/(kg · km)]

行李运输属于旅客运输组成部分，所以行李的运价里程区段、递远递减率与旅客票价区段、递远递减率相同，见表1－2、表1－4。

表1－4　行李递远递减率和递减运价率

区　段(km)	递减率(%)	运价率[元/(kg · km)]	各区段全程运价(元)	区段累计运价(元)
1～200	0	0.000 586 1	0.117 22	
201～500	10	0.000 527 49	0.158 247	0.275 467
501～1 000	20	0.000 468 88	0.234 44	0.509 907
1 001～1 500	30	0.000 410 27	0.205 135	0.715 042
1 501～2 500	40	0.000 351 66	0.351 66	1.066 702
2 501以上	50	0.000 293 05		

（二）包裹运价率

包裹是指适合在旅客列车行李车内运输的小件货物。包裹分为四类见表1－5和表1－6。

表1－5　包裹分类表

类别	具体内容
一类	报纸类——自发刊日起5日以内的报纸 政宣品——中央、省级政府（含国务院各部委和解放军大军区）宣传用非卖品以及新闻图片 课本类——中、小学生的教学课本，不含各种教学参考书及辅导读物等（但全国政协工作用书可按一类包裹）
二类	抢险救灾物资——凭政府机关证明办理托运 书刊——应有国家规定的统一书刊号的各种刊物、著作、工具书册以及内部发行的规章等 鲜冻的食用品——鲜或冻鱼介类、肉、蛋、奶类、果蔬类
三类	不属于一、二、四类包裹的物品
四类	特殊运输物品——一级运输包装的放射性同位素、油样箱、摩托车以及国务院铁路主管部门指定的需要特殊运输的物品 轻泡物品——泡沫塑料及其制品

表1－6　不易判明的二类包裹品名表

品名	可按二类包裹办理	不按二类包裹办理
鲜和冻的鱼介类	螺丝、蛤蜊、海参，包括为防腐剂而煮过的和加少量盐的虾蟹	咸的、卤的、干的鱼、虾、海蜇、海参
鲜和冻的肉类	包括食用动物的五脏、头蹄和未经炼制的脂油	咸的、腌制、熏的、熟的肉类
肠衣	包括为防腐加少量盐的牛、羊、猪的小肠、肠衣、胎盘	
蔬菜类	藕、荸荠、芋头、土豆、豆芽、红薯、豆腐干、豆腐、姜、葱、蒜、洋葱、鲜笋	干辣椒、花椒、粉条、粉皮、海带或腌、干菜
瓜果类	鲜的枣、荔枝、木瓜、桂圆、橄榄、佛手、百合、鲜菱、甘蔗	干果、蜜饯、如松子、核桃、椰子、白果、瓜子、花生、栗子、果脯等
乳类	鲜、冻牛、马、羊乳，酸牛乳、奶酪	炼乳、奶粉、奶油、黄油
蛋类	家禽、野禽的鲜蛋	咸、熟蛋、松花蛋（变蛋）、糟蛋

不能按行李、包裹运输的物品范围主要包括：

（1）妨碍公共卫生和安全的物品。

（2）国家政策法令规定禁止运输的物品。国家禁止和限制运输的物品以国务院及各部委颁发的文件为准。

（3）活动物中能够主动攻击伤害人的猛兽、猛禽和蛇、蝎子、蜈蚣、蜂等以及大动物不能承运。

包裹运价率，以三类包裹运价率为基数，其他各类包裹运价率则按其加成或减成比例计算，现行各类包裹运价率的比例关系见表1－7。

表 1－7　包裹运价率

包裹类别	运价比例(%)	运价率[元/(kg·km)]	包裹类别	运价比例(%)	运价率[元/(kg·km)]
三类	100	0.001518	二类	70	0.0010626
一类	20	0.0003036	四类	130	0.0019734

包裹运输属于物资运输的范畴，所以包裹运价里程区段与递远递减率另有规定，见表 1－8、表 1－9。

行李、包裹运价的制定与旅客票价制定方法相同，采用运价区段和递远递减的办法，以减轻长途旅客和托运人的经济负担。

表 1－8　包裹运价里程区段

里程区段(km)	每区段里程(km)	区段数	里程区段(km)	每区段里程(km)	区段数
1～100	100	1	601～1000	40	10
101～300	20	10	1001～1500	50	10
301～600	30	10	1500 以上	100	

表 1－9　包裹递远递减率和递减运价率(以三类包裹运价为例)

区　段(km)	递减率(%)	运价率[元/(kg·km)]	各区段全程运价(元)	区段累计运价(元)
1～200	0	0.001518	0.3036	
201～500	10	0.0013662	0.40986	0.71346
501～1000	20	0.0012144	0.6072	1.32066
1001～1500	30	0.0010626	0.5313	1.85196
1501～2000	40	0.0009108	0.4554	2.30736
2001 以上	30	0.0010626		

二、行李、包裹运费的核收规定

1. 运价里程

行李、包裹的运价里程，按《铁路客运运价里程表》为计算依据。行李运价里程，按实际运送径路计算，即按旅客旅行的客票指定的径路运输。但旅客持远径路的客票，要求行李由近径路运送时，如近径路有直达列车，也可以按近径路计算。

包裹运价里程，按最短径路计算，有指定径路时，按指定径路计算。超过车票终到站以远的行李按包裹计费径路办理。带运、押运包裹的运价里程，按实际运送径路计算。

2. 计费重量

行李、包裹均按物品重量计算运价，起码计费重量为 5 kg，计价重量以 1 kg 为单位，不足 1 kg按 1 kg 计算，但有规定计价重量的物品(见表 1－10)，按规定重量计价。

表 1－10　行李、包裹规定计价重量

物品名称	计价单位	规定计价重量(kg)	备　注
残疾人用车	辆	25	以包裹托运时,按实际重量计算
自行车	辆	25	
助力自行车	辆	40	
两轮轻便摩托车	辆	50	①含轻骑;②气缸容量 50 cm^3 以下时
两轮重型摩托车	辆	按气缸容量每 1 cm^3 折合 1 kg 计算	气缸容量超过 50 cm^3 时
警犬、猎犬	头	20	超重时,按实际重量计算

在运能不能满足运量要求的情况下,为了保证旅客必须的行李运输,对按行李、包裹托运的物品,除在品名上作了规定以外,在重量上也作了一定的限制。旅客托运的行李重量在 50 kg以内,按行李运价计算,超过 50 kg 时(行李中有残疾人用车时为 75 kg),对超过部分按行李运价加倍计算。

3. 运费计算

行李、包裹的运费按《行李包裹运价表》计算。如旅客凭一张客票第二次托运行李时,不论第一次托运重量多少,都按包裹运价计算。但因残疾人用车系残疾人以车代步的工具,是残疾人行动中必不可少的,为照顾残疾人的旅行,不限托运次数,也不受第二次托运按包裹运价计算的限制,都按行李运价计费。

旅客托运行李至客票到站以远的车站时,应分别按行李和包裹运价计算,加总核收。不足起码里程时,分别按起码里程计算,不足起码运费时,还应核收起码运费。

类别不同的包裹混装为一件时,按其中运价高的计算。

行李、包裹运费按每张票据计算,起码运费为 1 元,运费除另有规定外,都按现付办理。

按保价运输的行李、包裹核收保价费。行李保价费按声明价格的 0.5%、包裹保价费按声明价格的 1% 计算。按保价运输的行李、包裹核收保价费。一段按行李、一段按包裹托运时,全程按行李核收保价费。保价的行李、包裹发生运输变更时,保价费不补不退。因承运人责任造成的取消托运时,保价费全部退还。承运人对按保价运输的行李、包裹可以检查其声明价格与实际价格是否相符;如拒绝检查,承运人可以拒绝按保价运输承运。

4. 需提供运输证明的物品

(1)托运金银珠宝、货币证券应提供中国人民银行的正式文件或当地铁路公安局(处)或公安分局(分处)的免检证明。

(2)托运枪支应提出运往地市(县)公安局的运输证明。

(3)托运警犬应提出公安部门的书面证明;国家法律保护的野生动物应提出国家林业主管部门的运输证明。

(4)托运免检物品应提出当地铁路公安局(处)、公安分局(分处)的免检证明。

(5)托运国家禁止或限制运输的物品应提供主管部门的运输证明。如精神和麻醉药品应提出国家卫生主管部门的运输证明。

(6)托运动、植物时应提出动、植物检疫证明。办理时,将检疫证明的二联附在运输报单上以便运输过程中查验。

(7)托运Ⅰ级或辐射水平 $H \leq 1$ mrem/h 的Ⅱ级放射性同位素时(气体放射性物质除外),应提出经铁路卫生防疫部门核查签发的"铁路运输放射性物品包装件表面污染及辐射水平检查证明书",包装件表面放射性污染及其内容物的放射性活度均不得超过《铁路危险货物运输规则》表1与表2规定的限值。

一批或一辆行李车内装载的件数不得超过20件,每件重量不得超过50 kg,并不得与感光材料以及活动物配装,与食品配装需要隔开2 m以上的距离。

(8)托运油样箱时,必须使用铁路规定的专用油样箱并提出国务院铁路主管部门签发的油样箱使用证。到站后由收货人直接到行李车提取。

三、行李、包裹运费的计算

1 kg 行李、包裹的运价基数是以基本运价率乘以运价里程(初始区段不足起码里程按起码里程计算,行李起码里程为20 km,包裹起码里程为100 km);其他重量的运价,则以1 kg的运价基数进行推算,尾数保留至角,角以下四舍五入。

利用《行李包裹运价表》计算运价时,首先运用《铁路客运运价里程表》查出发站至到站间的运价里程,根据运价里程在《行李包裹运价表》中查出该里程所处里程区段上的1 kg运价,最后用查出的1 kg运价乘以行李包裹重量得出行李包裹运费。

1. 行李包裹运价计算方法

(1)行李运价计算方法

①确定运价里程

运用《铁路客运运价里程表》查出发站至到站间的运价里程,行李运价里程,按实际运送径路计算,即按旅客旅行的客票指定的径路运输。

②确定1 kg行李的运价基数

根据运价里程在《行李包裹运价表》的行李运价表中查出该里程所处里程区段上的1 kg行李运价基数。

③计算行李运费

用查出的1 kg行李运价基数(E)乘以行李重量得出行李运费。

$$F = G_{计费} \cdot E$$

式中　F——运价;

$G_{计费}$——计费重量。

(2)包裹运价计算方法

①确定运价里程

运用《铁路客运运价里程表》查出发站至到站间的运价里程,包裹运价里程,按最短径路计算,有指定径路时,按指定径路计算。

②确定1 kg包裹的运价基数

根据运价里程在《行李包裹运价表》的包裹运价表中查出该里程所处里程区段上的1 kg该类包裹的运价基数。

③计算包裹运费

用查出的1 kg该类包裹的运价基数(E)乘以包裹重量得出包裹运费。

$$F = G_{计费} \cdot E$$

式中　F——运价;

$G_{计费}$——计费重量。

2. 行李包裹运费计算实例

【例1-3】计算广州—西安32 kg行李及25 kg二类包裹运费。

【解】(1)确定运价里程

发站和到站在互相衔接的两条线，分别计算出自发站和到站至该两条线的接算站间的运价里程相加，即可算出发站至到站的运价里程。

接算站：郑州

广州—郑州：1 605 km

西安—郑州：511 km

广州—西安运价里程：1 605 + 511 = 2 116(km)

(2)计算行李、包裹运价

①32 kg行李运价

查《行李包裹运价表》得2 116 km 1 kg行李运价：0.930元

32 kg行李运费：$F = 0.930 \times 32 = 29.76 \approx 29.80$(元)

②25 kg二类包裹运价

查《行李包裹运价表》得2 116 km 1 kg二类包裹运价：1.727元

25 kg二类包裹运费：$F = 1.727 \times 25 = 43.175 \approx 43.20$(元)

四、广深、地方铁路运价

(1)广深股份有限公司行李、包裹运价以国铁运价1.5倍计算，行、包每票起码运价1.5元。包车停留费按原部颁标准上浮50%计算。国铁、地铁及广深特殊运价区段间相互办理直通过轨行李、包裹运输时，分别按各段里程计算客运运价，分段不足起码里程时，分别按起码里程计算。行李、包裹保价费按其声明价格全程核收一次。

(2)直通过轨行李、包裹，特殊运价区段运费实行到补。发站办理时，行李、包裹票按实际到站填写，到补运费区段在行、包票据记事栏内注明"××站至到站运费由到站核收"字样。到站以"客杂"补收。

(3)国铁承运至广深及地方铁路各站的行李、包裹，经广州站的运费计至广州止；经三水站或茂名站的运费计至三水或茂名止；经龙川站的运费计至龙川止。

(4)广梅汕公司管内各站承运至广深公司管内各站的行李、包裹，运费核收至东莞止；承运至平南公司管内各站的行李、包裹，运费核收至平湖止；承运至三茂公司管内各站的行李、包裹，运费核收至三水止。

(5)三茂公司管内各站承运至广深公司管内各站的行李、包裹，运费核收至广州止；承运至平南公司管内各站的行李、包裹，运费核收至平湖止；承运至广梅汕公司管内各站的行李、包裹，运费核收至东莞止。

(6)广深公司、平南公司承运至广梅汕公司管内各站的行李、包裹，运费核收至东莞止；承运至三茂公司管内各站的行李包裹，运费核收至三水止。

(7)到补的运费涉及两个总公司时，由到站分别计算一并核收后，向另一总公司清回所属运费。

(8)广深及地方铁路各站承运至国铁的行李、包裹，运费由发站分别计算加总一次核收，内部实行清算。

【引导案例分析】

(1)通过查表1-5可知牙膏属于三类包裹。

(2)包裹运费计算如下：

①查《行李包裹运价表》得2 311 km的1 kg三类包裹运价：2.679元。

②计算200 kg三类包裹运费：$F=2.679\times200=535.80$(元)。

③计算保价费：

包裹保价费按声明价格的1%计算。本题声明价格2 000.00元。

$$F_{保价}=2\,000.00\times1\%=20.00(元)$$

运费合计：

$$535.80+20.00=555.80(元)$$

内容三　特定运价的计算

【知识目标】

(1)了解包车、租车、自备车挂运和行驶费用的核收规定。

(2)了解直通过轨运输的计价规定。

【技能目标】

能熟练计算包车运输费用。

【引导案例】

2013年4月16日，郴州市建设局职工及家属35人，其中1.2~1.5 m儿童5名，在郴州站要求包用带空调的餐车、软卧车各一辆，路程单提出4月30日郴州挂K600次到北京西，停留后挂5月4日T75次到兰州，停止使用。因郴州站没有所需车辆，从广州站调配RW52666一辆(定员32人)，CA93522一辆至郴州站。请问如何办理?

【思　　考】

(1)如何办理包车运输?

(2)包车运输应核收那些费用?

特定运价是对一些特殊运输方式和特殊运价区段而制定的客运运价，包括以下两个方面：

(1)包车、租车、挂运、行驶等运价的计算。

(2)国家铁路、合资铁路及特殊运价区段间办理直通、过轨运输运价的计算。

一、包车

凡旅客要求单独使用加挂车辆(含普通客车、公务车)或加开专用列车(含豪华列车)时，均按包车办理。包车人应与承运人签订包车合同。包车合同应载明：包车人、承运人的名称、地址、联系人姓名、电话；包用车辆的种类、数量、时间；发站和到站站名；包车运输费用；违约责任；双方商定的其他内容。签订包车合同时，包车人应预先缴付相当于运输费用20%的定金。

(一)包车运输费用的计算

包车或加开专用列车，应按下列标准，根据运行里程(或根据使用日数)核收票价、运费、使用费、包车停留费、空驶费及其他费用等，并且，包车或加开专用列车的运输费用，在全部运行中，里程采取通算。

1. 票价

（1）座车（含合造车的座车部分），按座车种别、定员核收全价客票票价。

（2）卧车（含合造车的卧车部分），按卧车种别、定员核收客票及卧铺票的全价票价。

（3）公务车，按 40 个定员核收软座客票及高级软卧票（上、下铺各 1/2）的全价票价。

（4）豪华列车，每辆按 32 个定员核收软座客票及高级软卧票（上、下铺各 1/2）的全价票价。

（5）棚车代用客车，按车辆标记载重计算定员（按 1.5 人/t 折算）核收棚车客票票价。

乘坐包车或专用列车的旅客，票价高的与票价低的（即成人与儿童，包括享受减价优待的学生、伤残军人等）混乘一辆包车时，按票价高的核收，如实际乘车人数超过定员时，对超过的人数按实际分别核收票价。

包用的客车、公务车加挂在普通快车、快速列车、特别快车上或加开的专用列车、豪华列车按上述等级的快车速度运行时，都应根据核收客票票价人数核收相应的加快票价。途中发生中转换挂（或开行）不同列车等级时，按首次挂运（或开行）的列车等级核收加快票价。

包用车辆使用空调设备时，还应按核收客票票价的人数核收空调费。娱乐车、餐车的空调费按使用费的 25% 计算。

2. 运价

行李车（含合造车的行李车部分），按车辆标记载重核收行李或包裹运费。用棚车代用行李车时，按行李或包裹的实际重量核收行李或包裹运费，起码计费重量按标记载重的 1/3 计算（不足 1 t 的尾数进整为 1 t）。行李、包裹混装时，按其中运价高的核收。

加开专用列车、豪华列车时，隔离车或宿营车不另计费。如用隔离车装运行李、包裹时，应核收包车运费。

3. 使用费

娱乐车、餐车按每日每辆 1 002 元核收使用费，不足 1 d，亦按 1 d 计算。但餐车合造车按每日每辆 501 元核收使用费。

4. 包车停留费

包车停留费是指包车或加开的专用列车，根据包车人提出的要求，在发站、中途站、折返站停留时（因换挂接续列车除外），所应付的费用。

包车停留费按每日每辆核收，并根据产生停留的自然日计算，即自 0:00 起至 24:00 止为 1 d，停留当日不足 12 h 减半核收。

包车停留费，根据运输成本并考虑减少计费标准、简化手续等要求，将各种不同车辆予以归类，每一个类别，规定统一的收费标准，现行的车辆归为四类：

（1）餐车、娱乐车的包车停留费、使用费每日每辆 5 000 元；餐车合造车，每日每辆 2 500 元。

（2）公务车、高级软卧，每日每辆 3 300 元。

（3）软座车、软卧车、软硬卧车、硬卧车、软座硬卧合造车，每日每辆 1 800 元。

（4）硬座车、行李车、软硬座合造车、行李邮政车、软座行李合造车、硬座行李合造车，每日每辆 1 400 元。

包用娱乐车、餐车，一日内同时发生停留费、使用费两项费用时只收一项整日费用。

5. 空驶费

空驶费是指包车人指定要在某日包用某种车辆，而乘车（装运）站没有所需车辆，须从外站

(车辆所在站)向乘车(装运)站空送时,以及用完后送至车辆原所在站,所产生空驶应付的费用。

对车辆空驶区段(里程按最短径路并采取通算),不分车种,按每车公里 3.458 元核收空驶费,但棚车不核收空驶费。

6. 其他费用

(1)包用公务车、豪华列车的服务费,按车票票价 15% 核收。

(2)包用专用列车、豪华列车,如列车编成辆数不足 12 辆时,根据实际运行日数,按每日每辆核收欠编费。当日不足 12 h 的减半核收。

(二)包车变更费用的计算

包车人包用的车辆,由于某种原因需要变更时,可以办理包车变更。但包车人在未交付运输费用前取消用车计划时,定金不退。如已交付运输费用时,则按下列规定办理:

(1)包车人在始发站停止使用时,除退还已收空驶费与已产生的空驶区段往返空驶费差额外,其他费用按以下方式计算核收:

①开车前 48 h 前,退还全部费用,核收票价、使用费、运费 10% 的停止使用费。

②开车前不足 48 h 至开车前 6 h 退还全部费用,核收票价、使用费、运费 20% 的停止使用费。

③开车前不足 6 h,退还全部费用,核收票价、使用费、运费 50% 的停止使用费。

④开车后要求停止使用时,只退还尚未产生的包车停留费。

(2)包车人在始发站延期使用,在开车前 6 h 以前提出时,按规定核收包车停留费;在开车前不足 6 h 提出时,核收票价、使用费、运费 50% 的延期使用费,并重新办理包车手续。

(3)包车人在中途站延长使用区段或延长停留时间时,需经中途变更站报请铁路局(集团公司)同意后,核收票价、运费、使用费或包车停留费。如包车人当时付款有困难时,应根据其书面要求,由变更站电告发站或到站补收应收费用。

中途缩短停留时间或缩短使用区段时,所收费用不退。

(4)包车人在中途站要求变更径路时,应补收新旧径路里程的票价、运费差额。要求变更到站时,应补收自变更站至新到站与自变更站至原到站的票价、运费差额。

变更径路、到站均不退还票价、运费差额。

如包车中承运人违约时,应双倍返还定金。

(三)包车费用计算实例

【例 1-4】洛阳市外贸局有职工 60 人,不足 1 m 高小孩及 1.2～1.5 m 小孩各 5 人,要求包用硬卧车一辆,包车路程单注明:2013 年 5 月 10 日在洛阳站挂 K648 次到西安站后挂 5 月 14 日 K5 次到成都后停止使用。洛阳站无所需车辆,经路局同意由郑州站挂 4751 次 YW61537 号定员 60 人空送洛阳站。洛阳站应如何计算包车费用?

【解】包车费用计算如下:

1. 票价

洛阳—西安—宝鸡—成都运价里程:387 + 173 + 669 = 1 229(km)。

全价硬座票价:93.50 × 60 = 5 610.00(元)

半价硬座票价:47.00 × 5 = 235.00(元)

全价快速票价:36.00 × 60 = 2 160.00(元)

半价快速票价:18.00 × 5 = 90.00(元)

全价空调票价:23.00 × 60 = 1 380.00(元)

半价空调票价:11.50×5=57.50(元)

硬卧票价上:109.00×20=2 180.00(元)

中:118.00×20=2 360.00(元)

下:127.00×20=2 540.00(元)

票价合计:16 612.50 元

2. 计算停留费

K648 次 5 月 10 日 8:29 分洛阳东站开,5 月 10 日 14:20 分到西安站;K5 次 5 月 14 日 13:20 分西安站开,5 月 15 日 05:01 分到成都站。该硬卧车在西安站停留 4.5 d。

停留费:1 800.00×4.5=8 100.000(元)

3. 空驶费

郑州—洛阳空驶里程:124 km

成都—郑州空驶里程:1 353 km

里程通算:124+1 353=1 477(km)

3.485×1 477=5 147.345=5 147.50(元)

合计:16 612.50+8 100.00+5 147.50=29 860.00(元)

二、租车及租用、自备车辆的挂运和行驶

(一)租　　车

租用人向承运人租用客运车辆时,租用人应与承运人签订租车合同。租车合同主要载明:租用人和承运人名称、地址、联系人姓名、电话,租用车辆种类、数量;租用时间和区间,租车费用,违约责任,双方商定的其他事项等,并按包车停留费标准,按日核收租车费。单独租用发电车时,租车费每日每辆 2 100 元。

(二)挂运和行驶

企业自备机车车辆或租用车,利用承运人动力挂运或线路运行时,应向承运人提出书面要求,经协商同意并对机车车辆的技术状态检查合格后方能办理,核收挂运费或行驶费。长期挂运或行驶时,承运人应与企业或租用人签订合同。

企业自备客车或租用客车在国家铁路的旅客列车或货物列车挂运时,按下列标准核收挂运费:

1. 空车

不分车种按 0.534 元/(轴·km)核收。随客运列车挂运的空客车如有随车押运人员时,应购买所挂运列车等级的硬座车票,随货物列车挂运的空客车的随车押运人员,按货运押运人收费标准核收押运费。

2. 重车

(1)客车,按标记定员票价的 80% 核收。

(2)行李车,按标记载重及所装行李或包裹品类运费的 80% 核收。

(3)餐车、娱乐车、发电车,按租车费的 80% 核收。

企业自备动力牵引租用客车或企业自备客车,利用国家铁路线路运行时,不论空车或重车,均按 0.468 元/(轴·km)(含机车轴数)核收行驶费。

铁路机车车辆工厂(包括车辆研究所)新造车或检修车出厂在正式营业线上进行试验时,同样收取挂运费或行驶费。

军运、邮政部门租车和自备车辆挂运及行驶的收费标准，按军运和邮运有关规定办理。

挂运费和行驶费，不足 1 元的尾数按四舍五入处理。

【例 1－5】武汉钢铁公司自备硬座空车一辆（4 轴），由武昌站挂运 3 月 14 日 K158 次尾部到郑州站。请办理。

【解】武昌—郑州运价里程：536 km。

挂运费：　　0.534×4×536＝1 144.896≈1 145.00（元）

【引导案例分析】

办理步骤如下：

（1）包车人提交全程路程单。

（2）郴州站与包车人签订包车合同，预收相当于运费 20% 的定金：15 200.00 元。

（3）将全程路程单报请广州铁路（集团）公司批准。

（4）4 月 27 日广州铁路（集团）公司下达调度命令。

（5）4 月 28 日办理运费，杂费的交纳手续。

查时刻表：

4 月 30 日郴州站 K600 次 18:53 开。

5 月 1 日北京西 K600 次 20:02 到。

5 月 2 日停留。

5 月 3 日停留。

5 月 4 日北京西 T75 次 16:20 开。

5 月 5 日兰州 T75 次 11:00 到。

票价：

郴州—北京西—郑—兰州运价里程为 3 796 km。

32 人软座客票票价：441.00×32＝14 112.00（元）

32 人特快票价：88.00×32＝2 816.00（元）

3 人软座半价：220.50×3＝661.50（元）

3 人特快半价：44.00×3＝132.00（元）

16 人软卧上铺票价：393.00×16＝6 288.00（元）

16 人软卧下铺票价：436.00×16＝6 976.00（元）

32 人空调票价：54.00×32＝1 728.00（元）

3 人空调半价：27.00×3＝81.00（元）

票价小计：32 794.5 元

餐车使用费：4 d×1 002.00 元/（辆·d）＝4 008.00（元）

餐车空调费：4 008.00×25%＝1 002.00（元）

停留费：RW 停留 3.5 d，其中 5 月 1 日不足 1 d 按 0.5 d，5 月 4 日不足 1 日超过 12 h 按 1 d。

3.5×1 800.00＝6 300.00（元）

CA 停留 2 d，2×5 000.00＝10 000.00（元）

广州—郴州空驶里程为 374 km，兰州—广州空驶里程为 2 792 km，合计 3 166 km

空驶费：　　3.458×3 166×2＝21 896.056≈21 896.00（元）

合计：76 000.50 元。

内容四 客运杂费的计算

【知识目标】

(1)了解客运杂费的概念、分类。

(2)掌握客运杂费的核收规定。

【技能目标】

能熟练核收客运杂费。

【引导案例】

2013年7月1日,上海南站一名学生来不及买票经车站同意上了上海南至湛江的K149次列车,要求乘该车去桂林并要求使用卧铺,7车厢8号下铺有空位,列车上办理补票手续,应核收多少杂费?

【思　　考】

(1)列车上办理补票应该收取哪些费用?

(2)列车上办理补票和车站售票厅购票票价有区别吗?

客运杂费是指在铁路运输过程中,除去旅客车票票价、行李包裹运价以外,铁路运输企业向旅客、托运人、收货人提供的辅助作业、劳务及物耗等所收的费用。

一、客运杂费的种类

1. 付出劳务所核收的费用

该费用包括搬运费、送票费、接取送达费、手续费、行李包裹变更手续费、查询费、装卸费等。

核收这类费用,是因为旅客或托运人、收货人提出要求,为其特殊服务时而收取,要贯彻既为旅客或托运人、收货人服务,又要收费合理的原则。

2. 违反运输规定所核收的费用

该费用包括各种无票乘车加收的票款及违章运输加倍补收的运费等。

为了维护站、车秩序,对无票乘车或者持失效车票乘车的人员,应根据铁路法及客运规章有关规定加收票款。

为了贯彻国家运输政策,确保旅客运输安全,对违章携带、违章运输应采用经济制裁的办法,施行加倍补收运费。

3. 使用有关单据及其他用品所核收的物耗费用

该费用包括货签费、安全标志费、其他用品等。对这类费用应本着为人民服务的精神,核收适当的费用。

4. 为加强资金与物资管理所核收的费用

该费用包括迟交金、保价费、保管费等。这类费用是按照有关款额的百分比或保管的日数进行计算收取。

二、费用核收的标准

对于客运杂费的收费项目和收费标准,根据《铁路客运运价规则》规定,由国务院铁路主管部门规定。现行收费项目及收费标准见表1-11。

表 1－11　客运杂费收费项目及收费标准

收费项目		计费条件	收费标准	备　注
1	站台票		1 元/张	
2	手续费	列车上补卧铺	5 元/人次	同时发生时按最高标准核收一次手续费
		其他	2 元/人次	
3	退票费	按每张车票面额计算	票面乘车站开车前 48 h 以上的，退票时收取票价 5% 的退票费；开车前 24 h 以上、不足 48 h 的，退票时收取票价 10% 的退票费；开车前不足 24 h 的，退票时收取票价 20% 退票费。（以 5 角为单位，2.5 角以下舍去、2.5 角及以上进为 5 角）	最低按 2 元，以下的票价不退
4	送票费	送到集中取票点	3 元/人次	
		送到旅客所在地	5 元/人次	
5	标签费	货签费	0.25 元/个	
		安全标志费	0.20 元/个	
6	行李、包裹变更手续费	装运前	5 元/票次	
		装运后	10 元/票次	
7	行李、包裹查询费	行李、包裹交付后，旅客或收货人还要求查询时	5 元/票次	
8	行李、包裹装卸费	从行李房收货地点至装上行李车，或从行李车卸下至交付地点，各为一次装卸作业	2 元/件次	超过每件规定重量的，按其超重倍数增收
9	行李、包裹保管费	超过免费保管期限，每日核收	3 元/件	超过每件规定重量的，按其超重倍数增收
10	行李、包裹搬运费	从车站广场停车地点搬运至行包房办理处或从行包交付处搬运至广场停车地点各为一次搬运作业；由汽车搬上、搬下时，每搬一次，另计一次搬运作业	1 元/件次	超过每件规定重量的，按其超重倍数增收
11	行李、包裹接取送达费	接取、送达各为一次作业，每 5 km（不足 5 km 按 5 km计算）核收	5 元/件次	超过每件规定重量的，按其超重倍数增收
12	携带品搬运费	从广场停车地点搬运至站台或从站台搬运至广场停车地点各为一次搬运作业。由火车、汽车搬上、搬下时每搬一次，另计一次搬运作业	2 元/件次	每件重量以 20 kg 为限，超重时按其超重倍数增收
13	携带品暂存费	每日核收	3 元/件	每件重量以 20 kg 为限，超重时按其超重倍数增收

各铁路局对于合资铁路、地方铁路及特殊运价区段的客运杂费，可根据具体情况，由铁道部授权自定杂费的费种和费率。

三、客运杂费核收的实例

【例 1-6】2013 年 2 月 15 日，K9003 次列车（岳阳—深圳，新型空调车）一旅客持岳阳至广州空调硬座客快票，票价 112.00 元，票号 A000215，要求从株洲起改乘软卧，应核收的客运杂费是多少？

【解】列车上补卧铺，核收手续费 5.00 元。

【例 1-7】2013 年 4 月 2 日，北京西开往合肥的 K1109 次列车，北京西开车后，发现一旅客持北京西到合肥软座普快卧（下）车票，票号 A000066，票价 297.50 元，全价一名，儿童一名，其儿童实际身高 1.52 m，为其补票时旅客要求补购软卧（上），应核收的客运杂费是多少？

【解】多项费用同时发生时，按高的核收一次，因此核收手续费 5.00 元。

【引导案例分析】

(1) 列车上补票要核收票价和杂费。

(2) 本案例列车上补票除补收上海南至桂林的车票票价外，还应核收手续费。列车上补一般票应核收手续费 2 元，列车上补卧应核收手续 5 元，同时发生时按最高标准核收一次手续费 5 元。

技能演练

1. 实训项目

运费计算。

2. 实训内容。

计算各种票价、运价。

3. 实训要求

(1) 熟悉默画客运接算站示意图。

(2) 熟练计算各种票价、运价。

(3) 熟练查找旅客票价表、行李包裹运价表、铁路客运运价里程表、旅客列车时刻表。

4. 实训报告要求

(1) 说明解题依据。

(2) 写明计算步骤及过程。

(3) 书写工整，卷面整洁。

复习思考题

1. 车票是如何分类的？
2. 如何运用《铁路客运运价里程表》、《旅客票价表》来确定旅客票价？
3. 包裹是如何分类的？
4. 行李包裹运价是如何制定的？
5. 何谓特定运价？
6. 客运杂费的收费标准是怎样规定的？

模块二　旅客运输基本业务

内容一　旅客乘车条件

【知识目标】

(1)了解旅客乘车的基本条件。

(2)掌握车票有效期的计算、延长及失效的处理规定。

(3)掌握误售误购、误乘和丢失车票及不符合乘车条件的处理规定。

【技能目标】

(1)掌握车票有效期的计算、延长及失效的处理方法。

(2)掌握误售误购、误乘和丢失车票及不符合乘车条件的处理的方法,并会正确填制代用票。

【引导案例】

2013年5月6日,长沙开往上海南的K135次列车(新型空调快速车),株洲开车后发现一无票人员,自称是株洲站上车(不能判定),目的是去上海,K135次列车如何办理?

【思　　考】

(1)发现无票乘车人员,列车该如何处理?

(2)如何正确填制代用票?

一、旅客乘车基本条件和车票签证

1. 基本条件

(1)旅客须按票面载明的日期、车次、席别乘车,并在票面规定有效期内到达到站。

(2)持通票的旅客中转换乘时,应当办理中转签证手续。旅客也可按车票指定的乘车日期、车次、席别在中途停车站上车,但未乘区段的车票票价不退。乘坐动车组列车旅客如中途下车,未乘区间车票失效。

(3)对乘坐卧铺的旅客,列车可以收取车票并予集中保管。收取车票时,应当换发卧铺证;旅客下车前,凭卧铺证换回车票。成人带儿童或儿童与儿童可共用一个卧铺。

(4)除特殊情况并经列车长同意的外,持低票价席别车票的旅客不能在高票价席别的车厢停留。

(5)烈性传染病患者、精神病患者或健康状况危及他人安全的旅客,站、车可以不予运送;已购车票按旅客退票的有关规定处理。

2. 车票签证

(1)旅客不能按票面指定的日期、车次乘车时,应当在票面指定的日期、车次开车前办理一次提前或推迟乘车签证手续,特殊情况经站长同意可在开车后2 h内办理。持动车组列车车票的旅客改乘当日其他动车组列车时不受开车后 2 h 内限制。团体旅客不应晚于开车前 48 h。

在车站售票预售期内且有运输能力的前提下，车站应予办理，收回原车票，换发新车票，并在新车票票面注明“始发改签”字样（特殊情况在开车后改签的注明“开车后改签不予退票”字样）；原车票已托运行李的，在新车票背面注明“原票已托运行李”字样并加盖站名戳。

（2）旅客在发站办理车票改签计算票价时，在联合票价基础上计算。旅客在中途站办理签证不需补差价时，只打印签证号；需补差价时，发售有价签证票。除售票系统设备故障等特殊情况外，不得手工改签车票。

（3）旅客在中转站换车和中途下车恢复旅行时，都应办理签证手续。签证的车次票价高于原票价时，核收票价差额，计算机除打印“中转签证”字样的签证票外，另以代用票补收票价差额；签证的车次票价低于原票价时，票价差额部分不予退还，计算机只打印“中转签证”字样的签证票，随原票使用。需补差价时，发售有价签证票。

必要时，铁路运输企业可以临时调整改签办法。

二、车票的有效期间

铁路旅客运输合同从售出车票时起成立，至按票面规定运输结束旅客出站时止，为合同履行完毕。旅客运输的运送期间自检票进站起至到站出站时止计算。任何一种合同都有一定的时效，作为运输合同的车票也不例外，其时效即为有效期间。

1. 车票有效期间的计算

车票有效期间，是根据列车衔接和旅客列车运行速度等因素制定的。

（1）直达票当日当次有效，但下列情形除外：

①全程在铁路运输企业管内运行的动车组列车车票有效期由企业自定。

②有效期有不同规定的其他票种。

（2）通票的有效期按乘车里程计算：1 000 km 为 2 d，超过 1 000 km 的，每增加 1 000 km 增加 1 d，不足 1 000 km 的尾数按 1 d 计算；自指定乘车日起至有效期最后一日的24:00止。

【例 2－1】计算图 1－2 中通票的有效期。

【解】湘潭—武昌接算站为株洲，乘车里程 440 km，属于 1 000 km 以内，通票的有效期为 2 d。

2. 车票有效期间的延长

遇下列情况，可适当延长通票的有效期间：

（1）因列车满员、晚点、停运等原因，使旅客在规定的有效期间内不能抵达到站时，车站可视实际需要延长通票的有效期。延长日从通票有效期终了的次日起计算。

（2）旅客因病，在客票有效期间内，提出医疗单位证明或经车站证实时，可按实际医疗日数延长，但最多不得超过 10 d。卧铺票不能办理延长，可办理退票手续。同行人同样办理。

（3）动车组列车车票只办理改签，不办理有效期延长。

（4）由于误售、误购、误乘或坐过了站在原通票有效期不能到达到站时，应根据折返站至正当到站间的里程，重新计算通票有效期。

（5）因列车满员或意外事件列车停止运行，旅客不能按票面指定的日期、车次乘车时，车站应积极为旅客办理签证及通票有效期延长手续。办理时，应在通票背面注明“因 × × 延长有限期×日"并加盖站名戳。旅客如托运行李时,还应在行李票上签注"因××原因改乘×月×日××车次",加盖站名戳,作为到站提取行李时,计算免费保管日数的凭证。

中途站办理动车组列车退票的公式:应退票款=原票价-(原票价÷原票里程×已乘区间里程)

3. 车票有效期间失效的处理

(1)持通票的旅客在乘车途中有效期终了、要求继续乘车时,应自有效期终了站或最近前方停车站起,另行补票,核收手续费。

(2)旅客持用的定期客票的有效期间,在乘车途中终了时,可按有效使用至到站。

三、旅客乘车中发生特殊情况的处理

1. 误售、误购车票的处理

由于站名相似、口音不同等原因,发生误售、误购车票时,车站和列车必须正确处理,使旅客能安全迅速到达旅行目的地。

对误售、误购车票,应按下列规定补收或退还已收票价与正当票价的差额,不收手续费或退票费。

(1)在发站,收回原票,换发新票。

(2)在中途站、原票到站或列车内,应补收票价时,收回原票,换发代用票,补收票价差额;应退还票价时,站、车应编制客运记录,连同原票交给旅客,作为乘车至正当到站退还票价差额的凭证,并应以最方便的列车将旅客运送至正当到站。

【例2-2】2013年1月26日,沈阳站一旅客持当日哈尔滨经沈阳到金州站2052次(牡丹江—大连)空调普通硬座客快票,票号A000545,票价105.00元,声称误购车票,正当到站为晋州。要求乘K128/125次空调列车去到站,沈阳站该如何办理?

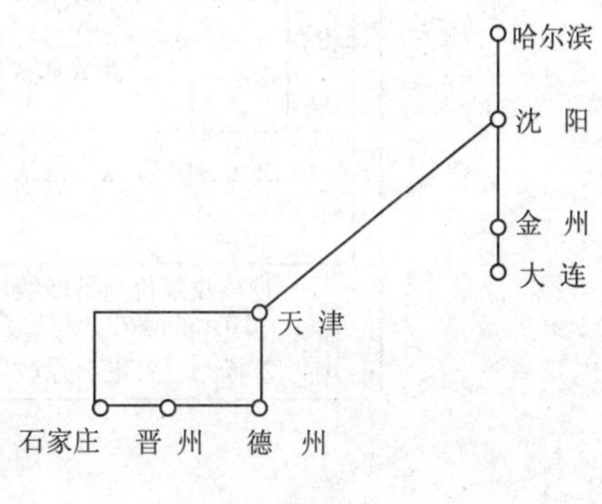

【解】沈阳站处理如下:

①计算已收票价:

哈尔滨—沈阳—金州站:911 km

空调硬座普快联合票:105.00元

②计算应收票价:

哈尔滨—晋州:1 644 km

空调硬座快速联合票:192.00元

③收票价:192.00-105.00=87.00(元)

④代用票填写式样如图2-1所示。

【例2-3】2013年1月19日,在株洲站,一旅客持当日武昌经株洲、福州到连江的硬座客快联合票,票号A091235,票价81.50元。要求签证次日K149(上海南—湛江),发现误购车票,实际到站为廉江。车站应如何办理?

【解】株洲站处理如下:

①已收票价:81.50元

②计算应收票价:

武昌—廉江:1 487 km

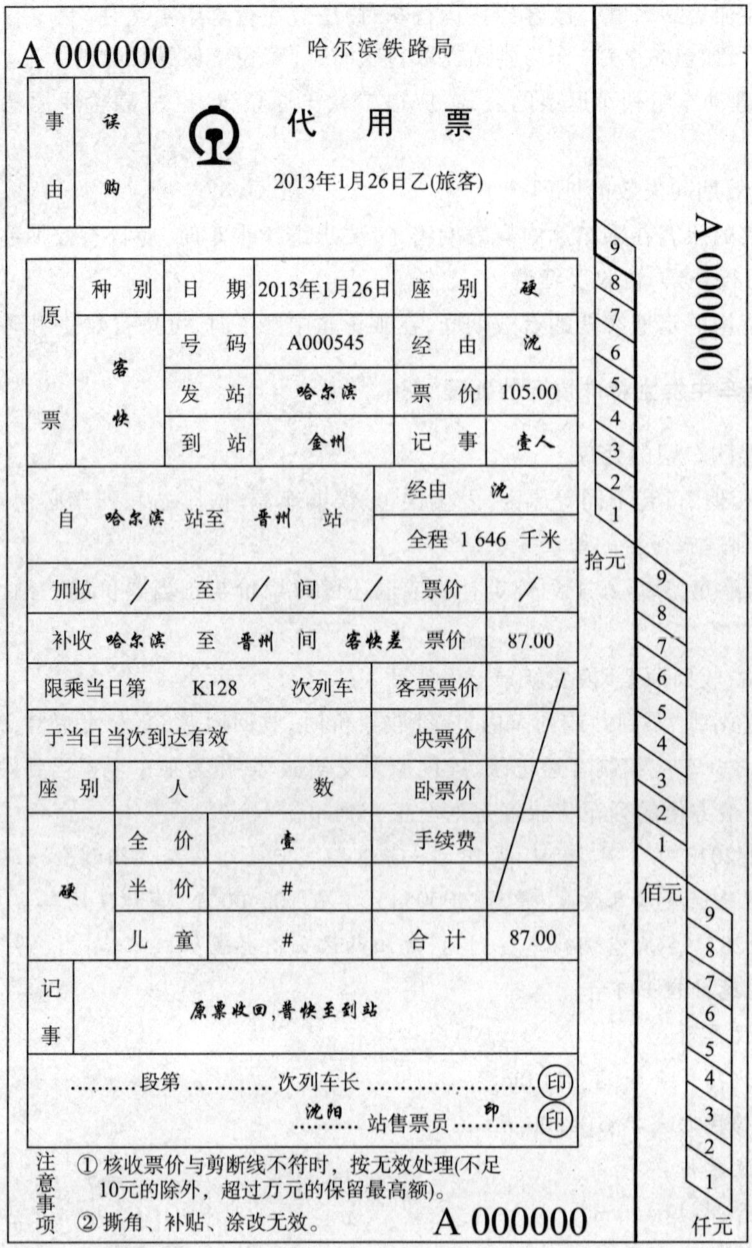

A 000000　哈尔滨铁路局

事由	误购

代　用　票

2013年1月26日乙(旅客)

原票	种　别	日　期	2013年1月26日	座　别	硬
	客快	号　码	A000545	经　由	沈
		发　站	哈尔滨	票　价	105.00
		到　站	金州	记　事	壹人

自　哈尔滨　站至　晋州　站	经由　沈
	全程 1 646　千米

加收　／　至　／　间　／　票价	／
补收　哈尔滨　至　晋州　间　客快差　票价	87.00
限乘当日第　K128　次列车　客票票价	
于当日当次到达有效　快票价	

座　别	人	数	卧票价	
硬	全　价	壹	手续费	
	半　价	#		
	儿　童	#	合　计	87.00

记事	原票收回,普快至到站

……段第……次列车长……印

沈阳……站售票员……印

注意事项　① 核收票价与剪断线不符时，按无效处理(不足10元的除外，超过万元的保留最高额)。② 撕角、补贴、涂改无效。

A 000000

拾元 9 8 7 6 5 4 3 2 1

佰元 9 8 7 6 5 4 3 2 1

仟元 9 8 7 6 5 4 3 2 1

图 2－1　代用票填写式样

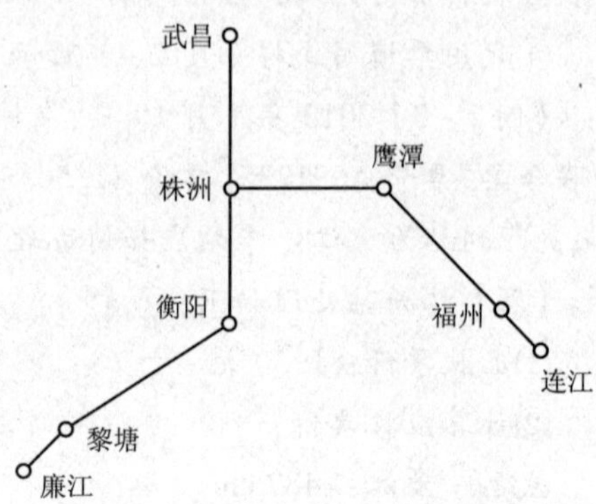

硬座普快联合票:86. 50 元

株洲—廉江:1 073 km

空调硬座快速联合票价:138. 50 元

硬座普快联合票价:66. 50 元

票价差额:138. 50 －66. 50 =72. 00(元)

合计:86. 50 +72. 00 =158. 50(元)

③补收票价:158. 50 －81. 50 =77. 00(元)

④用票填写式样如图 2 －2 所示。

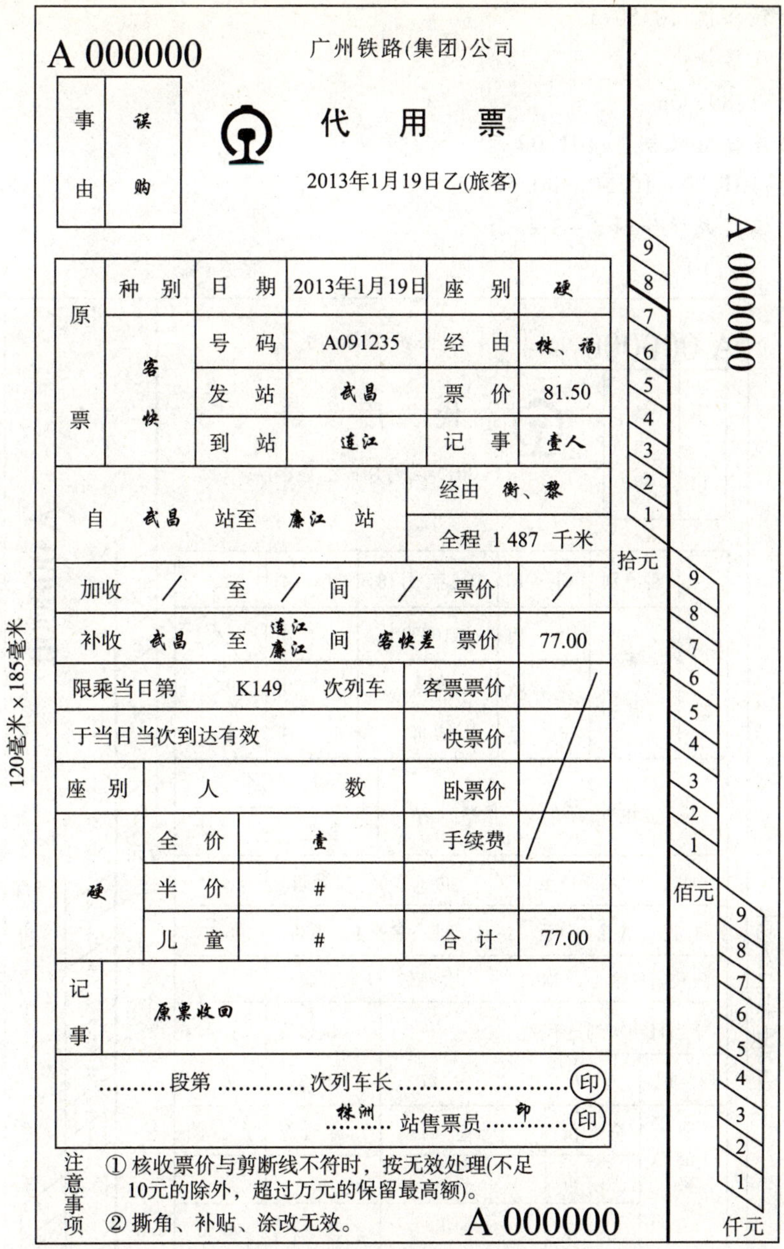

A 000000　　广州铁路(集团)公司

事由	误购

代　用　票

2013年1月19日乙(旅客)

原票	种　别	日　期	2013年1月19日	座　别	硬
	客快	号　码	A091235	经　由	株、福
		发　站	武昌	票　价	81.50
		到　站	莲江	记　事	壹人

自　武昌　站至　廉江　站	经由　衡、黎
	全程 1 487 千米

加收	/	至	/	间	/	票价	/
补收	武昌	至	莲江 廉江	间	客快差	票价	77.00

限乘当日第　K149　次列车		客票票价	
于当日当次到达有效		快票价	
座　别	人　　数	卧票价	
硬	全　价　壹	手续费	
	半　价　#		
	儿　童　#	合　计	77.00

记事：原票收回

..........段第 ....次列车长 ....（印）

株洲 .... 站售票员 ....印.........（印）

注意事项　① 核收票价与剪断线不符时，按无效处理(不足10元的除外，超过万元的保留最高额)。
② 撕角、补贴、涂改无效。　A 000000

图 2－2　代用票填写式样

【例 2－4】2013 年 3 月 18 日，在徐州站一旅客持南京至常州硬座客快票（票号 A108235），要求签证改乘次日 1462 次（上海—北京）新空调列车。经查，该旅客实际到站是沧州，由于口音不准误购至常州的车票。车站应如何办理？

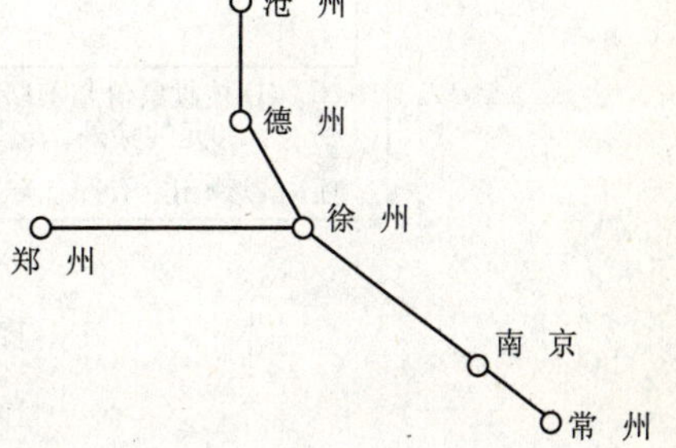

【解】处理如下：

①计算已收票价：

南京—常州站：138 km

硬座普快联合票:10.50 元

②计算应收票价:

南京—沧州:895 km

新空调硬座普快联合票:101.00 元

⑤收票价:101.00 - 10.50 = 90.50(元)

⑥代用票填写式样如图 2 - 3 所示。

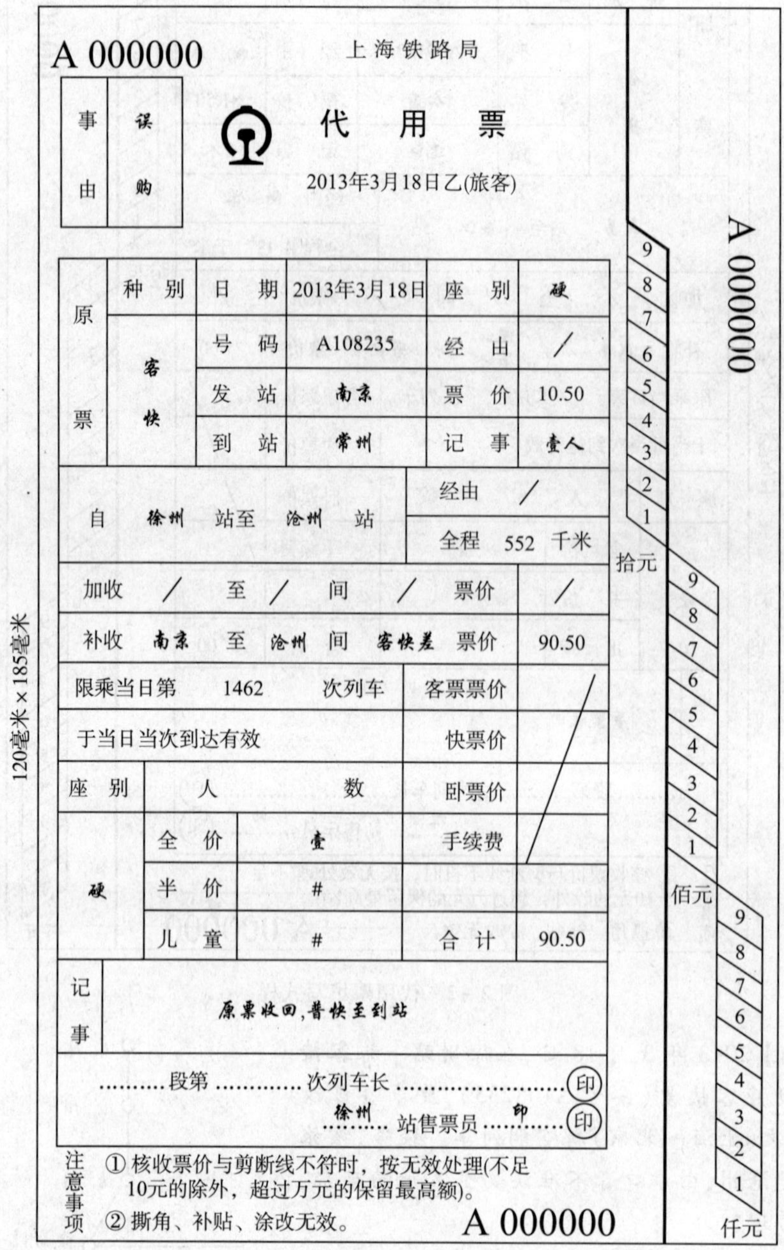

A 000000　上海铁路局

事由	误购

代　用　票

2013年3月18日乙(旅客)

原票	种别	日期	2013年3月18日	座别	硬
	客快	号码	A108235	经由	／
		发站	南京	票价	10.50
		到站	常州	记事	壹人

自 徐州 站至 沧州 站	经由 ／
	全程 552 千米
加收 ／ 至 ／ 间 ／	票价 ／
补收 南京 至 沧州 间 客快差	票价 90.50
限乘当日第 1462 次列车	客票票价
于当日当次到达有效	快票价

座别	人数		卧票价	
硬	全价	壹	手续费	
	半价	#		
	儿童	#	合计	90.50

记事：原票收回，普快至到站

………段第…………次列车长…………………印

徐州………站售票员　印…………印

注意事项：① 核收票价与剪断线不符时，按无效处理(不足10元的除外，超过万元的保留最高额)。② 撕角、补贴、涂改无效。

A 000000

A 000000　拾元 9 8 7 6 5 4 3 2 1　佰元 9 8 7 6 5 4 3 2 1　仟元 9 8 7 6 5 4 3 2 1

120毫米×185毫米

图 2 - 3　代用票填写式样

2. 误乘的处理

由于旅客没有确认车次或上、下行方向坐错了车，或乘车中坐过了站，统称为误乘。

旅客因误售、误购、误乘或坐过了站需送回时，列车长应编制客运记录交前方停车站。车站应在车票背面注明“误乘”并加盖站名戳，指定最近列车免费返回。

在免费送回区间，站车均应告之旅客不得自行中途下车。如中途下车，对往返乘车的免费区间，按返程所乘列车等级分别核收往返区间的票价，核收一次手续费。

【例 2－5】2013 年 1 月 26 日，一旅客持 1485 次（太原—成都）西安至宝鸡硬座客快联合票，坐过了站，列车发现以记录交阳平关站，阳平关站指定当日 6064 次免费送回，旅客中途在略阳站下车。车站应如何处理？

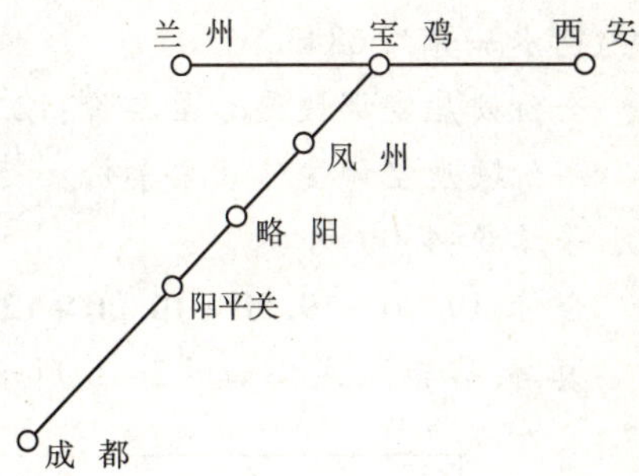

【解】处理如下：略阳站将原票收回，按返乘所乘列车等级分别核收往返区间的票价。

宝鸡—阳平关：271 km

硬座普快联合票票价：20.50 元

阳平关—略阳：56 km

硬座普快联合票票价：4.00 元

手续费：2.00 元

合计：20.50＋4.00＋2.00＝26.50（元）

填写“客杂”，式样如图 2－4 所示。

郑州铁路局　　　　丙

客运运价杂费收据

2013年1月26日　　　　(报告用)

原票据	种 别	日 期		月 日 时 到达、通知、变更			
		号 码					
		发 站		月 日 时 交 付			
		到 站		核收保管费 日			
核 收 区 间				核收费用			款 额
				种 别	件 数	重 量	
自 宝鸡到阳平关 站						客快票价	20.50
至 阳平关至略阳 站						客快票价	4.00
						手续费	2.00
经由（　　）							
座别 硬 人数 壹							
				合 计			26.50
记事	误乘，6064次免费送回，中途下车						

略阳 站经办人 印 印

A 000000

图 2－4　客运运价杂费收据票样

【例 2－6】2013 年 2 月 19 日，在衡水站，一旅客持 2 月 18 日太原到石家庄北的硬座空调快速联合票一张，携带身高 1.2 m 儿童一名，声称乘 K520 次（太原—秦皇岛）坐过了站。衡水站指定 K865 次（唐山—临汾）免费送回，在晋州站中途下车。车站应如何处理？

【解】晋州站处理过程如下：

超高：太原—石家庄北：225 km

半价空调客快速票价：19.00 元

中途下车：石家庄北—衡水：124 km

全价空调客快速票价：19.50 元

半价硬座空调快速客票票价：10.00 元

衡水—晋州 68 km

全价硬座空调快速客票票价：12.50 元

半价硬座空调快速客票票价：6.50 元

手续费：4.00 元

合计：19.00＋19.50＋10.00＋12.50＋6.50＋4.00＝71.50（元）

填写“客杂”，式样如图 2－5 所示。

北京铁路局　　丙

客运运价杂费收据

2013年2月19日　　(报告用)

原票据	种别	日期		月　日　时　到达、通知、变更
		号码		
		发站		月　日　时　交　付
		到站		核收保管费　日

核收区间	核收费用 种别	件数	重量	款额
自　站	太原至石家庄北	半价	空调客快速票价	19.00
至　站	石家庄北至衡水	全价	空调客快速票价	19.50
经由（　）	衡水至晋州	全价		10.00
座别　硬　人数　贰	石家庄北至衡水	半价	空调客快速票价	12.50
	衡水至晋州	半价		6.50
	衡水至晋州		手续费	4.00
	合计			71.50

记事：儿童超高，乘K520次坐过站，K865次免费送回，中途下车

晋州 站经办人 印 印

A 000000

图 2－5　客运运价杂费收据票样

【例2-7】2013年3月18日，旅客持北京西至石家庄的硬座客特快联合票，坐过了站，列车发现后编制客运记录，连同原票和旅客到安阳站交下，安阳站指定乘坐K234次列车（上海—石家庄）免费送回石家庄。但该旅客在中途站邯郸下车，车站应如何办理？

【解】邯郸站处理如下：

邯郸站应收回原票，补收有关票价，核收手续费。票价计算如下：

补收：石家庄—安阳225 km

空调硬座客快速票价：37.50元

安阳—邯郸60 km

空调硬座客快速票价：11.00元

手续费：2.00元

总　计：37.50+11.00+2.00=50.50（元）

填写“客杂”，式样如图2-6所示。

北京铁路局　　丙

客运运价杂费收据

2013年3月18日　　(报告用)

原票据	种别	日期	月　日　时　到达、通知、变更
		号码	
		发站	月　日　时　交　付
		到站	核收保管费　日

核收区间	核收费用 种别	件数	重量	款额
自 石家庄至安阳 站			客快票价	37.50
至 安阳至邯郸 站			客快票价	11.00
			手续费	2.00
经由（　　）				
座别 硬　人数 壹				
	合计			50.50

记事	误乘，K234次免费送回，中途下车

邯郸 站经办人 印 印

A 000000

图2-6　客运运价杂费收据票样

3. 丢失车票的处理

车票是有价证券，一旦丢失必须另行购票。其具体处理办法如下：

(1)旅客在乘车前丢失车票时，应另行购票。在乘车中丢失车票时，应自丢失站起（不能判明时从列车始发站起）补收票价，核收手续费。旅客丢失车票另行购票时，车站另发新票。列车上补票时，注明丢失。

(2)旅客丢失车票另行补票后又找到原票时,列车长应编制客运记录,连同原票和后补车票一并交给旅客,作为旅客在到站出站前退还后补车票的依据。列车长与车站办理交接时,车站不得拒绝。处理站在办理时,填写退票报告,并核收退票费,列车长编制的客运记录随退票报告联一并上报。

(3)旅客购买实名制车票后丢失车票时,符合以下条件的,可到车站售票窗口办理挂失补办手续:

①提供购票时所使用的有效身份证件原件、原车票乘车日期和购票地车站名称。

②不晚于票面发站停止检票时间前20 min。

以下情形,不办理挂失补办手续:

①超过规定时间提出的。

②原车票已经退票的。

③已经挂失补办的。

车站确认旅客身份、车票等信息无误后,旅客应按原车票车次、席位、票价重新购买一张新车票。新车票票面标记“挂失补”字样。原车票已经改签的按改签后的车票办理挂失补办手续。

新车票发售后,原车票失效。新车票不能改签,但可以退票;退票时按规定核收补票的手续费。新车票退票后,原车票效力恢复。

旅客持新车票乘车时,应向列车工作人员声明。到站前,列车长确认该席位使用正常的,开具客运记录交旅客作为到站退票的凭证。

旅客到站后24 h内,凭客运记录、新车票和购票时所使用的有效身份证件原件,至退票窗口办理新车票退票手续,按规定核收补票的手续费。

(4)由于站、车工作人员工作失误,造成旅客车票丢失时,站、车均应填写代用票,在记事栏内注明“因××原因丢失”,将款额剪断线全部剪下随丙联上报。

(5)不能判明是否丢失时,按无票处理。

【例2-8】2013年2月15日,K234次列车(上海—石家庄,新型空调车)徐州站开车后,一旅客声明车票丢失在徐州站台上,原票南京至西安,经查证属实。列车应如何办理?

【解】①在乘车中丢失车票时,应自丢失站起(不能判明时从列车始发站起)补收票价,核收手续费。

②票价计算

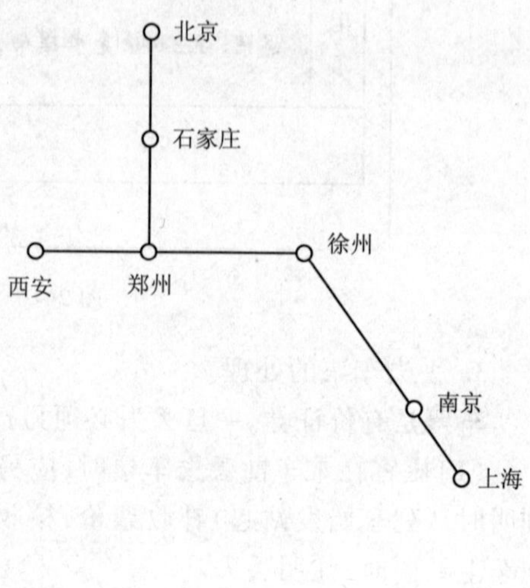

徐州—西安:860 km

硬座客票票价:45.00元

普快票价:9.00元

徐州—郑州:349 km

新空调硬座客快速票票价:51.50元

硬座普快票票价:25.50元

票价差:51.50-25.50=26.00(元)

手续费:2.00元

合计:45.00+9.00+26.00+2.00=82.00(元)

代用票填写式样如图2-7所示。

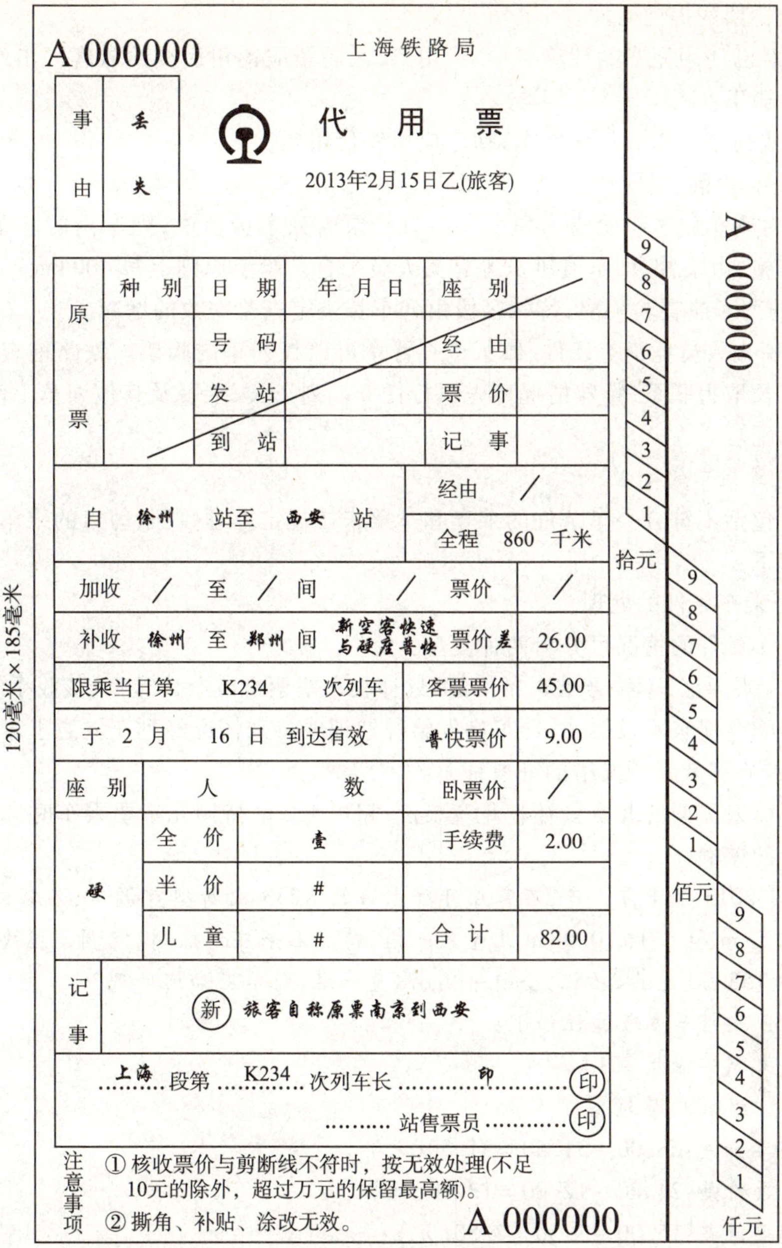

A 000000　上海铁路局

事由：丢失

代　用　票

2013年2月15日乙(旅客)

原票	种　别	日　期	年 月 日	座　别	
		号　码		经　由	
		发　站		票　价	
		到　站		记　事	

自　徐州　站至　西安　站			经由　／	
			全程　860　千米	
加收　／　至　／　间　／			票价	／
补收　徐州　至　郑州　间　新空客快速与硬座普快			票价差	26.00
限乘当日第　K234　次列车			客票票价	45.00
于　2　月　16　日　到达有效			普快票价	9.00
座　别	人	数	卧票价	／
硬	全　价	壹	手续费	2.00
	半　价	#		
	儿　童	#	合　计	82.00
记事	(新)　旅客自称原票南京到西安			

上海　段第　K234　次列车长　印　(印)

站售票员　(印)

注意事项　① 核收票价与剪断线不符时，按无效处理(不足10元的除外，超过万元的保留最高额)。　② 撕角、补贴、涂改无效。

A 000000

9 8 7 6 5 4 3 2 1　拾元

9 8 7 6 5 4 3 2 1　佰元

9 8 7 6 5 4 3 2 1　仟元

A 000000

120毫米×185毫米

图 2－7　代用票填写式样

四、车票的查验和违章乘车的处理

(一)车票的查验

1. 车站的检票和收票

(1)车站对进出站的旅客和人员应检票，车站对进站旅客持用的车票经确认后加剪表示旅客旅行的开始，也是铁路旅客运输合同履行的开始。车站对进站人员持用的车票、站台票经确认后加剪(市郊定期客票、卧铺票不剪)。对必须持证购买的减价票和各种乘车证的旅客应当核对相应的证件，验票应打查验标记。车站应当在开车前提前停止检票，但应当在本站营业场所通告停止检票的提前时间。

(2)车站对已使用完毕的计算机票、代用票、区段票应销角后交给旅客。出站人员的站台票应将其副券撕下。

(3)车站或列车工作人员误撕车票时,应换发代用票。

2. 列车上的验票

(1)列车对乘车旅客应验票。列车车门口验票由列车员负责,列车内的验票工作由列车长负责组织实施,由乘警、列车值班员等有关人员配合。验票原则上每 400 km 一次,运行全程不足 400 km 的列车应查验一次,特殊区段由列车长决定查验次数的增减。

(2)铁路稽查人员凭稽查证件、佩戴稽查臂章可以在列车内验票。铁路稽查执行任务时,应事先与列车长取得联系,特殊情况可先执行任务。列车长、乘警及其他列车工作人员对稽查的工作应予以配合。

(二)对违章乘车的处理

违章乘车包括不符合乘车条件的乘车和车票未按规定办理签证、剪口的乘车,现将对其处理规定分述如下:

1. 不符合乘车条件的处理

不符合乘车条件的情况可分为两种类型:

(1)属于客观原因,不符合乘车条件的,只补收车票票价或票价差额,核收手续费。

①确因时间仓促来不及买票,经车站发给补票证或特殊情况经列车同意上车补票的,只补收车票票价(持旅客乘降所发给的补票证不收手续费)。

②应买票而未买票的儿童只补收儿童票价;超过 1.5 m 持用儿童票乘车时,应补收全价票价与儿童票价的差额。

【例 2－9】2013 年 4 月 2 日,石家庄开往上海的 K233 次新型空调车,石家庄开车后发现一旅客携带 1.53 m 和 1.0 m、0.98 m 儿童各一名,持有石家庄到徐州,空调硬座快速车票,票号 A001693,票价 153.00 元,人数栏,全价一名,儿童一名,列车应如何处理?

【解】K233 次列车办理过程如下:

石家庄—郑州—徐州 761 km

(1)处理 1.53 m 儿童超高

全半硬座票价差:63.00 - 31.50 = 31.50(元)

全半快速票价差:24.00 - 12.00 = 12.00(元)

全半空调票价差:15.00 - 7.50 = 7.50(元)

(2)免费儿童超过一人,补一张儿童票

半价空调硬座快速联合票:61.00 元

手续费:2.00 元

合计:31.50 + 12.00 + 7.50 + 61.00 + 2.00 = 114.00(元)

代用票填写式样如图 2－8 所示。

【例 2－10】2013 年 4 月 2 日,北京西开往芜湖的 K1109 次列车,北京西开车后,发现一旅客持北京西到合肥空调软座快速卧(下)联合票和半价软座快速联合票各一张(票号 A006655、A003456,票价分别为 388.50 元、110.00 元),携带有身高 1.55 m 的儿童一名,旅客要求补购软卧(上),软卧 8 号车 6 号上铺空闲,K1109 次列车应如何处理?

【解】北京西—阜阳—淮南—水家湖—合肥 1 076 km

A 000000　　北京铁路局

代　用　票

2013年4月2日乙(旅客)

事由	超高

原票	种　别	日　期	2013年4月2日	座　别	硬
	客快速	号　码	A001693	经　由	郑
		发　站	石家庄	票　价	153.00
		到　站	徐州	记　事	全，童

自 石家庄 站至 徐州 站	经由　郑
	全程　761　千米

补收 石家庄 至 徐州 间 新空客快速字价 票价			61.00
补收 石家庄 至 徐州 间　全字　票价 差			51.00
限乘当日第　K233　次列车		客票票价	
于　4　月　4　日　到达有效		快票价	
座　别	人　　数	卧票价	
硬	全　价　贰	手续费	2.00
	半　价　#		
	儿　童　壹	合　计	114.00
记事	原票收回		

石家庄 段第 K233 次列车长 印 (印)

站售票员 (印)

注意事项　① 核收票价与剪断线不符时，按无效处理(不足10元的除外，超过万元的保留最高额)。② 撕角、补贴、涂改无效。　A 000000

A 000000

拾元 9 8 7 6 5 4 3 2 1

佰元 9 8 7 6 5 4 3 2 1

仟元 9 8 7 6 5 4 3 2 1

120毫米×185毫米

图 2-8　代用票填写式样

全半价软座快速票价差：219.50－110.00＝109.50(元)

全价软卧(上)票价：153.00 元

手续费：5.00 元

合计：109.50＋153.00＋5.00＝267.50(元)

代用票填写式样如图 2-9 所示。

③旅客持用票价低的车票，经车站和列车同意乘坐票价高的座席、卧铺或高等级列车时，只补收乘车区段车票票价差额。

④持站台票上车送客未下车但及时声明时，补收至前方下车站的票款。

A 000000　　北京铁路局

事由	超高

代　用　票

2013年4月2日乙(旅客)

原票	种　别	日　期	2013年4月2日	座　别	软
	客快卧	号　码	A003456	经　由	阜、淮、水
		发　站	北京西	票　价	110.00
		到　站	合肥	记　事	全儿童卧下

自 北京西 站至 合肥 站	经由 阜、淮、水
	全程 1 076 千米

加收 ／ 至 ／ 间 ／	票价	／
补收 北京西 至 合肥 间 全字客快差	票价	109.50
限乘当日第 K1109 次列车	客票票价	
于当日当次到达有效	快票价	

座别	人	数	上卧票价	153.00
软	全　价	壹	手续费	5.00
	半　价	#		
	儿　童	#	合　计	267.50

记事：原票收回，软卧8车6号上铺

北京 段第 K1109 次列车长 ………印………(印)

……… 站售票员 …………(印)

注意事项：① 核收票价与剪断线不符时，按无效处理(不足10元的除外，超过万元的保留最高额)。② 撕角、补贴、涂改无效。　A 000000

A 000000

拾元 9 8 7 6 5 4 3 2 1

佰元 9 8 7 6 5 4 3 2 1

仟元 9 8 7 6 5 4 3 2 1

120毫米×185毫米

图 2－9　代用票填写式样

【例 2－11】2013 年 4 月 3 日，北京西开往成都的 T7 次新型空调车，8:40 北京西站开车后，一名持北京西站站台票人员到列车办公席，声明送客人未来及下车，要求前方停车站下车返回北京西，T7 次列车应如何处理？

【解】T7 次列车处理如下：

北京西—石家庄 277 km

新空调硬座票价:25.50 元

特快票价:10.00 元

空调票价:6.00 元

手续费:2.00 元

合计:25.50+10.00+6.00+2.00=43.50(元)

代用票填写式样如图2-10所示。

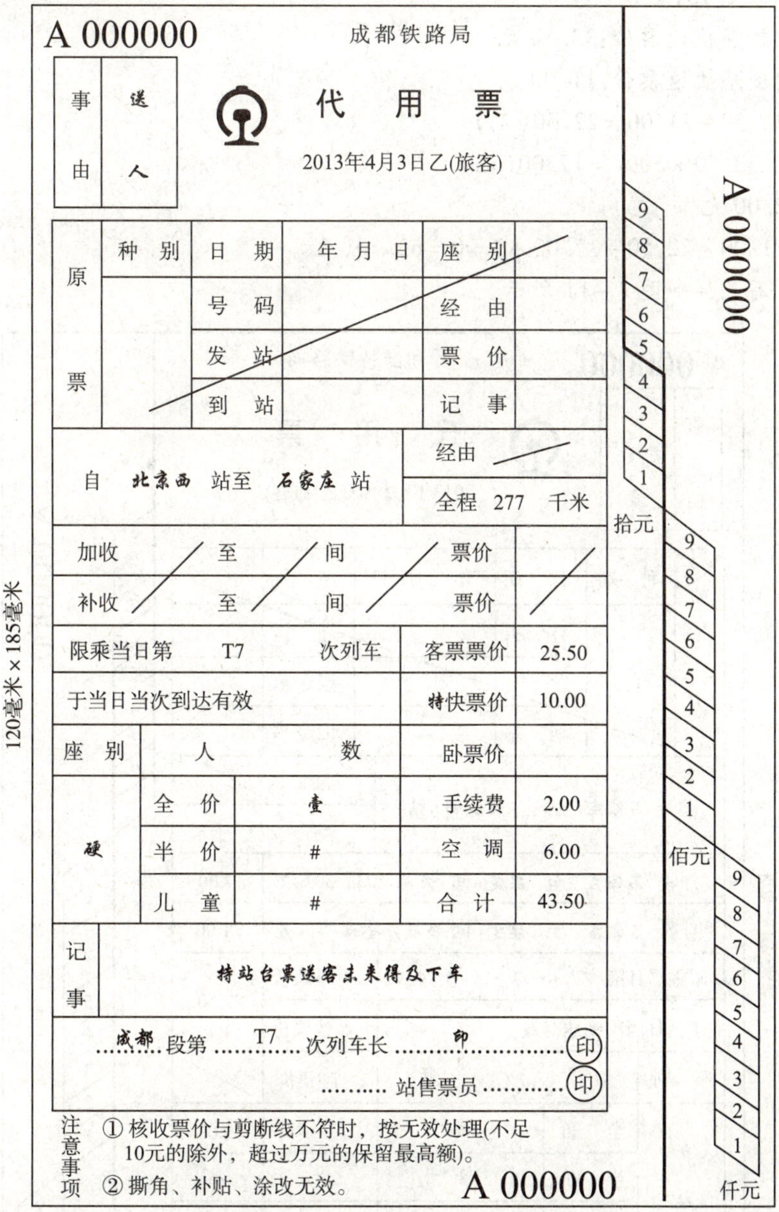
A 000000　成都铁路局

事由　送人

代　用　票

2013年4月3日乙(旅客)

原票	种别	日期	年 月 日	座别	
		号码		经由	
		发站		票价	
		到站		记事	

自 北京西 站至 石家庄 站　经由　全程 277 千米

加收	至	间	票价	
补收	至	间	票价	

限乘当日第 T7 次列车			客票票价	25.50
于当日当次到达有效			特快票价	10.00
座别	人	数	卧票价	
硬	全价	壹	手续费	2.00
	半价	#	空调	6.00
	儿童	#	合计	43.50

记事　持站台票送客未来得及下车

成都 段第 T7 次列车长 印 (印)

站售票员 (印)

注意事项　① 核收票价与剪断线不符时，按无效处理(不足10元的除外，超过万元的保留最高额)。② 撕角、补贴、涂改无效。

A 000000

拾元 9 8 7 6 5 4 3 2 1　佰元 9 8 7 6 5 4 3 2 1　仟元 9 8 7 6 5 4 3 2 1

120毫米×185毫米

图2-10　代用票填写式样

(2)有下列行为属于有意取巧、不履行义务,除按规定补票,核收手续费以外,铁路运输企业有权对其身份进行登记,并须加收已乘区间应补票价50%的票款。

①无票乘车时,补收自乘车站(不能判明时自列车始发站)起至到站止的车票票价。持失效车票乘车按无票处理。

【例2-12】2013年8月10日,K600次(广州—包头)在到达保定前,在软卧车厢发现一旅客无票,该旅客持有北京师范大学学生证(优待区间石家庄—北京西),补票时旅客提出改乘硬座列车应如何处理?

【解】石家庄—北京西 277 km

半价空调硬座快速票价:21.00 元

石家庄—保定 131 km

全价空调软座快速票价:33.50 元

半价空调硬座快速票价:11.00 元

票价差:33.50 - 11.00 = 22.50(元)

加收票款:33.50 × 50% = 17.00(元)

手续费:2.00 元

合　计:21.00 + 22.50 + 17.00 + 2.00 = 62.50(元)

代用票填写式样如图 2 - 11 所示。

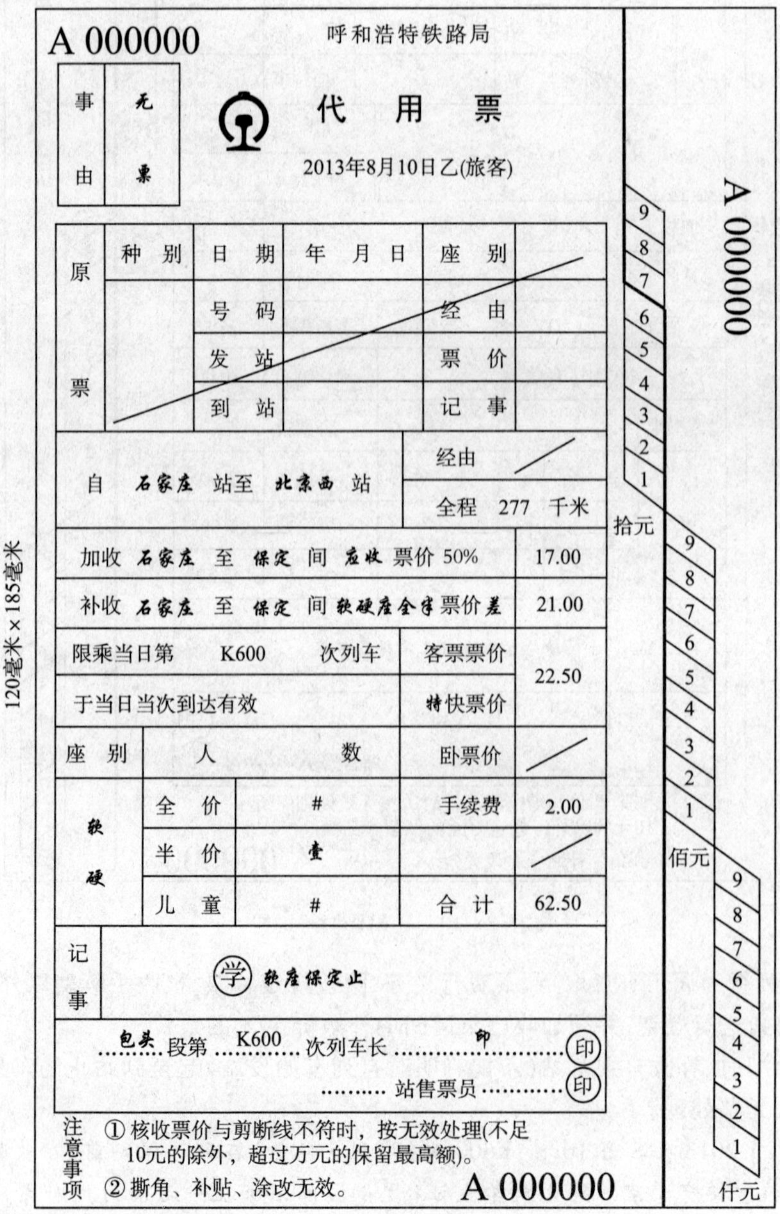

图 2 - 11　代用票填写式样

②持用伪造或涂改的车票乘车时,除按无票处理外并送交公安部门处理。

③持站台票上车并在开车 20 min 后仍不声明时,按无票处理。

④持用低等级的车票乘坐高等级列车、铺位、座位时,补收所乘区段的票价差额。

【例 2-13】2013 年 5 月 6 日,上海开往石家庄的 K234 次新型空调快速车,到达石家庄站后,一下车旅客持 5 日连云港经郑州到保定硬座普快车票,票号 A001435,票价 66.50 元,石家庄站应如何办理?

【解】石家庄站办理过程如下:

徐州—郑州—石家庄运价里程 761 km

补差价:102.00-50.00=52.00(元)

加收票款:52.00×50% =26.00(元)

手续费:2.00 元

合计:52.00+26.00+2.00=80.00(元)

填写“客杂”,如图 2-12 所示。

北京铁路局　　丙

客运运价杂费收据

2013年5月6日

(报告用)

原票据	种别	日期	13.5.6	月 日 时 到达、通知、变更
	硬座	号码	A001435	
		发站	连云港	月 日 时 交 付
		到站	保定	核收保管费 日

核收区间	核收费用 种别	件数	重量	款额
自 徐州 站 至 石家庄 站 经由(郑州) 座别 硬 人数 壹			补价差	52.00
			加收票款	26.00
			手续费	2.00
合计				80.00

记事	㊊ K234次下车

石家庄 站经办人 印 印

A 000000

图 2-12　客运杂费收据填写式样

【例 2-14】2013 年 2 月 15 日,K233 次列车(石家庄—上海,新型空调)安阳开车后查票发现一旅客持石家庄经郑州至商丘硬座客快票一张 S012452,票价 42.00 元,旅客要求乘该车去到站,列车应如何办理?

【解】列车办理如下:

石家庄—商丘 615 km

新空调车硬座客票票价:52.00 元

新空调车快速票价:22.00 元

新空调车空调票价:12.00 元

票价差额:52.00+22.00+12.00-42.00=44.00(元)

石家庄—郑州 412 km

新空快速票价:62.50 元

硬席普快票价:30.50 元

已乘区间应补票价:62.50-30.50=32.00(元)

加收 50% 票款:32×50%=16.00(元)

手续费:2.00 元

合计:44.00+16.00+2.00=62.00(元)

代用票填写式样如图 2-13 所示。

⑤旅客持儿童票、学生票、残疾军人票没有规定的减价凭证或不符合减价条件时,按照全价票价补收票价差额。

【例 2-15】2013 年 3 月 18 日,北京开往银川 K1177 次(空调)列车,列车到包头前,查验车票时发现一旅客持 3 月 17 日集宁南至银川的空调硬座客快速减价票,票号 A030866,票价 56.00 元,无减价凭证,列车应如何处理?

【解】列车处理如下:

列车应收回原票,换发代用票,补收有关票价,核收手续费。

①减价不符,补收全、半价差额

集宁南—银川 834 km

已收半价客快速票价:56.00 元

应收全价客快速票价:112.00 元

补收全、半价差额:56.00 元

②加收已乘区间应补票价 50% 的票款

集宁南—包头 323 km

全半差票价:50.50-25.50=25.00(元)

加收票款:25.00×50%=12.50(元)

手 续 费:2.00 元

合　计:56.00+12.50+2.00=70.50(元)

代用票填写式样如图 2-14 所示。

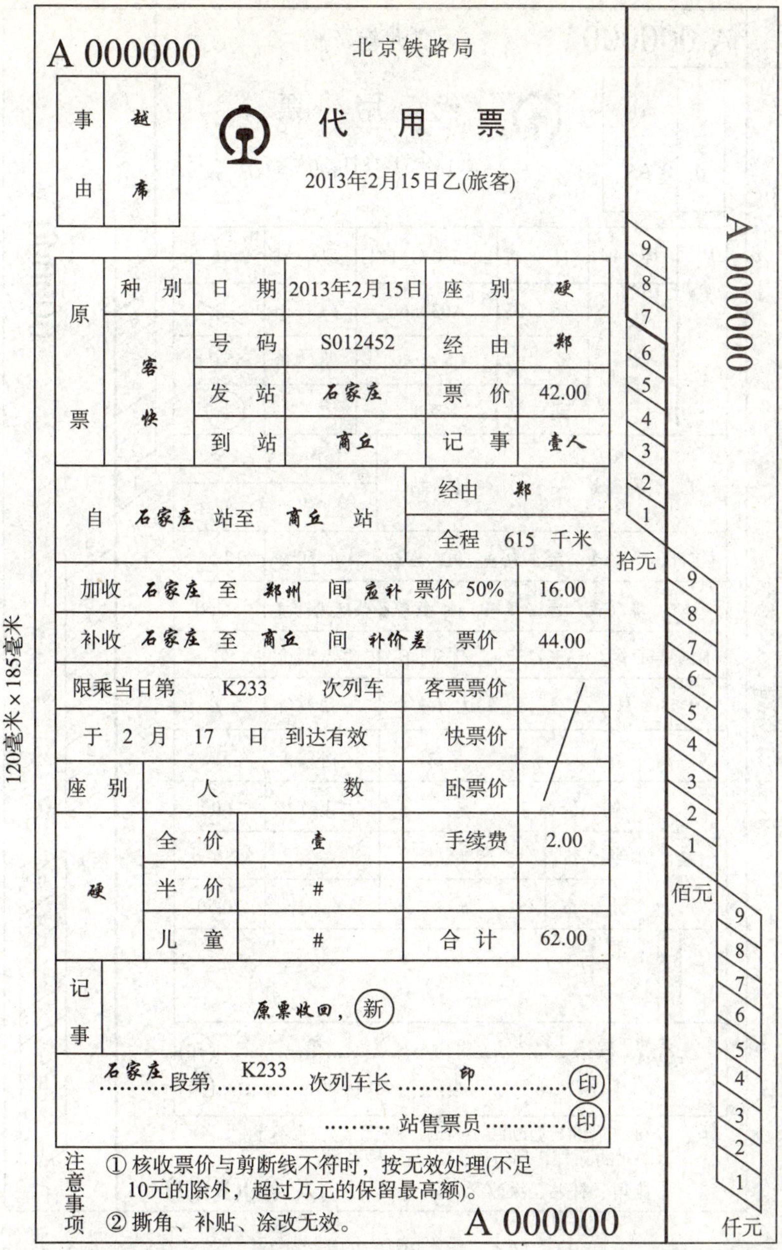

A 000000

北京铁路局

代　用　票

2013年2月15日乙(旅客)

事由	越席

原票	种别	日期	2013年2月15日	座别	硬
	客快	号码	S012452	经由	郑
		发站	石家庄	票价	42.00
		到站	商丘	记事	壹人

自 石家庄 站至 商丘 站	经由 郑
	全程 615 千米
加收 石家庄 至 郑州 间 应补 票价 50%	16.00
补收 石家庄 至 商丘 间 补价差 票价	44.00
限乘当日第 K233 次列车	客票票价
于 2 月 17 日 到达有效	快票价

座别	人	数	卧票价	
硬	全价	壹	手续费	2.00
	半价	#		
	儿童	#	合计	62.00

记事　原票收回，(新)

石家庄 段第 K233 次列车长 印 (印)

站售票员 (印)

注意事项　① 核收票价与剪断线不符时，按无效处理(不足10元的除外，超过万元的保留最高额)。② 撕角、补贴、涂改无效。

A 000000

拾元 9 8 7 6 5 4 3 2 1　佰元 9 8 7 6 5 4 3 2 1　仟元 9 8 7 6 5 4 3 2 1

120毫米×185毫米

图 2－13　代用票填写式样

2. 车票未签证、未剪口的处理

(1)旅客持票提前乘车并已经过车站剪口时，列车应予补签，或者收回原票、换发代用票。代用票上记载实际乘车的日期、车次，原票栏按原票实际填写，原票随丙联上报。

(2)列车内发现旅客车票漏剪口时应补剪并核收手续费；如漏剪是由车站责任造成的，则列车补剪不收手续费。到站发现车票漏剪则不予追究。

下列情况只核收手续费，但已经使用至到站的除外：

①旅客在票面指定的日期、车次开车前乘车的，应补签。

②旅客所持车票日期、车次相符但未经车站剪口的，应补剪。

③持通票的旅客中转换乘应签证而未签证的，应补签。

A 000000　　兰州铁路局

事由	减价不符	代用票 2013年3月18日乙(旅客)			
原票	种别	日期	2013年3月17日	座别	硬
	客快速	号码	A030866	经由	/
		发站	集宁南	票价	56.00
		到站	银川	记事	㊥半
自 集宁南 站至 银川 站				经由	/
				全程	834 千米
加收 集宁南 至 包头 间 应补 票价 50%					12.50
补收 集宁南 至 银川 间 全程客快速 票价差					56.00
限乘当日第 K1177 次列车				客票票价	/
于 月 日 到达有效				快票价	/
座别	人数			卧票价	/
硬	全价	壹		手续费	2.00
	半价	#			
	儿童	#		合计	70.50
记事	原票收回				

兰州 段第 K1177 次列车长 印 ㊞

站售票员 ㊞

注意事项：① 核收票价与剪断线不符时，按无效处理(不足10元的除外，超过万元的保留最高额)。② 撕角、补贴、涂改无效。

A 000000

拾元 9 8 7 6 5 4 3 2 1　佰元 9 8 7 6 5 4 3 2 1　仟元 9 8 7 6 5 4 3 2 1

120毫米×185毫米

图2－14　代用票填写式样

【引导案例分析】

(1)在乘车中丢失车票时，应自丢失站起(不能判定时从列车始发站起)补收票价，核收手续费。

(2)票价计算

长沙—上海南 1 177 km

新空硬座票价:89. 50 元

新空快速票价:36. 00 元

新空空调票价:23. 00 元

手续费:2. 00 元

合　计：89.50 + 36.00 + 23.00 + 2.00 = 150.50（元）

代用票填写式样如图 2 – 15 所示。

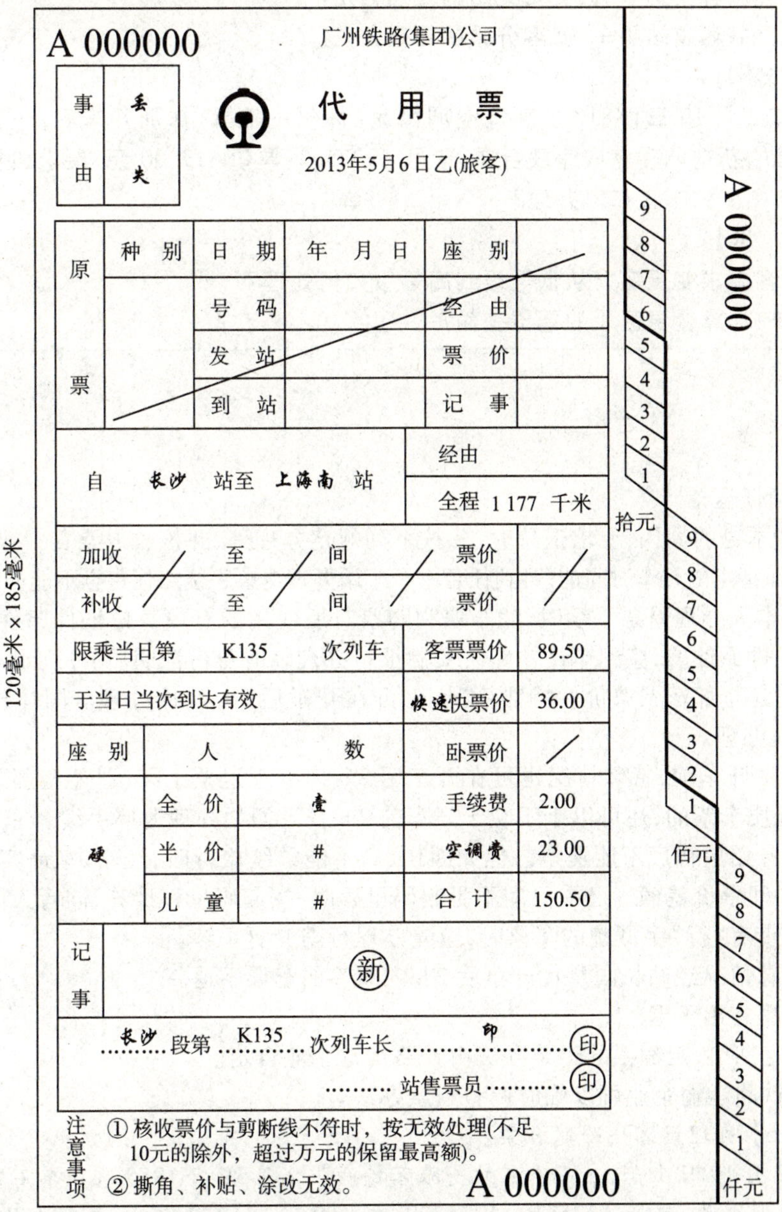
A 000000　广州铁路(集团)公司

事由：丢失

代用票

2013年5月6日乙(旅客)

原票	种别	日期	年　月　日	座别	
		号码		经由	
		发站		票价	
		到站		记事	

自 长沙 站至 上海南 站	经由
	全程 1 177 千米

加收	至	间	票价	
补收	至	间	票价	

限乘当日第 K135 次列车			客票票价	89.50
于当日当次到达有效			快速快票价	36.00
座别	人	数	卧票价	
硬	全价	壹	手续费	2.00
	半价	#	空调费	23.00
	儿童	#	合计	150.50

记事：新

长沙 段第 K135 次列车长 印 ㊞

站售票员 ㊞

注意事项：① 核收票价与剪断线不符时，按无效处理(不足10元的除外，超过万元的保留最高额)。② 撕角、补贴、涂改无效。

A 000000

拾元 9 8 7 6 5 4 3 2 1

佰元 9 8 7 6 5 4 3 2 1

仟元 9 8 7 6 5 4 3 2 1

A 000000

120毫米 × 185毫米

图 2 – 15　代用票填写式样

内容二　退票及旅行变更

【知识目标】

(1) 了解旅客责任退票和铁路责任退票的处理规定。

(2) 掌握旅客变更等级、变更经路的处理规定。

(3) 掌握旅客越站乘车、旅客分乘的处理规定。

【技能目标】

(1)掌握旅客变更等级、变更经路的处理方法。

(2)掌握旅客越站乘车、旅客分乘的处理方法。

【引导案例】

2013 年 2 月 19 日,K810 次新型空调快速(怀化—武昌)株洲开车后,一旅客持当日怀化至武昌的新空调硬座快速联合票,票号 A972563,票价 112.00 元,要求自株洲开始使用软卧至到站。列车该如何办理?

【思　　考】

(1)旅客要求变更座席从低等级到高等级如何处理?

(2)如何计算变更区段的票价差额?

一、退　　票

1. 旅客责任退票

由于旅客本身的原因,要求退票时,除按下列规定办理外,并核收退票费:

(1)在票面指定的开车时间前,可到任意一个车站办理退票手续。代售点不能办理退票手续。

(2)旅客本人办理退票手续时,凭车票和购票时所使用的有效身份证件原件;无法出示本人有效身份证件原件的,应到车站铁路公安制证口办理临时身份证明后,办理退票手续。在发站,开车前,退还全部车票票价。特殊情况,也可在开车后 2 h 以内办理。团体旅客必须在开车前 48 h 以前办理。

(3)在发站开车前,特殊情况也可在开车后 2 h 内办理退票手续,退还全部票价。网上购票且未换取纸质车票的,还可以于不晚于开车前 2 h 登录网站办理退票手续。

(4)旅客开始旅行后不能退票。但如因伤、病不能继续旅行时,经站、车证实,可退还已收票价与已乘区间票价差额。已乘区间不足起码里程时,按起码里程计算;同行人同样办理。

(5)退还带有"行"字戳迹的车票时,应先办理行李变更手续。

(6)因特殊情况经站长同意在开车后 2 h 内改签的车票不退。

(7)站台票售出不退。

市郊票、定期票、定额票的退票办法由铁路运输企业自定。

必要时,铁路运输企业可以临时调整退票办法。

【例 2-16】办理退客快卧联合票。

2013 年 2 月 19 日上午,在石家庄站一旅客持两张 2 月 20 日 1955 次列车石家庄至漯河的空调硬座客快联合票,票号 A325310、A325329,票价每张为 66.00 元。另有 2 月 20 日石家庄至漯河的硬卧(上、下)代用票,票号 A032666,人数栏全价 2 人,票价 131.00 元,要求退票。车站应如何处理?

【解】石家庄办理过程如下:

开车前 24 h 以上、不足 48 h 的,退票时收取票价 10% 的退票费。

应退票价:66.00 × 2 + 131.00 = 263.00(元)

退票费:263.00 × 10% = 26.30(元) ≈ 26.50(元)

净退款额:263.00 - 26.500 = 236.50(元)

【例 2-17】2014 年 2 月 19 日,T253 次(天津—广州,新型空调车)运行到石家庄站,列车长编制客运记录交下一病重旅客,该旅客持 2 月 18 日天津至长沙的空调硬座客快速卧(下)

联合票,票号 A234567,要求退票,石家庄站应如何处理?

【解】石家庄办理如下:

①已收票价:

天津—长沙 1 729 km

新型空调硬座客特快卧(下):367.00 元

②已乘区间票价:

天津—石家庄 419 km

新型空调硬座客特快卧(下):117.50 元

③应退:367.00 - 117.50 = 249.50(元)

④退票费:249.50 × 20% = 49.90(元)≈50.00(元)

⑤净退:249.50 - 150.00 = 199.50(元)

收回原票,填写退票报销凭证如图 2 - 16 所示。

北 京 铁 路 局

退票报销凭证　A000000

石家庄站　　2014 年 2 月 19 日

原　　票	天津　站至　长沙　站
已乘区间	天津　站至　石家庄　站
已乘区间票　　价	壹佰壹拾柒元伍角
退票费	伍拾元整
共　　计	壹佰陆拾柒元伍角

(无经办人名章无效)　　经办人 ×× 印

图 2 - 16　退票报销凭证填写式样

【例 2 - 18】2013 年 6 月 10 日在 K234 次(上海—石家庄)列车南京到站时列车交下一旅客,需住院治疗,该旅客持该次列车上海至西安的空调硬座客特快卧(中)车票办理退票手续,南京站应如何处理?

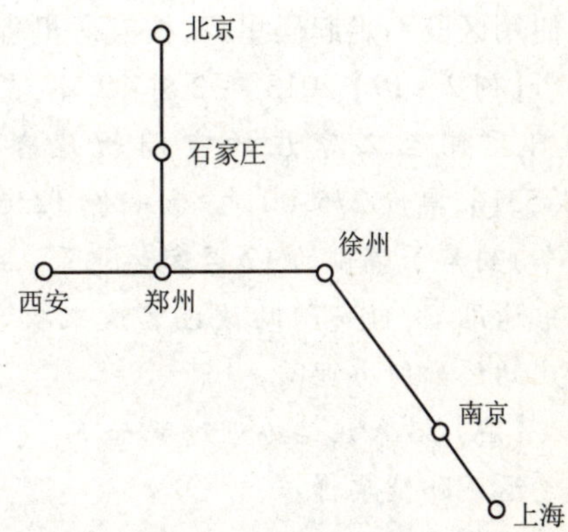

【解】南京站办理如下:

①已收票价:

上海—西安 1 509 km

硬座普快:88.50 元

上海—郑州 998 km

硬座普快:62.50 元

新型空调硬座客特快卧(中):230.50 元

票价差:230.50 - 62.50 = 168.00(元)

合计:88.50.00 + 168.00 = 256.50(元)

②已乘区间票价:

上海—南京 301 km

新型空调硬座客特快票价:46.50 元

卧铺票票价:51.00 元

合计:46.50 + 51.00 = 97.50(元)

③退差价:256.50 - 97.50 = 159.00(元)

④退票费:159.00 × 20% = 31.80(元) ≈ 32.00(元)

⑤净退票款:159.00 - 32.00 = 127.00(元)

收回原票,填写退票报销凭证如图 2 - 17 所示。

上 海 铁 路 局

退票报销凭证　A000000

南京站　　2013 年 6 月 10 日

原　　票	上海　站至　西安　站
已乘区间	上海　站至　南京　站
已乘区间 票　　价	玖拾柒元伍角
退 票 费	叁拾贰元零角
共　　计	壹佰贰拾玖元伍角

（无经办人名章无效）　　经办人 ×× 印

图 2 - 17　退票报销凭证填写式样

2. 承运人责任退票

由于承运人责任,如列车超员、列车晚点、卧铺发售重号、车辆故障途中甩车、行车事故等原因致使旅客退票时,按下列规定办理,不收退票费:

(1)在发站,退还全部票价(或某种车票的全部票价)。

(2)在途中,如在列车上,应由列车长编制客运记录至到站退款,如在中途站,应退还已收票价与已乘区段票价差额,已乘区段不足起码里程时,退还全部票价。

(3)在到站,凭原票和客运记录退还已收票价与已使用部分票价差额。未使用部分不足起码里程时,按起码里程计价退还。

(4)空调列车因空调设备故障在运行过程中不能修复时,应退还未使用区段的空调票价。未使用区段不足起码里程,按起码里程计算。

【例 2 - 19】2013 年 2 月 19 日,在石家庄站一旅客持一张 2 月 19 日信阳至石家庄的空调软座客特快卧(下)联合票(票号 A325316,票价 275.00 元)和一份 T236 次(广州东—哈尔滨,新型空调车)列车长编制的 12 号客运记录,注明该旅客所乘软卧车厢因故障中途甩下,自安阳站该旅客改乘软座至到站,乘客要求退票。石家庄站该如何办理?

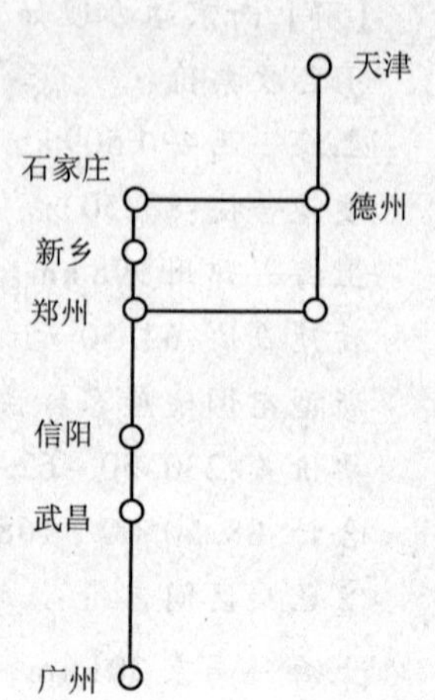

【解】石家庄站办理过程如下:

退还卧铺票价:

已使用区间:信阳—安阳 489 km

未使用区间:安阳—石家庄 225 km

未使用区间不足起码里程时,按起码里程计价退还。

400 km 软卧下铺票价:75.00 元

净退款:75.00 元

【例 2-20】2013 年 2 月 19 日,T253 次(天津—广州,新型空调车)列车运行到石家庄站,4 号硬卧车厢因燃轴需要甩下,一旅客持 2 月 18 日沧州至漯河的空调硬座客快速卧(下)联合票(票号 A232560,票价 208.00 元)和列车长编制的 03 号客运记录,在石家庄站要求退票。石家庄站该如何办理?

【解】石家庄站办理过程如下:

已收票价:208.00 元

已乘区间票价:沧州—德—石家庄 293 km

硬座票价:27.50 元

特快票价:10.00 元

硬卧(下)票价:已乘不足起码里程,票价全部退还

空调票价:6.00 元

应退票价:208.00 -(27.50 +10.00 +6.00)=164.500(元)

填写退票报销凭证如图 2-18 所示。

北　京　铁　路　局

退票报销凭证　A000000

石家庄站　　2013 年 2 月 19 日

原　　票	天津　站至　漯河　站
已乘区间	天津　站至　石家庄　站
已乘区间票　　价	肆拾叁元伍角
退　票　费	零元零角
共　　计	肆拾叁元伍角

(无经办人名章无效)　　经办人 ××　印

图 2-18　退票报销凭证填写式样

二、旅行变更的处理

1. 变更等级

(1)旅客要求变更

①旅客在发站办理改签时,改签后的车次票价高于原票价时,核收票价差额;改签后的车次票价低于原票价时,退还票价差额。

②旅客办理中转签证或在列车上办理补签、变更席(铺)位时,签证或变更后的车次、席(铺)位票价高于原票价时,核收票价差额;签证或变更后的车次、席(铺)位票价低于原票价时,票价差额部分不予退还。

【例 2-21】2013 年 3 月 18 日,K528 次新型空调快速列车(广州—南京)苏州开车后,一旅客持当日上海南至南京本次列车的空调硬座客快速联合票,票号 A030688,票价 46.50 元,要求自苏州开始使用软座至到站,列车应如何办理?

【解】票价计算如下:

变座区间：苏州—南京 217 km

新空调硬座票价：21.50 元

新空调软座票价：38.50 元

补收软硬座票价差：17.00 元

手续费：2.00 元

合　计：17.00 + 2.00 = 19.00（元）

代用票填写式样如图 2 - 19 所示。

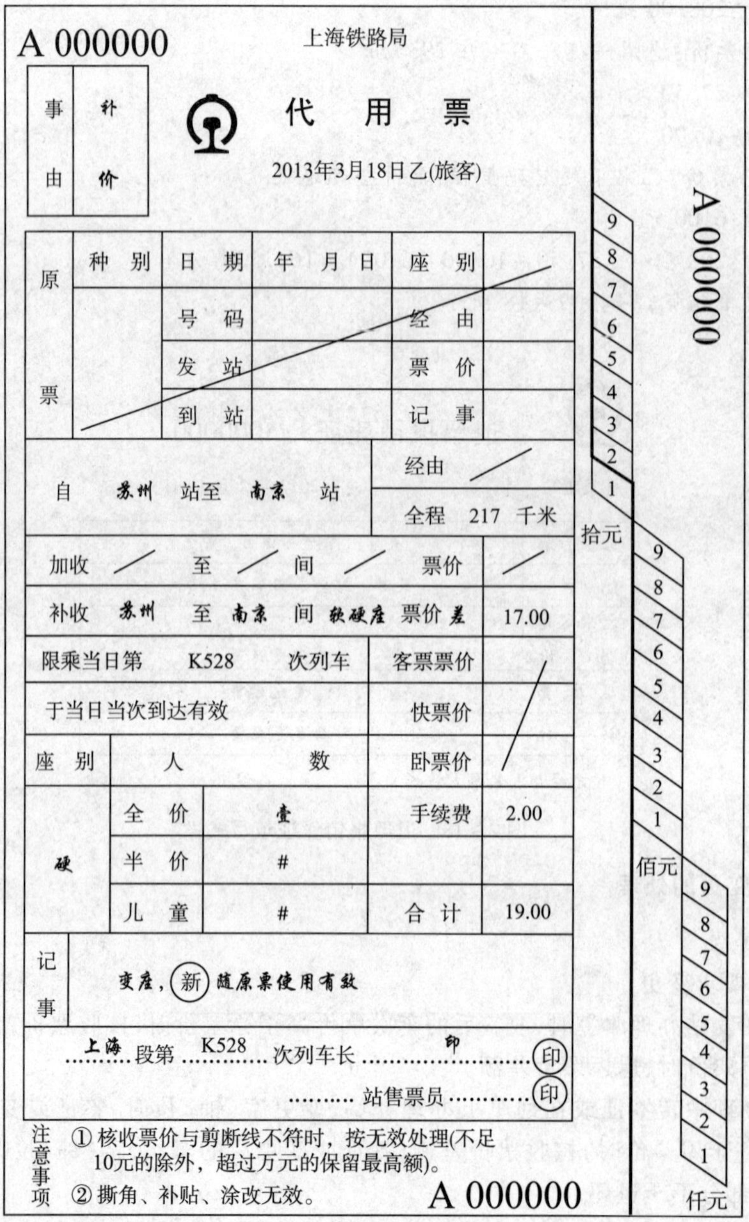

图 2 - 19　代用票填写式样

【例 2 - 22】2013 年 2 月 15 日，K9003 次列车（岳阳—深圳，新型空调快速列车）一旅客持岳阳至广州新空调硬座客快速票，票价 112.00 元，票号 A000215，要求从株洲起改乘软卧，8 车

8号上铺空闲，列车应如何办理？

【解】列车办理如下：

株洲——广州 655 km

新空调硬座客快速票票价：91.00元

新空调软座客快速票票价：141.00元

客票票价差：50.00元

软卧(上)票价：102.00元

手续费：5.00元

合计：50.00 + 102.00 + 5.00 = 157.00(元)

代用票填写式样如图2－20所示。

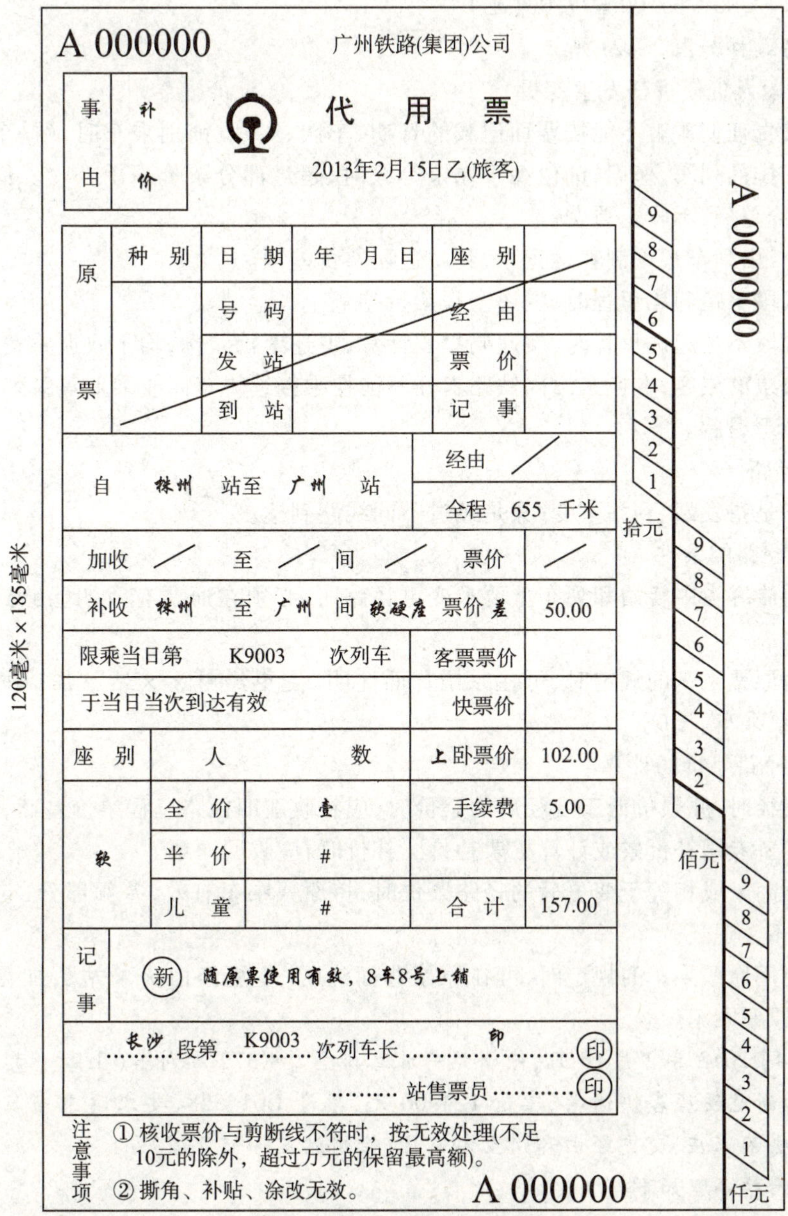
A 000000　广州铁路(集团)公司
事由　补价
代用票
2013年2月15日乙(旅客)
原票：种别｜日期　年　月　日｜座别｜号码｜经由｜发站｜票价｜到站｜记事
自　株洲　站至　广州　站｜经由　／｜全程　655　千米
加收　／　至　／　间　／　票价　／
补收　株州　至　广州　间　软硬座　票价差　50.00
限乘当日第　K9003　次列车｜客票票价
于当日当次到达有效｜快票价
座别｜人　数｜上卧票价　102.00
软｜全价　壹｜手续费　5.00
半价　#
儿童　#｜合计　157.00
记事　新　随原票使用有效，8车8号上铺
长沙　段第　K9003　次列车长　印　印
站售票员　印
注意事项　① 核收票价与剪断线不符时，按无效处理(不足10元的除外，超过万元的保留最高额)。
② 撕角、补贴、涂改无效。
A 000000
A 000000
9 8 7 6 5 4 3 2 1 拾元
9 8 7 6 5 4 3 2 1 佰元
9 8 7 6 5 4 3 2 1 仟元
120毫米×185毫米

图2－20　代用票填写式样

【例2-23】2013年2月19日，在保定站一旅客持当日北京西至郑州的软座普快联合票，票号A325317，票价80.00元，要求改乘K179次（北京西至郑州，新空调快速）列车硬卧去郑州（3车2号下铺有票额）。保定站该如何办理？

【解】保定站办理过程如下：

办理中转签证或在列车上办理补签、变更席（铺）位时，签证或变更后的车次、席（铺）位票价高于原票价时，核收票价差额。

保定—郑州 543 km

软座普快票价：65.00（元）

新空硬座快速票价：75.00（元）

卧铺（下）票价：67.00（元）

票价差：142.00-65.00=77.00（元）

用票填写式样如图2-21所示。

（2）因承运人责任责任发生变更

因承运人责任使旅客不能按票面记载的日期、车次、座别、铺别乘车时，站、车应重新妥善安排。重新安排的列车、座席、铺位高于原票等级时，超过部分票价不予补收。低于原票等级时，应退还票价差额，不收退票费。

应退款时，由列车长编制客运记录，到站退还票价差额。

①已乘区段不足起码里程时，退还全程票价差额。

②变更区段不足起码里程时，按起码里程计算，退还票价差额，均不收退票费。

③持加快票的旅客，在换车站因铁路责任不能换乘接续快车而改乘低等级列车时，换车站也按此精神办理退款。

2. 变更径路

变更径路是指发站、到站不变，只是经过不同线路到达。

（1）变更径路的条件

持通票的旅客在中转站和列车上要求变更径路时，必须在通票有效期能够到达到站时方可办理。

符合使用原票乘车的规定时，可在原票背面注明"变更经由××站"，加盖站名戳或列车长名章，凭原票乘车。

（2）变更径路票价的计算

①办理变径时，原票价低于变径后的票价时，应补收新旧径路里程票价差额，核收手续费。车站可使用常备专用补价票或计算机票补价。补价时，应收回原票。

②原票价高于或相等于变更后的径路票价时，持原票乘车有效，差额部分（包括列车等级不符的差额）不予退还。

③符合使用原票乘车的规定时，可在原票背面注明"变更经由××站"，加盖站名戳或列车长名章，凭原票乘车。

【例2-24】2013年2月15日，徐州站一旅客持当日K372次列车（上海—太原）南京经德州至石家庄的新空硬座客快速票，票价124.00元，票号G014528，要求改乘当日K234次（上海—石家庄）去石家庄，变更经由郑州至石家庄，徐州站应如何处理？

【解】徐州站办理如下：

旧径路：南京—石家庄（经由德州）965 km

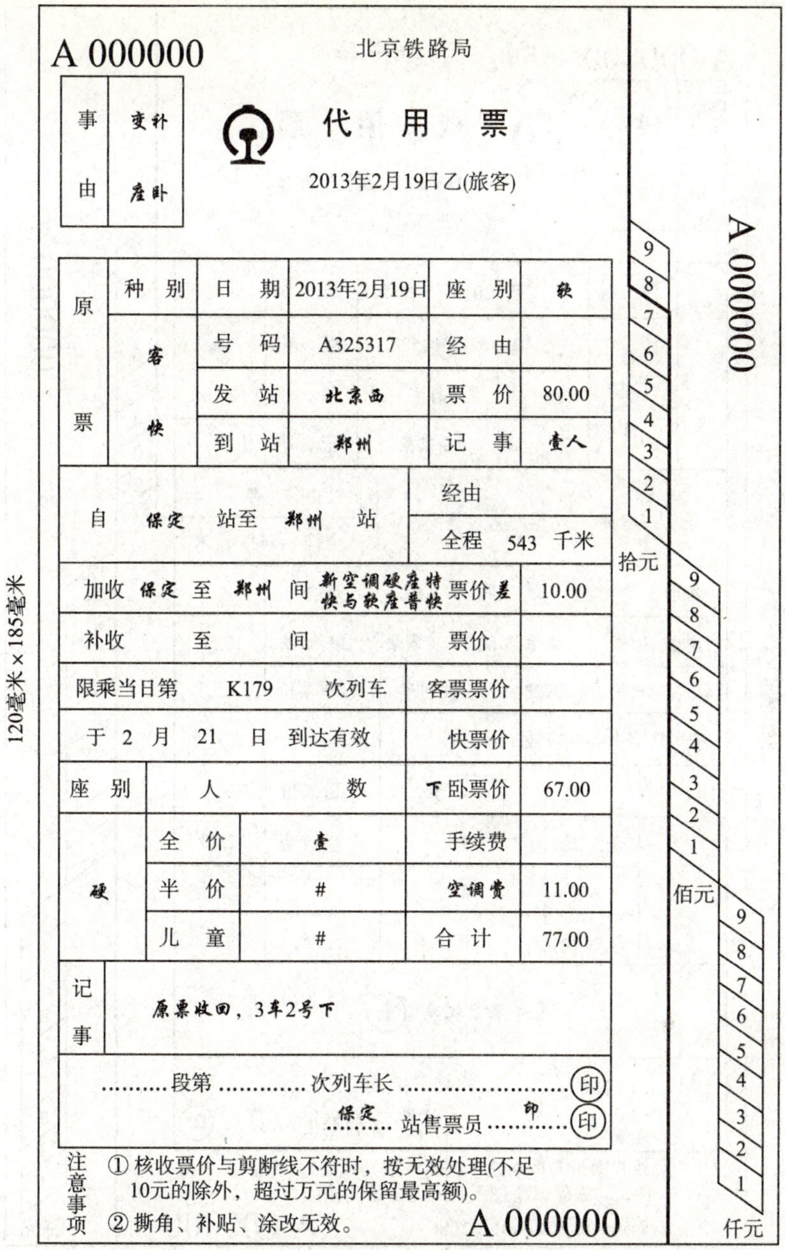

A 000000　　北京铁路局

代　用　票

2013年2月19日乙(旅客)

事由	变补 座卧

原票	种别	日期	2013年2月19日	座别	软
	客快	号码	A325317	经由	
		发站	北京西	票价	80.00
		到站	郑州	记事	壹人

自 保定 站至 郑州 站		经由	
		全程 543 千米	
加收 保定 至 郑州 间 新空调硬座特快与软座普快		票价差	10.00
补收　至　间		票价	
限乘当日第 K179 次列车		客票票价	
于 2 月 21 日 到达有效		快票价	
座别	人数	下卧票价	67.00
硬	全价 壹	手续费	
	半价 #	空调费	11.00
	儿童 #	合计	77.00

记事：原票收回，3车2号下

……段第……次列车长……印

保定……站售票员……印

注意事项：① 核收票价与剪断线不符时，按无效处理(不足10元的除外，超过万元的保留最高额)。② 撕角、补贴、涂改无效。

A 000000

120毫米×185毫米

图 2－21　代用票填写式样

新空硬座客快速票价:124.00 元

新径路:南京—石家庄(经由郑州)1 109 km

新空硬座客快速票价:141.50 元

票价差额:17.50 元

手续费:2.00 元

合计:17.50＋2.00＝19.50(元)

代用票填写式样如图 2－22 所示。

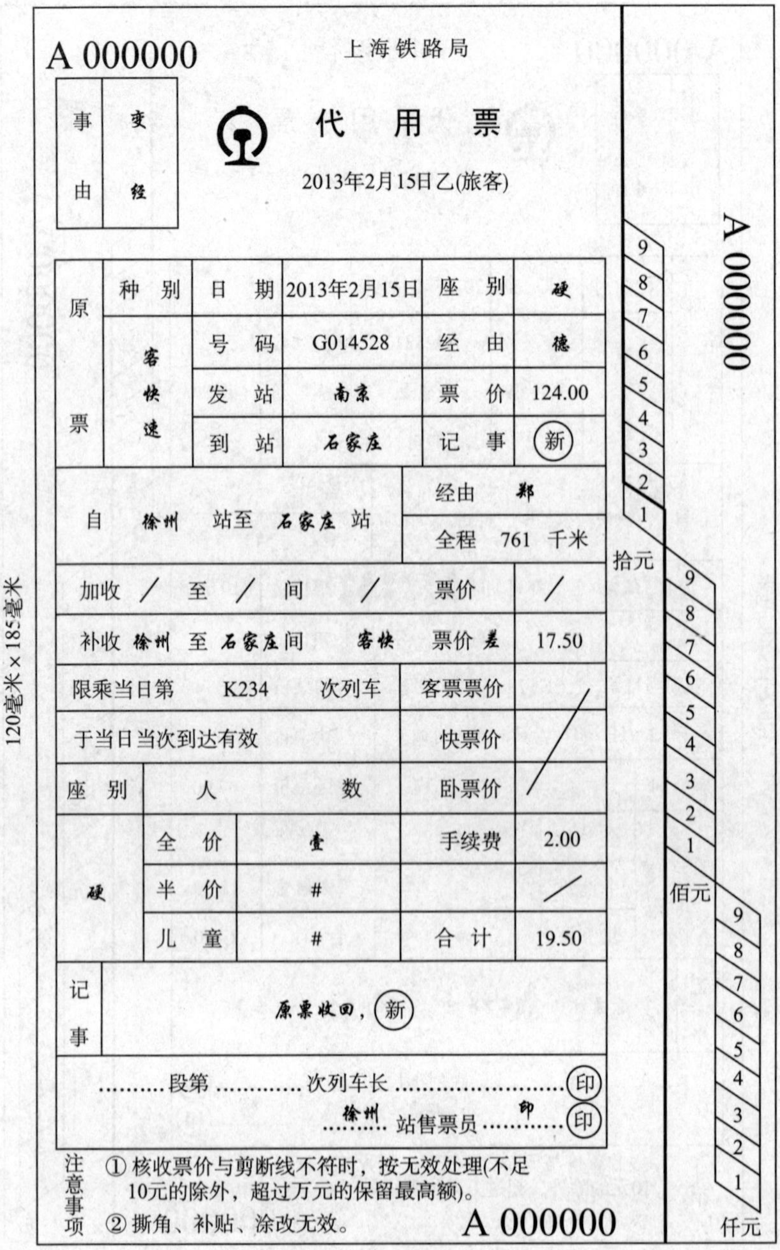

A 000000　上海铁路局

事由	变经

代 用 票

2013年2月15日乙(旅客)

原票	种别	日期	2013年2月15日	座别	硬
	客快速	号码	G014528	经由	德
		发站	南京	票价	124.00
		到站	石家庄	记事	新

自 徐州 站至 石家庄 站	经由 郑
	全程 761 千米

加收 ／ 至 ／ 间 ／	票价	／
补收 徐州 至 石家庄间 客快	票价 差	17.50
限乘当日第 K234 次列车	客票票价	／
于当日当次到达有效	快票价	
座别 人 数	卧票价	

座别		人数		
硬	全价	壹	手续费	2.00
	半价	#		／
	儿童	#	合计	19.50

记事：原票收回，新

………段第…………次列车长……………………印

徐州 站售票员 印 …………印

注意事项：① 核收票价与剪断线不符时，按无效处理(不足10元的除外，超过万元的保留最高额)。② 撕角、补贴、涂改无效。

A 000000

A 000000

拾元 9 8 7 6 5 4 3 2 1；佰元 9 8 7 6 5 4 3 2 1；仟元 9 8 7 6 5 4 3 2 1

120毫米×185毫米

图 2－22　代用票填写式样

3. 越站乘车

越站乘车是指旅客原票到站即将到达，由于旅行计划的变更，要求超越原票到站至新到站的乘车。

旅客要求越站乘车，必须在原票到站前提出，在列车有能力的条件下，方可办理。办理时核收越站区间的票价，不足起码里程时，按起码里程计算。

在同一城市内有两个以上的车站，旅客由于不明情况，发生越站乘车时，如票价相同，原票按有效办理；票价不同，按客票越站乘车办理，只补收客票票价及手续费，不补加快票价、卧铺票价和空调票价。

遇有下列情况不能办理越站：

(1)列车严重超员。

(2)乘坐卧铺的旅客买的是给中途站预留的卧铺。

(3)乘坐的回转车，途中需要甩车。

【例 2-25】2013 年 2 月 15 日，T179 次列车(济南—广州，新型空调车)到达株洲站前一旅客持 14 日济南站至株洲站的新空调硬座特快卧(下)车票，票号 K120514，票价 299.50 元(13 车 16 号下)，要求越站至广州，T179 次列车有能力解决此问题，应如何办理？

【解】列车办理如下：

株洲—广州 655 km

新空调硬座客票票价：55.00 元

新空调特快票价：22.00 元

空调费：14.00

硬卧下铺票价：78.00 元

手续费：5.00 元

合计：55.00 + 22.00 + 14.00 + 78.00 + 5.00 = 174.00(元)

代用票填写式样如图 2-23 所示。

4. 旅客分乘

凡两名以上的旅客使用一张代用票，要求分票乘车时，称为旅客分乘。办理分票乘车时，应收回原票，换发代用票，按分票的张数核收手续费。分乘与旅行变更同时发生时，按变更人数核收一次手续费。

【例 2-26】2013 年 3 月 18 日，T2 次新型空调(长沙—北京西)列车，从长沙至北京西团体旅客 20 名，持一张 3 月 17 日硬座客特快优惠团体旅客票，车至武昌站前要求分乘。10 名在武昌下车；另 10 名继续乘车至北京西，并要求自武昌起使用卧铺(上铺 3，中铺 3，下铺 4)。列车同意办理。

【解】①第一张代用票：

分乘，手续费 2.00 元

②第二张代用票：

分乘加卧，加卧区间：武昌—北京西 1 225 km

新空上铺票价：109.00 × 3 = 327.00(元)

新空中铺票价：118.00 × 3 = 354.00(元)

新空下铺票价：127.00 × 4 = 508.00(元)

10 人手续费：5.00 × 10 = 50.00(元)

合计：1 239.00 元

③填写代用票：

代用票填写式样如图 2-24 和图 2-25 所示。

5. 发生两种以上变更的处理

旅客同时提出变更座别、铺别和越站时，应先办理越站，后办理变更，使用一张代用票，核收一次手续费。

(1)变径、变座：先变径后变座。

120毫米×185毫米

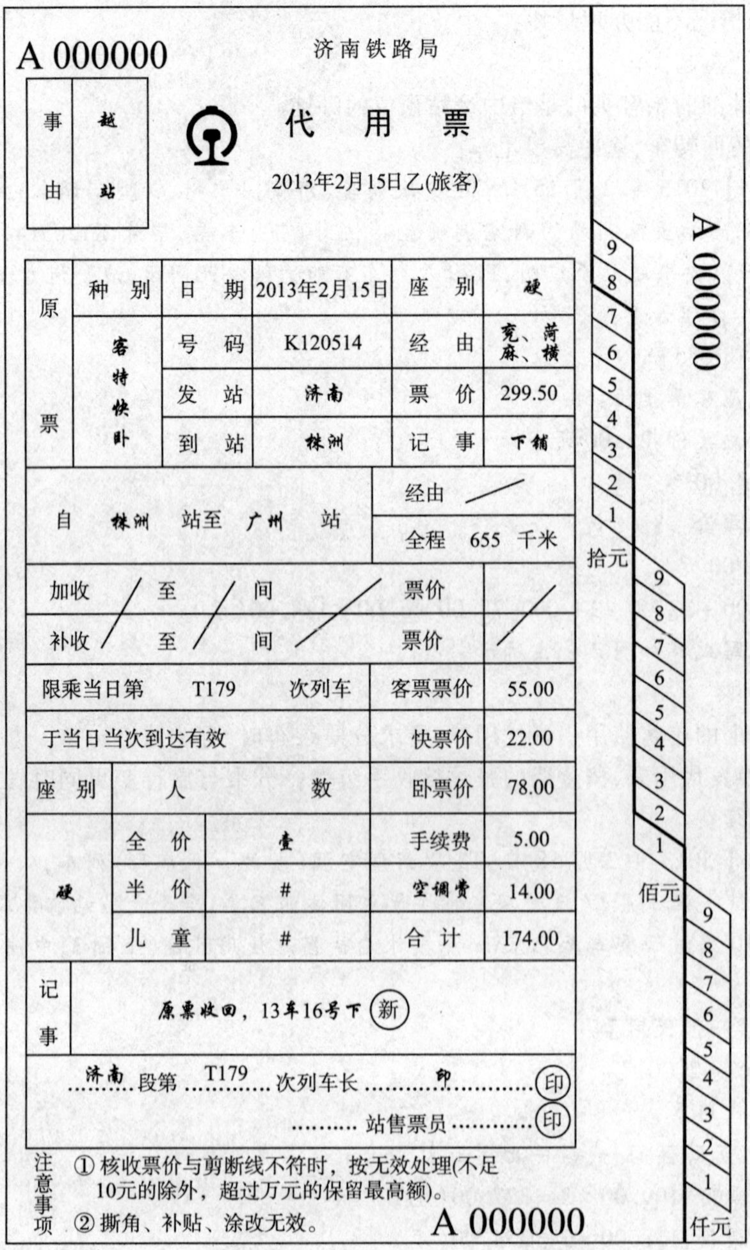

A 000000　济南铁路局

事由：越站

代用票

2013年2月15日乙(旅客)

原票	种别	日期	2013年2月15日	座别	硬
	客特快卧	号码	K120514	经由	兖、菏、麻、横
		发站	济南	票价	299.50
		到站	株洲	记事	下铺

自 株洲 站至 广州 站	经由 ／
	全程 655 千米

加收 ／ 至 ／ 间 ／	票价 ／
补收 ／ 至 ／ 间 ／	票价 ／

限乘当日第 T179 次列车		客票票价	55.00
于当日当次到达有效		快票价	22.00
座别	人数	卧票价	78.00
硬	全价 壹	手续费	5.00
	半价 #	空调费	14.00
	儿童 #	合计	174.00

记事：原票收回，13车16号下 新

济南 段第 T179 次列车长 印 （印）

站售票员 （印）

注意事项：① 核收票价与剪断线不符时，按无效处理(不足10元的除外，超过万元的保留最高额)。② 撕角、补贴、涂改无效。

A 000000

A 000000　拾元 9 8 7 6 5 4 3 2 1　佰元 9 8 7 6 5 4 3 2 1　仟元 9 8 7 6 5 4 3 2 1

图 2－23　代用票填写式样

（2）变径、越站：先变径后越站。

（3）越站、变座、卧：先越站，再按越站后的里程办理变座、卧。

（4）分乘、变座（变径、越站）：先分乘，后变座（变径、越站）

（5）减价不符、变更：先办理减价不符，后办理变更。

（6）过期、变座、卧：先办理过期，后办理变座、卧。

（7）减价不符、过期、变更：先办理减价不符至过期站，再处理过期（全价），最后处理变更。

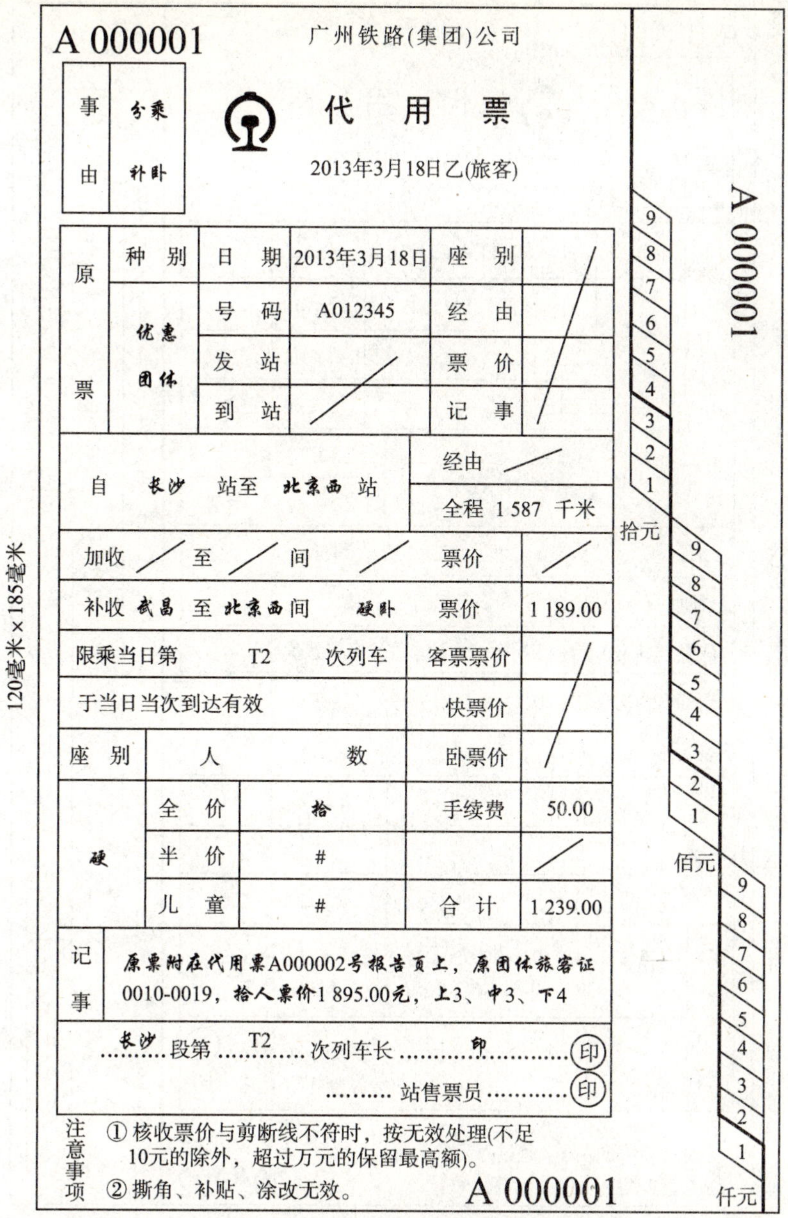
A 000001　广州铁路(集团)公司

代用票

2013年3月18日乙(旅客)

事由	分乘 补卧

原票	种别	日期	2013年3月18日	座别	/
	优惠团体	号码	A012345	经由	
		发站	/	票价	
		到站		记事	

自 长沙 站至 北京西 站	经由 /
	全程 1 587 千米

加收 / 至 / 间 /	票价	/
补收 武昌 至 北京西 间 硬卧	票价	1 189.00
限乘当日第 T2 次列车	客票票价	/
于当日当次到达有效	快票价	
座别 | 人数	卧票价	

硬	全价	拾	手续费	50.00
	半价	#		/
	儿童	#	合计	1 239.00

记事：原票附在代用票A000002号报告页上，原团体旅客证0010-0019，拾人票价1 895.00元，上3、中3、下4

长沙 段第 T2 次列车长 印 (印)

站售票员 (印)

注意事项 ① 核收票价与剪断线不符时，按无效处理(不足10元的除外，超过万元的保留最高额)。② 撕角、补贴、涂改无效。

A 000001

A 000001　拾元 1 2 3 4 5 6 7 8 9　佰元 1 2 3 4 5 6 7 8 9　仟元 1 2 3 4 5 6 7 8 9

120毫米×185毫米

图 2－24　代用票填写式样

【例 2－27】2013 年 3 月 18 日，K266 次新型空调快速列车（牡丹江—北京）长春站开车后，一旅客持当日牡丹江至锦州南本次列车的新空调硬座客快速车票，票号 A030688，票价 141.50 元，要求自长春开始使用软卧下铺并越站至北京，列车应如何办理？

【解】列车办理如下：

①先办理越站

越站区间：锦州南—北京 480 km

硬座票价：42.00 元

快速加快票价：16.00 元

空调票价：11.00 元

A 000002　　广州铁路(集团)公司

事由	分乘

代用票

2013年3月18日乙(旅客)

原票	种别	日期	2013年3月18日	座别	硬
	优惠团体	号码	A012345	经由	
		发站	长沙	票价	3600.50
		到站	北京西	记事	20人，免收1人

自 长沙 站至 北京西 站	经由 ／
	全程 1 587 千米

加收 ／ 至 ／ 间 ／	票价	／
补收 ／ 至 ／ 间 ／	票价	／
限乘当日第 T2 次列车	客票票价	／
于当日当次到达有效	快票价	／
座别 人 数	卧票价	／

座别		人数		
硬	全价	玖	手续费	2.00
	半价	#		
	儿童	#	合计	2.00

记事：原票收回与代用票A00001号分乘，原团体旅客证0001-0009，玖人票价1 705.50元，免收壹人

长沙 段第 T2 次列车长 印 (印)

站售票员 (印)

注意事项：① 核收票价与剪断线不符时，按无效处理(不足10元的除外，超过万元的保留最高额)。② 撕角、补贴、涂改无效。

A 000002

（剪断线：拾元 1–9；佰元 1–9；仟元 1–9）

120毫米×185毫米

图 2－25　代用票填写式样

合计:69.00 元

②再办理变更

变座加卧区间:长春—北京 1 003 km

新空调软座票价:154.50 元

新空调硬座票价:78.50 元

补收新空调软硬座票价差:76.00 元

软卧下铺票价:159.00 元

手续费:5.00 元

合　计:69.00 + 76.00 + 159.00 + 5.00 = 309.00(元)

代用票填写式样如图 2－26 所示。

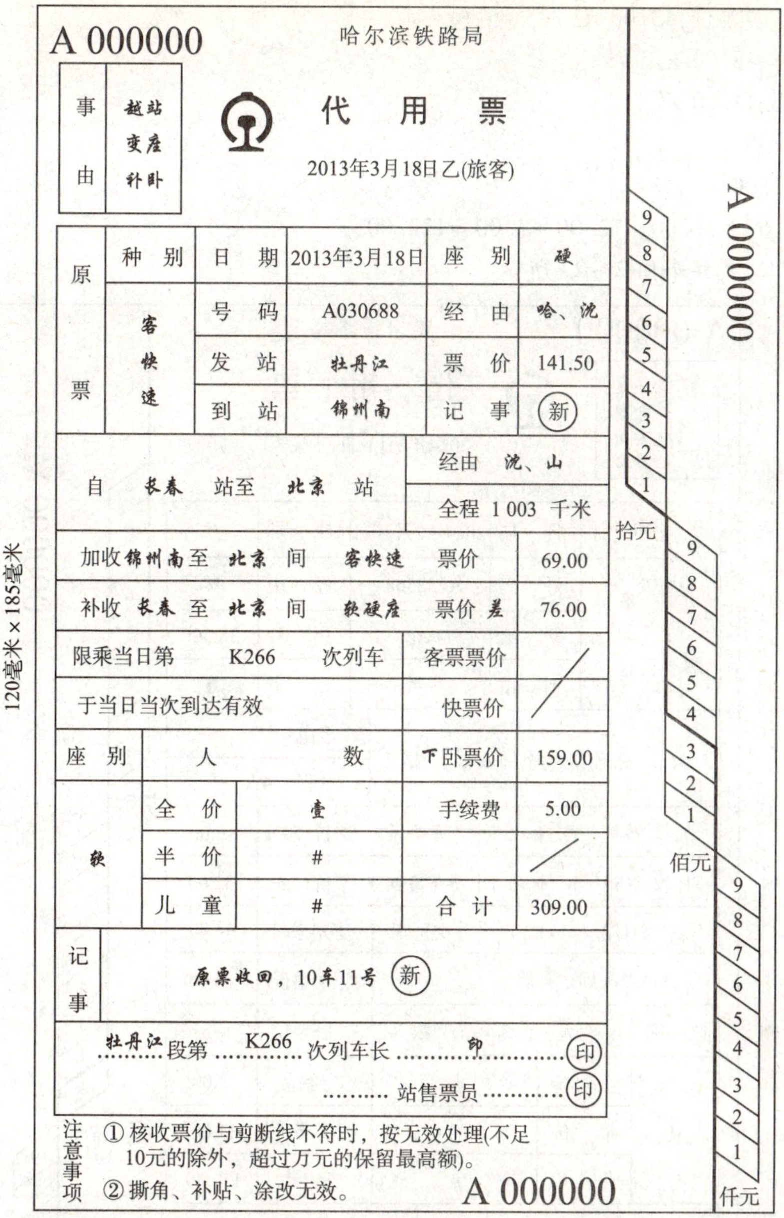

A 000000　哈尔滨铁路局

代用票

2013年3月18日乙(旅客)

事由：越站 变座 补卧

原票	种别	日期	2013年3月18日	座别	硬
	客快速	号码	A030688	经由	哈、沈
		发站	牡丹江	票价	141.50
		到站	锦州南	记事	新

自 长春 站至 北京 站	经由 沈、山	
	全程 1 003 千米	
加收锦州南至 北京 间 客快速	票价	69.00
补收长春 至 北京 间 软硬座	票价差	76.00
限乘当日第 K266 次列车	客票票价	╱
于当日当次到达有效	快票价	╱
座别　人　数	下卧票价	159.00
软　全价　壹	手续费	5.00
半价　#		╱
儿童　#	合计	309.00

记事：原票收回，10车11号 新

牡丹江段第 K266 次列车长 印 （印）

站售票员 （印）

注意事项：① 核收票价与剪断线不符时，按无效处理(不足10元的除外，超过万元的保留最高额)。② 撕角、补贴、涂改无效。

A 000000

拾元 9 8 7 6 5 4 3 2 1　佰元 9 8 7 6 5 4 3 2 1　仟元 9 8 7 6 5 4 3 2 1

120毫米×185毫米

图2-26　代用票填写式样

【例2-28】2014年2月18日，K149次列车（上海南—湛江，新空调快速车）株洲站开车后，发现一旅客持2月16日K1236次列车（昆明—九江）怀化至永州的伤残军人半价新空调硬座客快速联合票（硬座普快到永州），票号A232568，票价38.50元，没有减价凭证，该旅客要求越站至桂林。K149次列车应如何处理？

【解】K149次列车处理如下：

原通票车票有效期3 d，在株洲站过期。

减价不符：怀化—株洲440 km

新空调全半价客快票价差：$64.50-32.50=32.00$（元）

加收票款：$32.00\times 50\%=16.00$（元）

过期、越站：株洲—桂林496 km

新空调客票票价:43.00 元

快速票价:18.00 元

空调票价:11.00 元

合计:72.00 元

手续费:2.00 元

合计:32.00 + 16.00 + 72.00 + 2.00 = 122.00(元)

代用票填写式样如图 2 – 27 所示。

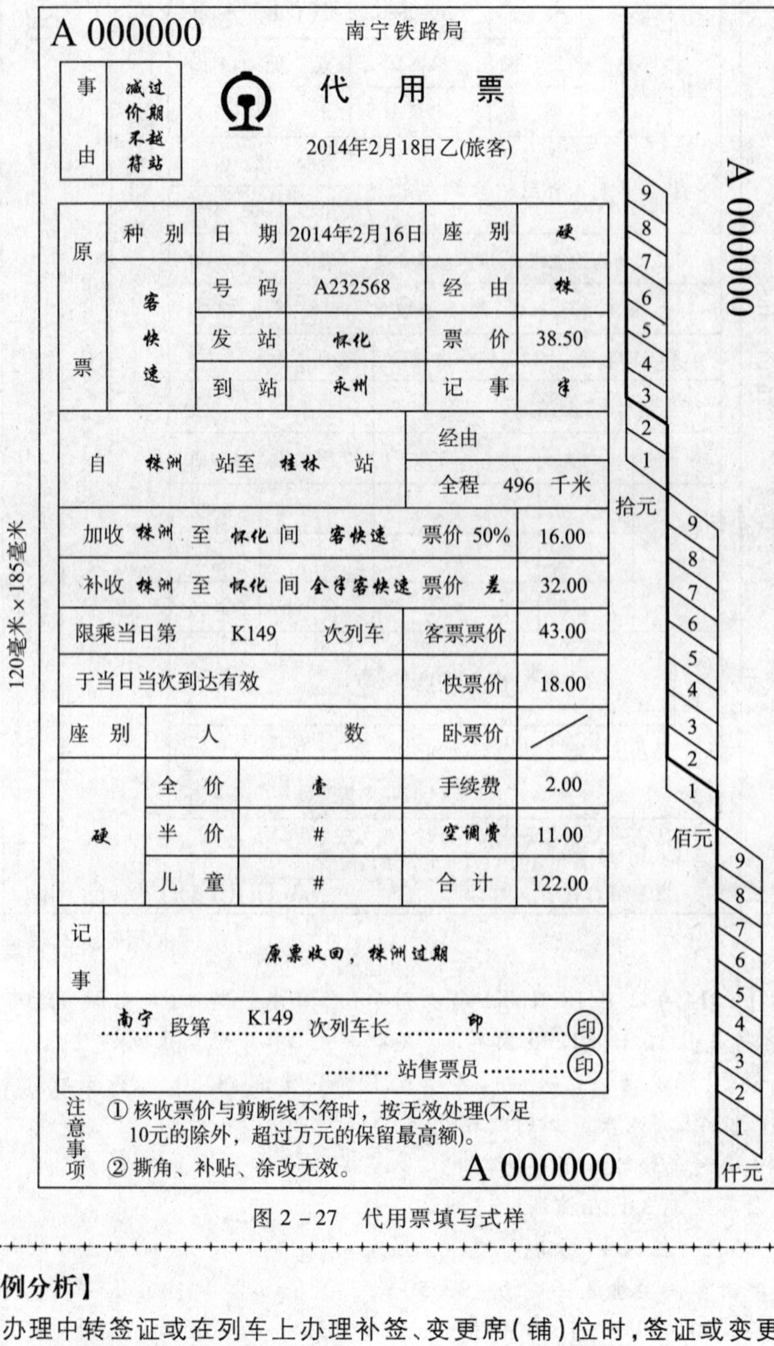

A 000000 南宁铁路局

事由：减价不符 过期越站

代 用 票

2014年2月18日乙(旅客)

原票	种别	日期	2014年2月16日	座别	硬
	客快速	号码	A232568	经由	株
		发站	怀化	票价	38.50
		到站	永州	记事	学

自 株洲 站至 桂林 站；经由；全程 496 千米

加收 株洲 至 怀化 间 客快速 票价 50%	16.00
补收 株洲 至 怀化 间 全学客快速 票价 差	32.00
限乘当日第 K149 次列车 客票票价	43.00
于当日当次到达有效 快票价	18.00
座别 人数 卧票价	／
硬 全价 壹 手续费	2.00
半价 # 空调费	11.00
儿童 # 合计	122.00

记事：原票收回，株洲过期

南宁 段第 K149 次列车长 印 (印)

站售票员 (印)

注意事项 ① 核收票价与剪断线不符时，按无效处理(不足10元的除外，超过万元的保留最高额)。② 撕角、补贴、涂改无效。

A 000000

拾元 佰元 仟元 1 2 3 4 5 6 7 8 9

120毫米 × 185毫米

图 2 – 27 代用票填写式样

【引导案例分析】

(1)旅客办理中转签证或在列车上办理补签、变更席(铺)位时,签证或变更后的车次、席(铺)位票价高于原票价时,核收票价差额。

(2)票价计算:

变座区间:株洲—武昌:414 km

新型空调硬座快速票价:62.50 元

新型空调软座快速票价:96.50 元

软硬座票价差:34.00 元

软卧(上)票价:70.00 元

手续费:5.00 元

合计:34.00 +70.00 +5.00 =109.00(元)

代用票填写式样如图 2 – 28 所示。

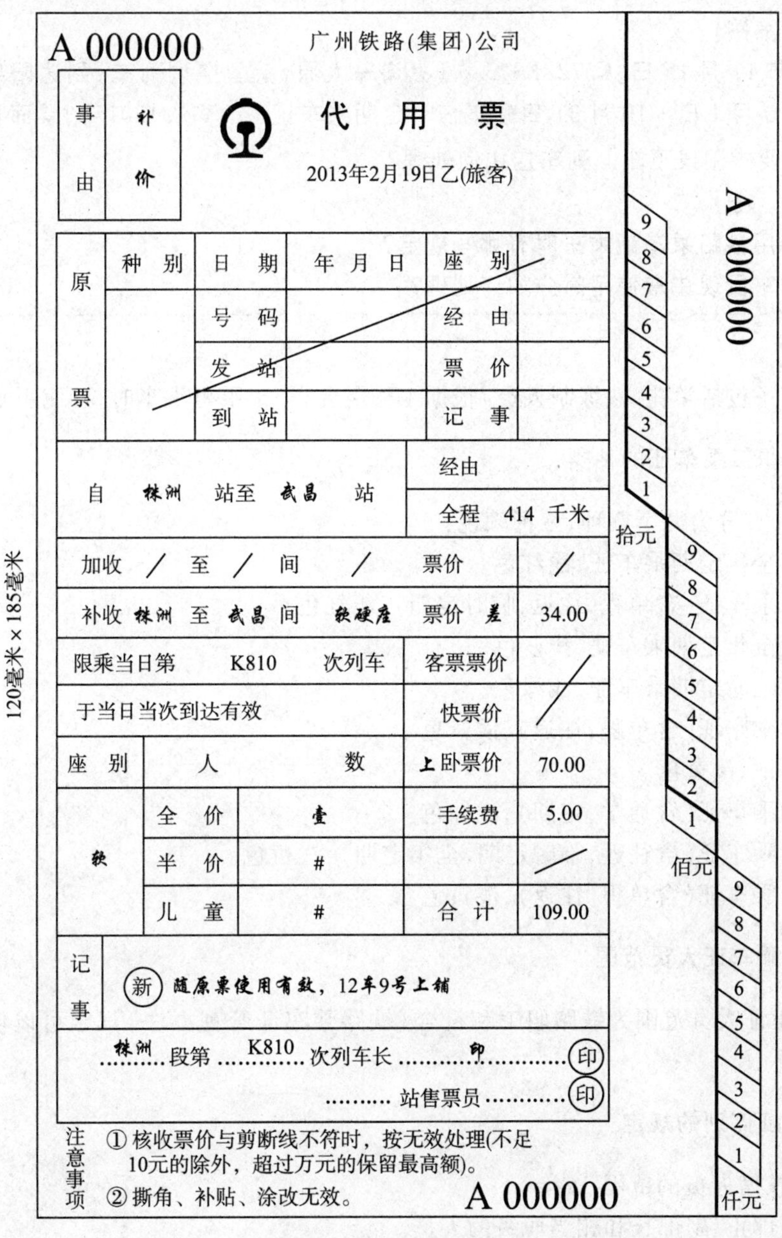

A 000000　广州铁路(集团)公司

代　用　票

2013年2月19日乙(旅客)

事由：补价

原票	种别	日期	年 月 日	座别	
		号码		经由	
		发站		票价	
		到站		记事	

自 株洲 站至 武昌 站	经由
	全程 414 千米

加收 ／ 至 ／ 间 ／	票价	／
补收 株洲 至 武昌 间 软硬座	票价 差	34.00
限乘当日第 K810 次列车	客票票价	／
于当日当次到达有效	快票价	／

座别	人	数	上卧票价	70.00
软	全价	壹	手续费	5.00
	半价	#		／
	儿童	#	合计	109.00

记事：(新) 随原票使用有效，12车9号上铺

株洲 段第 K810 次列车长 印 (印)

站售票员 (印)

注意事项：① 核收票价与剪断线不符时，按无效处理(不足10元的除外，超过万元的保留最高额)。② 撕角、补贴、涂改无效。

A 000000

图 2 – 28　代用票填写式样

内容三 铁路职工乘车证

【知识目标】

(1)了解铁路职工乘车证的种类。

(2)掌握违章使用乘车证的处理规定。

【技能目标】

(1)掌握铁路职工乘车证的使用规定。

(2)掌握违章使用乘车证的处理方法。

【引导案例】

2013年11月15日,K372/K373次(上海—太原,新型空调列车)到达阳泉站前发现一旅客持10月1日~10月31日硬座临时定期乘车证(公 YL_b312015),票面记载德州至太原,旅客要求阳泉下车。列车应如何处理?

【思 考】

(1)持用铁路乘车证乘车时有哪些规定?

(2)站车发现违章使用时应如何处理?

铁路职工(包括学徒、熟练制人员)根据工作需要,外出乘坐火车时,可使用乘车证。

一、铁路职工乘车证的种类

乘车证共有分为九个票种、三种颜色:

(1)软席全年定期乘车证,浅红色。

(2)软席乘车证(含单程,往返,临时定期),浅红色。

(3)硬席全年定期乘车证,浅蓝色。

(4)硬席临时定期乘车证,浅绿色。

(5)硬席乘车证(含单程,往返),浅蓝色。

(6)便乘证,浅黄色。

(7)通勤乘车证(含通学,定期),浅绿色。

(8)就医乘车证(含往返,临时定期,全年定期),浅黄色。

(9)探亲乘车证(含单程,往返),浅黄色。

二、铁路乘车证人员范围

使用乘车证人员范围为铁路职工和符合《铁路乘车证管理办法》规定可以使用铁路乘车证的其他人员。

三、乘车证席别的规定

1. 准乘软席人员的范围

(1)铁道部正、副部长和相当职级的人员。

(2)正副司、局长和相当职级的人员。

(3)教授和相当专业技术职务的人员。

(4)经国家和部批准的“有突出贡献的专家”。

(5)年满五十周岁的正、副处长和相当职级的人员。

(6)年满五十周岁的副教授和相当专业技术职务的人员。

(7)一九三七年七月六日前参加革命工作的干部。

(8)铁道部副部长和相当职级及以上人员,因工作需要准许随行人员一人填发软席乘车证。

(9)受处分降低职务、工资级别的人员,应按降低后的职务、工资级别确定其能否享受乘坐软席。

(10)年满五十周岁的高级技师。

2. 准乘硬席人员的范围

除一款规定以外的其他铁路职工和符合《铁路乘车证管理办法》规定的其他人员准乘硬席。

四、乘车证使用的有关规定

(一)准乘列车的规定

(1)持全年定期、临时定期、软席、硬席乘车证和便乘证,在正式或临时营业铁路上准乘各种旅客列车(国际列车除外)。

(2)持用探亲乘车证,准乘除国际、旅游列车以外的各种旅客列车。

(3)持用通勤乘车证,准乘各种旅客列车(国际列车除外)。

(4)持用就医乘车证,准乘快车和普通旅客列车。

(5)持用铁路全年定期、临时定期、软席、硬席乘车证,均可乘坐空调可躺式客车。

(二)乘车证明的规定

(1)持用铁路各种乘车证的职工出入车站及在列车内须与旅客同样经过检验手续,同时交验工作证、离休证、退休证、家属医疗证或家属证。任何证明均不能代替上述证件。

(2)出差、探亲、驻勤、开会、入学、出校、调转赴任、搬家还必须交验相应的证明,如职工出差证明书、人事调转命令、户口迁移证明等。

(三)其他规定

(1)持定期通勤、通勤、通学、定期就医、就医、软、硬席乘车证,除换乘外,中途下车无效。

(2)定期通勤乘车证,一个月只限用一次,不能提前或移作下月使用。

(3)持用铁路乘车证,均不能免费托运行李、搬家物品等。

(4)探亲乘车证除换乘外,中途不得下车。

(四)免费使用卧铺的规定

职工出差、驻勤、开会、调转、赴任、护送等,以本人开始乘坐本次列车开车时刻计算,从20:00至次日凌晨7:00之间,在列车上过夜6 h或连续乘车超过12 h以上的,准予免费使用卧铺。

(五)乘车证回收的规定

按年度(学年)办理填发的乘车证,必须在规定的办理日期前交回;其他乘车证必须在其有效期到期后7 d内交回,否则按丢失处理;虽有效期已过,因工作需要,继续在外出差或生产(工作)的,应在回到本单位7 d之内交回,否则按丢失处理。

五、违章使用铁路职工乘车证的处理

在票面上加添、涂改、转借、超过有效期限或超过有效区间乘车,未按规定的有关证明、证件或伪造证明、证件的均视为违章使用乘车证。

对违章使用乘车证的处理按如下规定:

(1)发现违章使用乘车证时,均按无票处理。同时查扣其乘车证及有关证件上交铁路局收入部门。上交时应编制客运记录,注明违章现象。

(2)对违章批准、填发的全年定期乘车证使用区段为全国各站的每张罚款600元,使用区段超出铁路局管范围内,每张罚款400元,其他乘车证每张罚款200元;对违章批准、填发的临时定期乘车证填发使用区段超出铁路局管范围的,每张罚款200元,填发使用区段在铁路局管范围内的,每张罚款140元;对违章批准、填发的其他乘车证每张罚款100元。

(3)下列乘车证除按规定方法补收票款外,还应按票面记载的席别、区间按下列方法加收罚款:

①定期通勤乘车证,按票面填写的乘车区间,自有效月份起至发现违章月份止,按每月一次往返里程通算计收客票票价。

②全年定期乘车证、临时定期乘车证、通勤、通学乘车证、自有效日期至发现违章日期止,票面填写的乘车区间在一个铁路局以内的,按每日乘车50 km计算票价;乘车区间跨铁路局的,按每日乘车100 km计算票价,计算后低于50元的按50元核收。

③发现其他违章行为的,均按《铁路旅客运输规程》规定补收和加收票款。

(4)乘车证使用过程中,发现违章事项当时处理不了的,站、车应编制客运记录,连同查扣的乘车证及有关证件报路局财务部门,由路局依据规定向违章职工单位发函,追补应收票款及罚款。

六、违章使用乘车证的处理实例

【例2-29】2013年5月10日K158次信阳开车后,发现一旅客借用“郑州水电段王平”信阳至石家庄2012年度定期通勤乘车证TX_b502936,要求在石家庄下车,列车如何处理?

【解】处理过程如下:

按无票处理并加收罚款。

应收票价:信阳—石家庄714 km

新型空调硬座客票票价:60.00元

快速加快票价:24.00元

空调票价:14.00元

合计:98.00元

对已乘区间:信阳—漯河162 km加收50%票款,24.5×50% =12.25(元)≈12.50(元)。

罚款:跨铁路局的按每日乘车100 km计算客票票价,100 km硬座客票票价:6.50元,1月1日~5月10日共计130 d。

6.50×130 =845.00(元)

手续费:2.00元

合计:98.00+12.50+845.00+2.00=957.50(元)

代用票填写式样如图2-29所示。

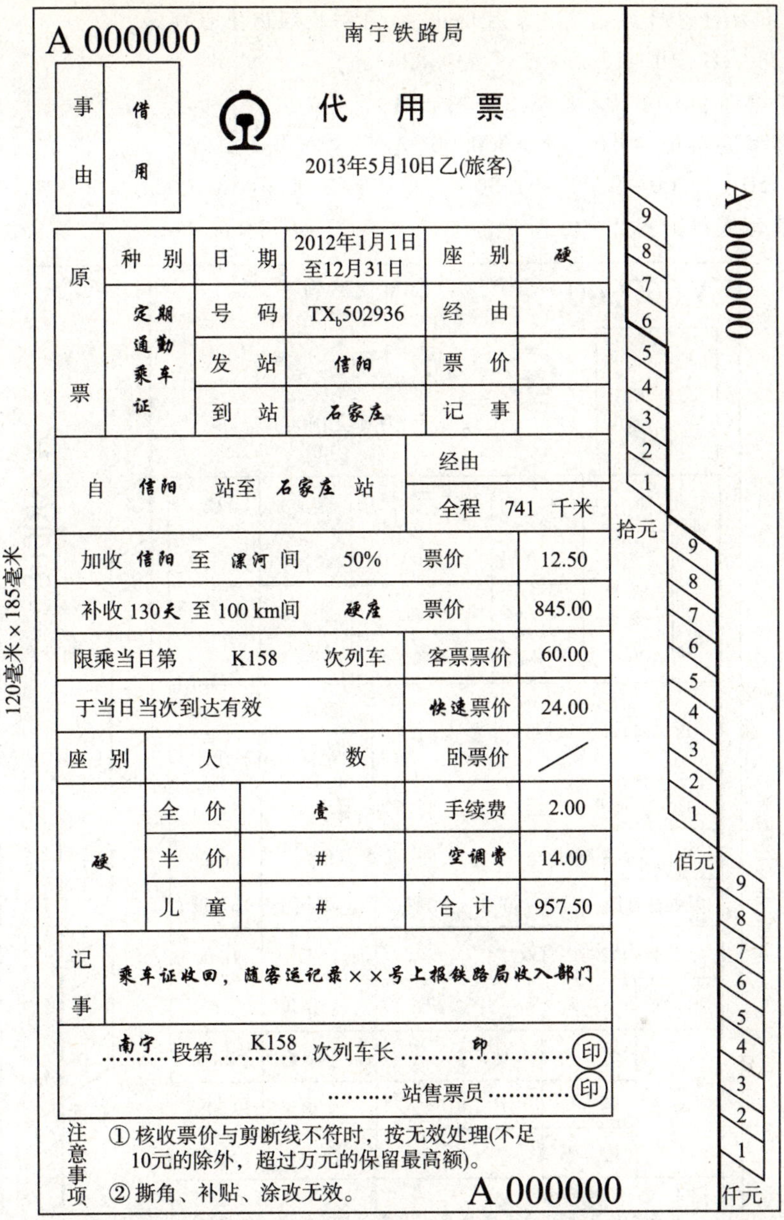

A 000000　南宁铁路局

事由	借用

代　用　票

2013年5月10日乙(旅客)

原票	种　别	日　期	2012年1月1日至12月31日	座　别	硬
	定期通勤乘车证	号　码	TX_b502936	经　由	
		发　站	信阳	票　价	
		到　站	石家庄	记　事	

自　信阳　站至　石家庄　站		经由 全程　741　千米	
加收　信阳　至　漯河　间　50%		票价	12.50
补收 130天 至 100 km间　硬座		票价	845.00
限乘当日第　K158　次列车		客票票价	60.00
于当日当次到达有效		快速票价	24.00
座　别	人　　数	卧票价	／
硬	全　价　壹	手续费	2.00
	半　价　#	空调费	14.00
	儿　童　#	合　计	957.50
记事	乘车证收回，随客运记录××号上报铁路局收入部门		

南宁 段第 K158 次列车长 印 ㊞

站售票员 ㊞

注意事项　① 核收票价与剪断线不符时，按无效处理(不足10元的除外，超过万元的保留最高额)。② 撕角、补贴、涂改无效。　A 000000

A 000000　拾元 1 2 3 4 5 6 7 8 9　佰元 1 2 3 4 5 6 7 8 9　仟元 1 2 3 4 5 6 7 8 9

120毫米×185毫米

图 2－29　代用票填写式样

【例 2－30】2013 年 8 月 2 日，K180 次列车石家庄前验票发现王娜借用郑州电务段职工刘立 2012 年度郑州至石家庄定期通勤乘车证 DT40021。列车如何办理？

【解】列车办理如下：

郑州—石家庄 412 km

新型空调车客票票价：37.50 元

快速票价：16.00 元

空调费：9.00 元

加收已乘区间郑州至石家庄的 50% 票款

62.50×50% =31.25≈31.50 元

手续费：2.00 元

罚款：自有效月份起至发现违章月份止，每月一次往返里程通算。

里程：郑州—石家庄 412 km（往返里程 824 km）

硬座客票票价：45.00 元；次数：8 个月计 8 次

往返里程客票票价：45.00 × 8 = 360.00（元）

合计：37.50 + 16.00 + 9.00 + 31.50 + 360.00 + 2.00 = 456.00（元）

代用票填写式样如图 2－30 所示。

A 000000　　郑州铁路局

事由	借用

代　用　票

2013年8月2日乙(旅客)

原票	种别	日期	2012年1月1日至12月31日	座别	硬
	定期通勤乘车证	号码	DT40021	经由	/
		发站	郑州	票价	/
		到站	石家庄	记事	/

自 郑州 站至 石家庄 站	经由
	全程 412 千米

加收 郑州 至 石家庄 间 50% 票价		31.50
补收 8个月郑州 至 石家庄 间 硬座 票价		360.00
限乘当日第 K180 次列车	客票票价	37.50
于当日当次到达有效	特快票价	16.00

座别	人	数	卧票价	/
硬	全价	壹	手续费	2.00
	半价	#	空调费	9.00
	儿童	#	合计	456.00

记事	乘车证收回，随客运记录××号上报铁路局收入部门

郑州 段第 K180 次列车长 印 ⓘ印

站售票员 ⓘ印

注意事项 ① 核收票价与剪断线不符时，按无效处理(不足10元的除外，超过万元的保留最高额)。
② 撕角、补贴、涂改无效。

A 000000

120毫米×185毫米

图 2－30　代用票填写式样

【引导案例分析】

列车处理过程如下：

按无票处理并加收罚款。同时编制客运记录，查扣临时定期乘车证上交铁路局。

(1)应收票价：德州—阳泉 292 km

空调车客票票价：27.50 元

快速票价：10.00 元

空调票价：6.00 元

(2)加收票款：43.50×50% =22.00(元)

(3)手续费：2.00 元

(4)罚款：太原、德州分属太原局、北京局，按每日 100 km 计算，普通客票票价 6.50 元。11 月 1 日～11 月 15 日共 15 d 票价：15×6.50 =97.50(元)

(5)合计：27.50+10.00+6.00+22.00+2.00+97.50=165.00(元)

代用票填写式样如图 2－31 所示。

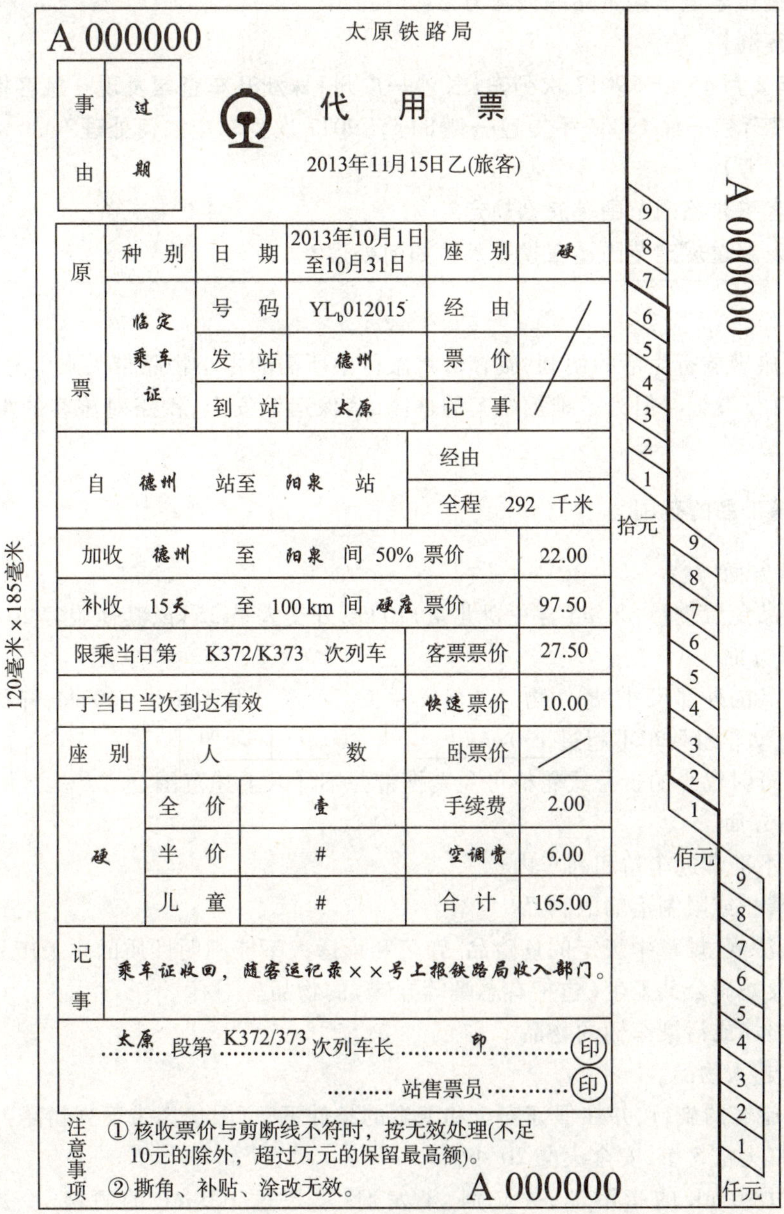

A 000000　太原铁路局

事由：过期

代用票

2013年11月15日乙(旅客)

原票	种别	日期	2013年10月1日至10月31日	座别	硬
	临定乘车证	号码	YL_b012015	经由	/
		发站	德州	票价	/
		到站	太原	记事	/

自 德州 站至 阳泉 站	经由
	全程 292 千米
加收 德州 至 阳泉 间 50% 票价	22.00
补收 15天 至 100 km 间 硬座 票价	97.50

限乘当日第 K372/K373 次列车			客票票价	27.50
于当日当次到达有效			快速票价	10.00
座别	人	数	卧票价	/
硬	全价	壹	手续费	2.00
	半价	#	空调费	6.00
	儿童	#	合计	165.00

记事：乘车证收回，随客运记录××号上报铁路局收入部门。

太原 段第 K372/373 次列车长 …… 印 (印)

…… 站售票员 …… (印)

注意事项：①核收票价与剪断线不符时，按无效处理(不足10元的除外，超过万元的保留最高额)。②撕角、补贴、涂改无效。

A 000000

9 8 7 6 5 4 3 2 1 拾元　9 8 7 6 5 4 3 2 1 佰元　9 8 7 6 5 4 3 2 1 仟元　A 000000

120毫米×185毫米

图 2－31　代用票填写式样

内容四　旅客携带品

【知识目标】

(1)了解旅客携带品的范围。

(2)掌握旅客违章携带物品的处理规定。

(3)了解旅客携带品的暂存规定。

【技能目标】

(1)掌握旅客违章携带物品的处理方法。

(2)掌握旅客遗留携带品的处置方法。

【引导案例】

2013 年 2 月 15 日 K9017 次列车(长沙—广州)株洲开车查票发现一旅客持长沙至广州车票,携带背包一件 19 kg,手提包一件 8 kg,K9017 次列车应如何处理?

【思　　考】

(1)旅客携带品的范围是怎么规定?

(2)发现超过规定范围违章携带品时如何处理?

为了照顾旅客旅行生活的便利,旅客可将旅行中所需的零小物品带入乘坐的客车内,这些物品,由旅客自行看管。但为了维护站车的秩序,确保运输安全,铁路对旅客的携带品规定了明确的范围。

一、旅客携带品的范围

1. 在重量方面

旅客携带品免费重量:儿童(含免费儿童)10 kg,外交人员 35 kg,其他旅客 20 kg。

2. 在体积方面

旅客携带品的外部尺寸,每件物品外部尺寸长、宽、高之和不超过 160 cm,杆状物品不超过 200 cm,但乘坐动车组列车不超过 130 cm。

残疾人旅行时代步的折叠式轮椅可免费携带并不计入上述范围。

3. 在物品方面

下列物品不准带进车站和列车内:

(1)国家禁止或限制运输的物品。

(2)法律、法规、规章中规定的危险品、弹药和承运人不能判明性质的化工产品。

(3)动物及妨碍公共卫生(包括有恶臭等异味)的物品。

(4)能够损坏或污染车辆的物品。

(5)超重、超大物品。

为了方便旅客的旅行,并在保证安全和卫生的条件下,可限量携带下列物品:

(1)气体打火机 5 个,安全火柴 20 小盒。

(2)不超过 20 mL 的指甲油、去光剂、染发剂;不超过 100 mL 的酒精、冷烫精;不超过 600 mL的摩丝、发胶、卫生杀虫剂、空气清新剂。

(3)军人、武警、公安人员、民兵、猎人凭法规规定的持枪证明佩带的枪支子弹。

(4)初生雏20只。

二、旅客违章携带物品的处理

(1)发现旅客违章携带物品(包括几人同时携带一件超重或超大物品)时,在车站,应拒绝进站或动员旅客办理托运。对已带入车内的,应补收运费,妥善安排,必要时可放入行李车内。

(2)在车内或下车站,对超过免费重量的物品,其超重部分应补收四类包裹运费。对不可分拆的整件超重、超大物品、动物,按该件全部重量补收上车站至下车站四类包裹运费。

对已带入车内的猫、狗、猴等宠物,应安排在列车通过台由旅客自己照看,宠物发生意外或伤害其他旅客时,由携带者负责。

(3)发现危险品或国家禁止、限制运输的物品,妨碍公共卫生的物品,损坏或污染车辆的物品,按该件全部重量加倍补收乘车站至下车站四类包裹运费。危险物品交前方停车站处理;必要时移交公安部门处理。对有必要就地销毁的危险品应就地销毁,使之不能危害旅客,同时,承运人不承担任何赔偿责任。没收危险品时,应向被没收人出具书面证明。

(4)如旅客超重、超大的物品价值低于运费时,可按物品价值的50%核收运费。

(5)补收运费时,最远不得超过本次列车的始发站和终点站。

(6)对违章携带的物品补收运费时,一律填写客运运价杂费收据,注明日期、发到站、车次、事由、件数、重量。具体处理过程中,应本着实事求是的态度,区别不同的违章情况,妥善处理。对携带品超重不足5 kg时,应免收运费。

【例2-31】2013年2月15日K158次列车(湛江—北京西)郑州开车查票发现一旅客持广州至石家庄车票,携带竹书架一个(长75 cm、宽29 cm、高115 cm,重13 kg),列车应如何处理?

【解】列车处理如下:

对不可分拆的整件超大物品,按该件全部重量补收上车站至下车站四类包裹运费,最远不得超过本次列车的始发站和终点站。

衡阳—石家庄1 496 km

13 kg四类包裹运费:$2.373\times13=30.849\approx30.80$(元)

填写“客杂”,如图2-32所示。

【例2-32】处理携带品超重(超重、超大并有危险品)

2013年2月18日,K234次列车(上海—石家庄)运行到商丘站前,发现一旅客持当日开封经郑州到石家庄的车票一张,携带手提包一件6 kg,内装鞭炮0.5 kg,泡沫一捆3 kg,长×宽×高为120 cm×30 cm×30 cm,背包一件25 kg。列车应如何处理?

【解】列车办理过程如下:

超重5 kg,超大3 kg,危险品6 kg,把运价率相同的相加处理。

郑州—石家庄412 km

8 kg四类包裹运费:$8\times0.759=6.10$(元)

6 kg加倍四类包裹运费:$0.759\times6\times2=9.10$(元)

合计:$6.10+9.10=15.20$(元)

危险品没收,出具收据,并交前方最近停车站安阳站处理。

填写“客杂”,如图2-33所示。

南宁铁路局　　丙

客运运价杂费收据

2013年2月15日　　(报告用)

原票据	种别	日期	月　日　时　到达、通知、变更		
		号码			
		发站	月　日　时　交　付		
		到站	核收保管费　　日		
核收区间			核收费用		款额
			种别	件数	重量
自 衡阳 站 至 石家庄 站 经由（　　） 座别　人数 壹			四类包裹	1	13	30.80
			合计			30.80
记事	携带竹书架一个（长75 cm、宽29 cm、高115 cm，重13 kg），超大				

K158次列车长 站经办人 印 印

A 000000

图 2－32　客运杂费收据填写式样

上海铁路局　　丙

客运运价杂费收据

2013年2月18日　　(报告用)

原票据	种别	日期	月　日　时　到达、通知、变更		
		号码			
		发站	月　日　时　交　付		
		到站	核收保管费　　日		
核收区间			核收费用		款额
			种别	件数	重量
自 郑州 站 至 石家庄 站 经由（　　） 座别　人数 壹			四类包裹	2	8	6.10
			加倍四类	1	6	9.10
			合计			15.20
记事	携带手提包一件6千克，内装鞭炮0.5千克，泡沫一捆3千克，长×宽×高为120厘米×30厘米×30厘米，超大，背包一件25千克，超重5千克				

K234次列车长 站经办人 印 印

A 000000

图 2－33　客运杂费收据填写式样

【例 2－33】2013 年 2 月 18 日，T70 次列车（乌鲁木齐—北京西）一旅客持 15 日乌鲁木齐经兰州、郑州到石家庄车票一张，携带哈密瓜两箱 40 kg（乌鲁木齐哈密瓜当地市价 1.00 元/kg)。列车应如何处理?

【解】T70 次列车办理过程如下:

乌鲁木齐—郑州—石家庄 3 491 km

20 kg 四类包裹运费:5.003 × 20 = 100.00(元)

20 kg 哈密瓜实际价值:1.00 × 20 = 20.00(元)

应收运费为:20.00 × 50% = 10.00(元)

填写"客杂",如图 2 - 34 所示。

北京铁路局　丙

客运运价杂费收据

2013年2月18日　(报告用)

原票据	种 别	日 期	月 日 时 到达、通知、变更
		号 码	
		发 站	月 日 时 交 付
		到 站	核收保管费 日

核 收 区 间	核收费用 种 别	件 数	重 量	款 额
自 乌鲁木齐 站 至 石家庄 站	四类包裹	2	20	10.00
经由(兰、郑)				
座别　人数 壹				
	合 计			10.00

记事	哈密瓜两箱40千克,超重20千克,应收运费100.00元,实收运费10.00元,按当时市场价1.00元/千克的50%核收。

T70次列车长 站经办人 印 印

A 000000

图 2 - 34　客运杂费收据填写式样

三、旅客携带品的暂存

为了方便旅客,三等及其以上车站应设携带品暂存处。暂存处应公布收费标准和注意事项。暂存物品需包装良好,箱袋必须加锁,包装不良的,不予存放。办理暂存手续时,必须填写暂存票,注明品名、包装、日期、件数等。提取时还应注明提取日期、寄存日数和核收款额,并在暂存票乙票上加盖戳记后交给旅客。暂存票应按顺号装订,保管一年。

四、旅客遗失物品的处理

旅客遗失物品应设法归还原主。如旅客已经下车,应编制客运记录,注明品名、件数等,移交旅客下车站。不能判明时,移交当次列车的终点站。

车站对本站发现或列车移交的遗失物品．应在遗失物品登记簿上详细登记，注明日期、地点、移交车次、品名、包装及内含物品、数量、重量、交物人、经办人、处理结果等内容。

客流量较大的车站应设遗失物品招领处，遗失物品招领处应有明显的招领揭示。对遗失物品应妥善保管，正确交付。失主来领取时，应查验身份证，核对时间、地点、车次、品名、件数、重量，确认无误后，由失主签收，并记录身份证号码。

拾到现金应开具“客运运价杂费收据”上交，并在登记簿上注明“客运运价杂费收据”收据号码，当失主来领取时，开具退款证明书办理退款。

遗失物品需通过铁路向失主所在站转送时，内附清单，物品加封，填写客运记录和行李、包裹交接证，交列车行李员签收。物品在 5 kg 以内的免费转送；超过 5 kg 时，到站按品类补收运费；遗失物品中的危险品、国家禁止或限制运输的物品、机要文件应立即移交公安机关或有关部门处理，不办理转送。

鲜活易腐物品和食品不负责保管和转送。

【引导案例分析】

K9017 次列车处理如下：

携带品共重 27 kg，超重 7 kg

长沙—广州 707 km

7 kg 四类包裹运费：1. 243 × 7 = 8. 70（元）

填写“客杂”，如图 2 – 35 所示。

广州铁路(集团)公司　　　　丙

客运运价杂费收据

2013年2月15日　　　　(报告用)

原票据	种别	日期		月　日　时　到达、通知、变更			
		号码					
		发站		月　日　时　交　付			
		到站		核收保管费　　日			
核收区间				核收费用			款额
				种别	件数	重量	
自　长沙　站 至　广州　站 经由（　　） 座别　　人数　壹				四类包裹	2	7	8.70
				合　计			8.70
记事	携带背包一件19千克，手提包一件8千克，超重7千克						

K9017次列车长 站经办人 印 印

A 000000

图 2 – 35　客运杂费收据填写式样

内容五　铁路客运记录及铁路电报

【知识目标】

(1)了解铁路客运记录的填写和编写范围。

(2)了解铁路电报的拍发规定和拍发范围。

【技能目标】

(1)掌握铁路客运记录的编制。

(2)掌握铁路电报的拍发。

【引导案例】

6月11日T169次在上海南开车后,旅客方明持上海南至广州硬座特快卧(中铺)A667788号一张,要求使用卧铺,当时该铺已有旅客使用,发现是上海南站卧铺发售重号,列车全程满员,无法安排,需编客运记录给旅客到站退款。客运记录应如何编写?

【思　　考】

(1)铁路客运记录的编写规定有哪些?

(2)铁路车站、列车编写客运记录的范围分别有哪些?

一、铁路客运记录的填写规定

客运记录是指在旅客或行李、包裹运输过程中因特殊情况,承运人与旅客、托运人、收货人之间需记载某种事项或车站与列车之间办理业务交接的文字凭证。

客运记录在编制和过程中,要注意如下几点:

(1)据实填写,事项齐全。编写的客运记录应内容准确、具体、完整,如实反映情况。如涉及旅客车票时,应有发到站、票号;涉及行李、包裹票时,还应有旅客、发(收)货人姓名、单位、物品品名、数量、重量等,不得漏项。

(2)语言简练,书写清楚。记录语言要简明扼要,条理清楚,说明问题。字体要清楚,不得潦草,不写自造简化字。

(3)客运记录应有顺序编号,加盖编制人名章。客运记录一式两份,一份交接收人,另一份由接收人签字后自己留存。对留存的应装订成册,妥善保管,以备存查。

二、铁路客运记录的编写范围

(一)列车编写客运记录范围

(1)旅客持“挂失补”车票乘车时,列车编制客运记录交旅客到站退还已“挂失补”车票票价。

(2)因承运人责任使旅客不能按票面记载的日期、车次、座别、铺别乘车时,站、车应重新妥善安排。重新安排的列车、座席、铺位低于原票等级时,应退还票价差额,不收退票费。在列车上发生时应编制客运记录。

(3)发生车票误售、误购,应退还票价时,站、车应编制客运记录交旅客,作为乘车至正当到站要求退还票价差额的凭证。

(4)旅客误乘列车或坐过了站,列车交前方停车站免费送回时。

(5)旅客丢失车票,另行购票或补票后又找到原票时,列车长应编制客运记录交旅客,作为在到站出站前向到站要求退还后补票价的依据。

(6)对无票乘车而又拒绝补票的人,列车长可责令其下车并编制客运记录交县、市所在地车站或三等以上车站处理(其到站近于上述到站时应交到站处理)时。

(7)在列车上,旅客因病不能继续旅行,列车长应编制客运记录交中途有医疗条件的车站转送医院治疗时。

(8)因铁路责任,致使旅客在中途站办理退票,退还票价差额时。

(9)发现旅客携带国家禁止或限制运输的物品、危险品乘车,移交最近前方停车站或有关车站处理时。

(10)旅客携带品超过规定范围(危险品除外),无钱或拒绝补交运费,移交旅客到站或换车站处理时。

(11)向查找站或列车终到站转送旅客遗失物品,与车站办理遗失物品交接手续时。

(12)旅客在列车内发生因病死亡,移交县、市所在地或较大车站处理时。

(13)列车内发现无人护送的精神病患者,移交到站或换车站时。

(14)因意外伤害(包括区间坠车),导致旅客伤亡,移交有关车站处理时。

(15)发现违章使用铁路职工乘车证,上报路局收入部门处理时。

(16)列车接到行、包托运人要求在发站取消托运,将行、包运回发站时。

(17)列车接到发站行李、包裹变更运输(包括行李误运)电报时,应编制客运记录,连同行李、包裹和运输报单,交前方营业站或运至新到站(需中转时,移交前方中转站继续运送),旅客在列车上要求变更时,同样办理。

(18)列车上发现装载的行李、包裹品名不符,或实际重量与票面记载的重量不符,移交到站或前方停车站处理时。

(19)列车对已装运的无票运输行李、包裹,应编制客运记录,交到站处理时。

(20)列车内发现旅客因误购、误售车票而误运行李时,如其托运的行李在本列车装运,应编制客运记录,交前方营业站或中转站向正当到站转运时。

(21)行李、包裹在运输途中发生事故,移交到站处理时。

(22)其他应与车站办理的交接事项。

(二)车站编写客运记录的范围

(1)发生误售、误购车票,在中途站、原票到站应退还票价时。

(2)将旅客遗失物品向查找站转送时。

(3)旅客在车站发生意外伤害时。

(4)车站向铁路局收入部门寄送因违章乘车所查扣的铁路乘车票证时。

(5)行李、包裹票货分离,需补送行李、包裹或票据时。

(6)行李、包裹票货分离,部分按时到达交付,部分逾期时。

(7)行李、包裹装运后,旅客或托运人要求运回发站取消托运时。

(8)行包所在站接到行包变更运输的电报时。

(9)车站发现伪报品名的行李、包裹损坏其他行李、包裹时。

(10)在中途站、原票到站处理因误售、误购车票而误运的行李时。

(11)线路中断,列车停止运行后,鲜活包裹在途中被阻,托运人要求被阻站处理时。

(12)在发站或中途站,行李、包裹发生事故或需要说明物品现状时。

(13)行李未到,办理转运手续后,逾期到达时。

【例2-34】某年3月20日,广州客运段值乘T102次列车惠州站开车后,一旅客(男),身份证号码53212819850163722,持挂失补车票乘车,车票票号:F07089,到站金华西,列车长编制客运记录到站退款。

【解】T102次列车长编制的客运记录见表2-1。

表2-1　客　运　记　录

广州铁路(集团)公司　　客统—1 **客　运　记　录** 第　01　号		
记录事由:办理"挂失补"退票		
金华西站:		
××××年3月20日T102次旅客(曹××身份证号码53212819850163722)持挂失补车票乘车,经站车交互机确认已挂失,途中席位使用正常,请到站24 h内办理退票,后补车票票号:F07089		
T102次　惠州—金华西　12车55		
注: 1. 站、车需要编制记录时均适用。	广州　站 段　编制人员	T102　次列车长　(印)
2. 本记录不能作为乘车凭证。	站 段　签收人员	(印)
××××年3月20日编制		

【例2-35】某年6月11日,K36次旅客王华在衡阳开车时声称丢失车票,列车填发代用票(3471号)核收衡阳至桂林客快票价,永州开车后,旅客声称找回原票(11月10日广州至桂林硬座客快联合票A876236号),证实后编制记录到站退款。

【解】K36次列车长编制的客运记录见表2-2。

表2-2　客　运　记　录

广州铁路(集团)公司　　客统—1 **客　运　记　录** 第　01　号		
记录事由:丢失车票,补票后又找回原票		
桂林站:		
××××年6月11日,K36次旅客王华在衡阳开车时声称丢失车票,列车填发代用票(3471号)核收衡阳至桂林客快票价,永州开车后,旅客声称找回原票(11月10日广州至桂林硬座客快联合票A876236号)。此事经核实无误,请贵站按章处理。		
注: 1. 站、车需要编制记录时均适用。	广州　站 段　编制人员	K36　次列车长　(印)
2. 本记录不能作为乘车凭证。	站 段　签收人员	(印)
××××年6月11日编制		

【例 2-36】某年 6 月 11 日 T8352 次在乐昌开车，发现旅客吴芳持广州至乐昌客快票，坐过了站。

【解】T8352 次列车长编制的客运记录见表 2-3。

表 2-3 客 运 记 录

<table>
<tr><td colspan="2" align="center">广州铁路(集团)公司　　　客统—1
客　运　记　录
 第 01 号 </td></tr>
<tr><td colspan="2">记录事由：列车向车站移交旅客</td></tr>
<tr><td colspan="2">坪石站：</td></tr>
<tr><td colspan="2">旅客吴芳持广州至乐昌客快票 A681935 号一张，因地方不熟，坐过站。请贵站核章送回。</td></tr>
<tr><td colspan="2"></td></tr>
<tr><td>注：
1. 站、车需要编制记录时均适用。
2. 本记录不能作为乘车凭证。</td><td>广州 站/段 编制人员 T8352 次列车长 (印)
站/段 签收人员 (印)</td></tr>
<tr><td colspan="2" align="center">××××年 6 月 11 日编制</td></tr>
</table>

【例 2-37】某年 6 月 11 日 K82 次在漯河开车，在 5 号车发现一名旅客精神病突然发作，通过车长与公安核实，发病旅客无人陪同，持有广州至西安硬座快票 C367124 号一张。

K82 次列车长编制的客运记录见表 2-4。

表 2-4 客 运 记 录

<table>
<tr><td colspan="2" align="center">广州铁路(集团)公司　　　客统—1
客　运　记　录
 第 01 号 </td></tr>
<tr><td colspan="2">记录事由：列车向车站移交精神病旅客</td></tr>
<tr><td colspan="2">郑州站：</td></tr>
<tr><td colspan="2">××××年 6 月 11 日本次列车在漯河开车，5 号车厢壹名旅客精神病发作，单独旅行，无人陪同。现在同车票 C367124 一张一齐交贵站请予处理。</td></tr>
<tr><td colspan="2"></td></tr>
<tr><td>注：
1. 站、车需要编制记录时均适用。
2. 本记录不能作为乘车凭证。</td><td>广州 站/段 编制人员 K82 次列车长 (印)
站/段 签收人员 (印)</td></tr>
<tr><td colspan="2" align="center">××××年 6 月 11 日编制</td></tr>
</table>

【例 2-38】某年 6 月 11 日 T16 次到达北京西清查车底时，在 15 号硬卧车 6 组上铺，发现提包一个，列车会同公安检查，包内有男装兰色运动衣一套，人民币 30 元，玫瑰牌点心两盒。

【解】T16 次列车长编制的客运记录见表 2-5。

表2-5 客运记录

<table>
<tr><td colspan="2">广州铁路(集团)公司　　客统—1
客 运 记 录
第 01 号</td></tr>
<tr><td colspan="2">记录事由:移交旅客遗失物品</td></tr>
<tr><td colspan="2">北京西站:</td></tr>
<tr><td colspan="2">××××年6月11日本次到达北京西清查车底时,在15号硬卧车6组上铺发现旅客遗物:提包一个,内有男装兰</td></tr>
<tr><td colspan="2">色运动衣一套,人民币30元,玫瑰牌点心两盒,现交贵站处理。</td></tr>
<tr><td colspan="2"></td></tr>
<tr><td>注:
1. 站、车需要编制记录时均适用。
2. 本记录不能作为乘车凭证。</td><td>站
广州 段 编制人员 T16 次列车长 (印)
站
段 签收人员 (印)</td></tr>
<tr><td colspan="2">××××年6月11日编制</td></tr>
</table>

【例2-39】某年6月11日K36次郴州开车,在13号车旅客张光突然晕倒,经广播找医生诊断为心脏病复发,急需下车治疗,旅客持广州至永州硬座客快联合票,票号E333452。

【解】K36次列车长编制的客运记录见表2-6。

表2-6 客运记录

<table>
<tr><td colspan="2">广州铁路(集团)公司　　客统—1
客 运 记 录
第 01 号</td></tr>
<tr><td colspan="2">记录事由:向车站移交重病旅客</td></tr>
<tr><td colspan="2">耒阳站:</td></tr>
<tr><td colspan="2">本次列车旅客张光,心脏病突然复发,急需下车治疗,现交贵站,请予协助处理。并附车票一张(广州至永州硬座客</td></tr>
<tr><td colspan="2">快联合票,票号E333452)。</td></tr>
<tr><td colspan="2"></td></tr>
<tr><td>注:
1. 站、车需要编制记录时均适用。
2. 本记录不能作为乘车凭证。</td><td>站
广州 段 编制人员 K36 次列车长 (印)
站
段 签收人员 (印)</td></tr>
<tr><td colspan="2">××××年6月11日编制</td></tr>
</table>

【例2-40】某年6月11日K326次列车广州开车,在四号车厢边门,发现一罐汽油(2kg),无人认领。根据规定,有公安所的车站由乘警将危险品交公安所,无公安所的车站,由车长编客运记录交车站。

【解】K326次列车长编制的客运记录见表2-7。

表2-7 客 运 记 录

<table>
<tr><td colspan="2">广州铁路(集团)公司　　客统—1
客　运　记　录
第　01　号</td></tr>
<tr><td colspan="2">记录事由：向车站移交危险品</td></tr>
<tr><td colspan="2">广州北站：</td></tr>
<tr><td colspan="2">本次列车发现无人认领汽油一罐(2 kg)。现交贵站处理。</td></tr>
<tr><td colspan="2"></td></tr>
<tr><td>注：
1. 站、车需要编制记录时均适用。
2. 本记录不能作为乘车凭证。</td><td>广州 站/段 编制人员　K326 次列车长　(印)
站/段 签收人员　(印)</td></tr>
<tr><td colspan="2">××××年6月11日编制</td></tr>
</table>

三、铁路电报

铁路电报是铁路部门之间处理铁路紧急公务的通信工具。

(一)铁路电报的等级

铁路电报的等级按电报的性质和急缓程度分为以下六种：

(1)特急电报(T)，指非常紧急的命令、指示，处理重大、大事故、人身伤亡事故、重大灾害及敌情的电报。

(2)急报(J)，指铁路总公司、铁路总公司所属公司、铁路局的紧急命令、指示，时间紧迫的会议通知、列车改点、变更到站和收货人、车辆甩挂、超限货物运行及行车设备施工、停用、开通、限速的电报、国际公务电报及其他时间紧迫的电报。

(3)限时电报(X)，指限定时间到达的电报。根据需要与可能，由用户与电报所商定，在附注栏内填记送交收电单位的时间，如限时 8:30，应写“XS8:30”。

(4)列车电报(L)，指处理列车业务，必须在列车到达以前或在列车到达当时送交用户的电报。

(5)银行汇款电报(K)，指银行办理铁路汇款业务，按急报处理。

(6)普通电报(P)，指上述五类以外的电报。

(二)发报权限、范围和内容限制

1. 发报权限

原铁道部铁电务[1991]130 号文件规定，下列铁路单位和单位负责人(包括同级政工部门)有权拍发电报：

(1)铁路总公司、铁路总公司所属公司、局及其他铁路总公司所属单位(包括铁路总公司内各局、司，局、院各处及同级单位)。

(2)基层单位的站、段、厂、场、院、校、队、所及同级单位和铁路总公司、铁路局的驻在单位。

(3)出差和执行各项列车乘务工作的负责人员。

(4)与运输有直接关系的基层单位所属部门需要拍发电报时，由铁路局批准。

2. 发报范围

拍发电报只限向全路有线电报通信网能够通达的范围内：

(1)铁路总公司(包括部内各局级单位)及直属单位发报范围不限。

(2)铁路总公司所属单位可发至全路各同级单位,但不得发全路各站段。

(3)其他单位只能发至本局和外局有关单位。

(4)基层单位不得向所属车间、工区、班组拍发电报。特殊情况需要拍发时,由铁路局批准。

(5)发给路外单位和铁路出差、乘务人员的电报,必须指定能够代其负责收转的铁路单位,但不得指定电报所。

3. 电报内容限制

拍发电报时,电文涉及的事项必须是工作范围的内容。如遇下列情况,不准拍发电报:

(1)处理个人私事(由组织领导上处理个人问题不在此限)的电报。

(2)已经有文电的重复通知。

(3)挑战书、应战书、倡议书、感谢信的电报。

(4)公用乘车证丢失声明的电报。

(5)由于工作不协调,互相申告(执行列车乘务工作的负责人,在列车运行中向上级领导汇报列车运行中发生的问题不在此限)的电报。

(6)报捷、祝贺、吊唁(铁路局及以上单位或负责人不在此限)的电报。

(7)推销产品、书刊及广告类的电报。

执行列车乘务工作的负责人,在同一区段内,不得重复拍发同一内容的电报。

4. 使用铁路电报注意事项

拍发电报必须使用铁路电报纸。

编拟电报稿应使用规定的文字、符号、记号(即汉字及标点符号,汉语拼音字母,阿拉伯数字,规定有电报符号的记号和能用标准电码本译成四码的记号和字母),收电单位明确,电文通顺,文字力求简练,标点符号完整,字体清晰,并在原稿上填写拟稿人姓名和电话号码。

电报稿左上角应有收、抄报单位,右下角有发报单位本部门电报编号、日期,并应加盖公章、名章或签字。

四、铁路电报的拍发范围

(一)列车电报拍发范围

旅客列车遇有下述情况时,列车长应拍发电报:

(1)因误售、误购车票而误运行李,行李又未在本列车装运,列车通知原到站向正当到站转运时。

(2)列车超员,通知有关部门和前方停车站采取控制客流措施时。

(3)列车行包满载,通知前方有关停车营业站停止装运行包时。

(4)遇有特殊情况,列车途中发生餐料不足,通知前方列车(客运)段补充餐料时。

(5)餐车电冰箱发生故障,通知前方列车(客运)段或车站协助加冰时。

(6)列车在中途站因车辆发生故障甩车或空调车发生故障不能修复,通知前方各停车站并汇报有关上级部门时。

(7)列车广播设备中途发生故障,通知前方广播工区派员前来处理时。

(8)专运等列车在中途站临时需要补燃料(煤、油等),通知前方列车段或客运段补充时。

(9)列车运行中因发生意外伤害,招致旅客重伤或死亡,应立即向有关铁路局、车务段(中心站)拍发事故速报时。

(10)列车发生或发现重大行包事故后,应立即向中国铁路总公司和有关铁路局拍发事故速报时。

(11)站、车之间办理行李、包裹交接时,接受方未按规定签收,但双方对装卸的件数、包装等情况产生异议,向当事站拍发电报声明时。

(12)列车内发生运输收入现金、客票票据丢失、被盗和短少等事故,向路局收入部门和公安部门报案,通知有关单位协助查扣时。

(13)列车发生爆炸、火灾及重大刑事案件等突发事件,须迅速报告上级部门处理时。

(14)列车上发生旅客食物中毒,向所属铁路局或前方铁路疾控所报告时。

(15)遇其他紧急情况,需要迅速报告时。

【例 2-41】2013 年 6 月 5 日广州至上海南 T170 次鹰潭开车严重超员(实际定员 576,现车内人数 1 020。其中上饶下车 22 人,衢州下车 26 人,金华下车 34 人,杭州下车 138 人,上海下车 800 人),请各站按固定票额掌握售票。

【解】T170 次列车长编制的客运记录见表 2-8。

表 2-8 铁 路 电 报

铁 路 电 报						
发报所	电报号码	等 级	词 数	日	时 分	附 注
主送:T170 次上饶至上海间各站						
抄送:中国铁路总公司运输局,客调、广州、南昌、上海局客运处,广州客运段						
6 月 5 日过鹰潭 T170 次列车超员严重,破座实际定员 576 人,现车内人数 1 020 人(其中上饶 22 人,衢州 26 人,金华 34 人,杭州 138 人,上海 800 人),请各站按固定票额掌握售票,以确保列车安全正点。						
上广 5 组(2013)第 389 号						
T170 次列车长印						
2013 年 6 月 5 日于鹰潭						

(二)车站拍发铁路电报范围

(1)车站发现少收票款时。

(2)到站发现少收票款时。

(3)线路中断列车停止运行后,向上级汇报时。

(4)因发生意外伤害,招致旅客重伤或死亡时。

(5)发生票货分离、票货不符,需查找下落时。

(6)发生票货分离、顶件运输,需声明纠正时。

(7)行李、包裹装运后,托运人要求变更到站时。

(8)行李、包裹装运后,托运人要求运回发站取消托运时。

(9)中途站发现行李、包裹中有国家禁止或限制运输的物品和危险品时。

(10)到站发现伪报一般货物品名时。

(11)到站发现重量不符,补收运费差额后,发电报通知发站和主管铁路局收入部门时。

(12)到站发现重量不符,退还运费差额后,发电报通知发站和主管铁路局收入部门时。

(13)站、车对装卸的行李、包裹,因故未办理交接手续时。

(14)到站查询逾期未到的行李、包裹时。

(15)车站对查询逾期行李、包裹电报的复电。

(16)列车遇特殊情况在中途站向车站借票时,列车长应与车站办理借票手续,出借票据的车站应发电报向有关收入部门、站段报告借票情况时。

【例2－42】2005年3月22日,长沙客运段值乘的长沙开往广州的××次列车在××站停车时,8号车厢YZ20851,因旅客××携带的打火纸被挤撞后发生爆炸起火,火势迅速蔓延。经站、车工作人员和当地消防部门奋力扑救,40 min后大火才被扑灭,造成8号车厢被烧毁,旅客死亡22人,受伤30人的重大事故。车站和当地政府迅速将受伤旅客送往××市各医院组织抢救。列车如何拍发速报?

【解】列车长编制的客运记录见表2－9。

表2－9　铁路电报

铁路电报						
发报所	电报号码	等级	词数	日	时分	附注
主送:广州局客运营销处、客调、安监室、公安处、长沙客运段、乘警队						
抄送:铁道部运输局,安监司、公安局						
2005年3月22日,长沙开往广州的××次列车在××站停车时,8号车厢YZ20851突然爆炸起火。经我车乘务人员、车站工作人员和当地消防部门奋力扑救,但因火势蔓延迅速、车内严重超员,40分钟后才把大火扑灭。造成该车厢被烧毁,旅客22人当场死亡30人受伤的重大事故。受伤旅客已被车站和当地政府送往××市各医院组织抢救治疗。经初步调查,肇事原因系在长沙站上车一名无票旅客违章携带爆炸物所致。特电告知。						
长广5组(2005)第389号						
××次列车长印						
2005年3月22日于××站						

【引导案例分析】

T169次列车长编制的客运记录见表2－10。

表2－10　客运记录

广州铁路(集团)公司　　客统—1 客　运　记　录 第　01　号
记录事由:卧铺未使用,到站退款
广州站:
××××年6月11日T169次在上海南开车后旅客方明持上海南至广州硬座特快卧联合票一张票号A667788(中铺)要求使用卧铺,由于卧铺发售重号,列车全部满员,无法安排,请贵站按章处理。
注: 1. 站、车需要编制记录时均适用。　　广州 站段　编制人员　T169 次列车长　(印) 2. 本记录不能作为乘车凭证。　　站段　签收人员　(印) ××××年6月11日编制

技能演练

1. 实训项目

规章运用。

2. 实训内容

客运值班员、列车值班员、售票值班员业务。

3. 实训要求

(1)正确掌握代用票的填写方法。

(2)正确判断不符合乘车条件产生的主客观原因并熟练掌握处理方法。

(3)掌握丢失车票的种类并能够正确地处理丢失车票以及误售、误购、误乘的特殊问题。

(4)正确处理旅客责任和铁路责任退票。

(5)了解客运记录和铁路电报的用途,正确编制客运记录及铁路电报。

(6)正确判断旅客携带品是否违章并掌握处理方法;能够熟练解决变座、变铺、变径、变更列车等级、分乘、越站等问题。

(7)填写各类票据。

4. 实训报告要求

(1)办理每一项作业时,必须说明规章的第几条、第几款及其他根据。

(2)列明计算过程。

(3)正确填写各种票据。

(4)要做到标准化,文字必须工整,票据不能涂改。

复习思考题

1. 车票的发售条件是怎样规定的?

2. 旅客乘车条件是什么?如何办理车票签证?

3. 车票有效期是怎样确定的?什么情况下可延长车票有效期?车票有效期失效如何处理?

4. 旅客发生误购(误售)车票、误乘列车及丢失车票时,应如何处理?

5. 车票的查验是怎样规定的?

6. 退票和旅行变更如何处理?

7. 持用铁路乘车证乘车时有哪些规定?

8. 何谓违章使用铁路乘车证?站车发现违章使用时应如何处理?

9. 旅客携带品的范围是怎么规定的?超过规定范围违章携带时如何处理?

10. 旅客携带品的暂存有哪些规定?旅客遗留携带品(即遗失物品)如何处置?

11. 铁路电报的的等级有哪些?

12. 铁路车站、列车编写客运记录的范围分别有哪些?

模块三　旅客运输计划编制

内容一　旅客运输计划概述

【知识目标】

(1)了解客流的形成及分类,旅客列车分类及车次编定。

(2)掌握客流调查范围和方法,客运量预测及客流计划的编制。

【技能目标】

(1)能根据列车代码看出列车种类及性质。

(2)会利用客流预测方法进行客流预测。

【引导案例】

某地区国民平均收入及乘车系数的数据见表3-1。

表3-1　某地区国民平均收入和乘车系数资料

年　份	国民平均收入(元/人)	乘车系数		
		客运发送量(万人)	人口(万人)	系　数
1	201	1301.3	3402	0.383
2	221	1586.9	3470	0.457
3	224	1794.9	3538	0.507
4	274	1922.4	3613	0.532
5	310	2041.3	3684	0.554
6	317	2123.7	3733	0.569
7	338.5	2278.6	3806	0.599

如何确定回归直线方程计算表？试用回归分析法(相关因素法)确定引导案例的二元线性回归方程？

【思　　考】

(1)客流是怎样形成的?

(2)旅客列车的如何分类及其车次如何确定?

旅客运输计划是铁路运输计划的主要内容之一,是整个国民经济计划的重要组成部分,它不仅是确定旅客列车对数和客运机车车辆需要数的基础,也是确定客运设备、客运机车车辆修造计划以及客运运营支出计划的重要依据,同时也是铁路旅客运输组织工作的前提,从而保证旅客安全、迅速、准确、便利、舒适地旅行。因此,质量良好地编制旅客运输计划有着重要的意义。

一、旅客运输计划的种类及特点

旅客运输计划，根据执行期间的不同，可分为下列三种：

1. 长远计划

长远计划一般为5年、10年或更长时期的规划，它是铁路旅客运输的发展计划，通常根据国民经济计划期间（如五年计划）进行编制，主要是规定旅客运输的发展方向、技术政策、速度、重量及有关的主要指标。

2. 年度计划

年度计划根据长远计划，结合年度具体情况编制，是旅客运输的任务计划。

它是确定旅客列车行车量和客运机车车辆需要量以及客运设备改建、扩建的主要依据。在年度计划中，一般还包括季度的分配数字。

3. 日常计划

日常计划是根据年度计划任务，考虑假期、季节及日常波动情况而编制的，是指导日常旅客运输的工作计划。在日常计划中，还根据各站所提报的日计划，按照各次旅客列车的运输能力，对各站、各区段的客流，进行统一平衡和调整，以保证旅客运输任务的完成和旅客列车容量的充分利用。

旅客运输计划，按其组织形式又可分为客流计划、技术计划、日常计划三种。

旅客运输计划与货物运输计划相比较，具有以下特点：

（1）计划期内人们提出的旅行需要，运输部门不能拒绝，不能延期或提前，必须及时满足。

（2）旅客要求的乘车径路和到达地，不能像货流那样可以在全国范围内根据产销合理联系的原则进行调整。

（3）铁路输送旅客的能力及客运机车车辆的工作量决定于旅客运输计划的时间并不一致，从而增加了综合平衡的复杂性。

（4）作为铁路运输主要产品之一的旅客运输（即人的位移），对质量的要求比货物运输更高更严。

二、客流和旅客列车分类

（一）客流的形成及分类

1. 客流的形成

客流是指铁路某一方向上、一定时间内旅客的流量和流向，它由旅客运输的数量、行程和方向构成。在我国，客流主要由广大人民在政治上、生产上和生活上的旅行需要所形成的。

2. 客流的分类

铁路为了合理地组织旅客运输和确定旅客列车的运行区段和种类，按旅客的乘车距离和铁路局管辖范围，一般将客流分为以下两种：

（1）直通客流，指旅客乘车距离跨及两个及其以上铁路局的。

（2）管内客流，指旅客乘车距离在一个铁路局范围以内的。

（二）旅客列车分类及列车车次

1. 旅客列车分类

对客流的不同需求和铁路线路等技术设备条件，铁路开行了不同种类、不同等级的列车。

目前,旅客列车分为以下几种:

(1)动车组旅客列车。动车组旅客列车(简称“动车组”),是2007年4月18日以后开发的新型快速客运产品,采用CRH系列动车组车底,运行速度在200 km/h及以上。随着近年来中国高速铁路几大客运专线的全线贯通,中国迎来了真正的高铁时代,动车组不仅在大城市间开行,许多中小城市也开行了动车组,逐步实现动车组的全覆盖。

(2)直达特快旅客列车。这种列车采用先进的庞巴迪和25 T型客车,车内设备、服务水准一流,最高运行时速达160 km,途中一站不停或仅在省会城市所在站办理客运业务,主要安排在客流较大的城市所在站始发、终到,实现大城市间旅客快捷运输。

(3)特快旅客列车。这种列车也是目前国内速度较高、车内设备完善、服务质量较好的列车,在首都与各大城市及国际之间开行。有国际和国内两种特快旅客列车,国内特快又分为跨局特快和管内特快。特快列车停站少,运行速度和直通速度都较其他旅客列车高。

(4)快速旅客列车。这种列车目前在京沪、京广、京哈、陇海等经过技术改造后具有提速条件的线路上开行,其中在相距1000~1500 km的大城市间开行了多对夕发朝至的快速列车,受到旅客极大欢迎。

(5)普通旅客快车。这种列车分为跨局及管内两种普通快车,比特快、快速旅客列车慢,编组辆数和停站次数较多,运行于各大、中城市之间。

(6)普通旅客慢车。这种列车分为跨局及管内两种普通旅客慢车,编组辆数多,定员多,速度较低,在营业站均有停点。

(7)临时旅客列车。这种列车是为了适应客运市场需求而临时开行的旅客列车。临客一般根据客流需要设置停站和开行区段,尽量减少旅客中转次数。

(8)临时旅游列车。这种列车在名胜古迹、游览胜地所在站和大、中城市间开行,用于输送旅游观光旅客。旅游列车的速度、服务和设备都优于其他旅客列车。

(9)回送客车底列车。这种列车是把客车配属站的空客车底事先调送至异地的列车始发站待用或把旅客运送至目的地后,将空客车底回送至原客车的配属站而运行的列车。

(10)因故折返旅客列车。这种列车是由于前方设备故障原因,致使旅客列车不能继续运行,而不得已按原路返回的旅客列车。

除上述旅客列车外,旅客运输企业可根据旅客旅行的多元化需求,还可开行其他形式的旅客列车。

2. 旅客列车车次

全国有几千对各种不同种类、性质的旅客列车运行在全国各条线路上。为了便于旅客能区别各种旅客列车的性质和种类,同时,考虑到铁路行车部门组织列车运行和进行作业的需要铁路部门把各种旅客列车按其性质、种类和运行方向用一定数字编定车次,列车车次编排仅限于使用大写汉语拼音字母和阿拉伯数字。所以,车次是某一列车的简明代号,它能表示:列车的种类——是客车还是货车,如系客车还可判明是直通的还是管内的;列车的等级——是快车还是慢车,如系快车还可区分是特快、快速、普快等;列车的去向——是上行还是下行,在我国以向首都北京、支线向干线或指定方向为上行,车次编定为双数,反之为下行,车次编定为单数。

目前采用的车次代码方案为:临时、行包列车由1~3位数字组成,其他列车由一位字母和1~4位数字组成(但回送客车底列车、因故折返旅客列车除外),旅客列车车次编定见表3-2。

表 3－2　旅客列车车次表

类别顺号	列车种类		车　次
1	高速动车组旅客列车	跨局	G1～G5998（G5001～G5998为临客预留）
		管内	G6001～G9998（G9001～G9998为临客预留）
2	城际动车组旅客列车	跨局	C1～C1998
		管内	C2001～C9998（C9001～C9998为临客预留）
3	动车组旅客列车	跨局	D1～D3998（D3001～D3998为临客预留）
		管内	D4001～D9998（D9001～D9998为临客预留）
4	直达特快旅客列车	跨局	Z1～Z9998（Z4001～Z4998为临客预留）
5	特快旅客列车	跨局	T1～T4998（T4001～T4998为临客预留）
		管内	T5001～T9998（T9001～T9998为临客预留）
6	快速旅客列车	跨局	K1～K6998（K6001～K6998为临客预留）
		管内	K7001～K9998（K9001～K9998为临客预留）
7	普通旅客快车	跨三局及其以上	1001～1998（1901～1998为临客预留）
		跨两局	2001～3998（3901～3998为临客预留）
		管内	4001～5998
8	普通旅客慢车	跨局	6001～6198
		管内	6201～7598

类别顺号	列车种类		车　次
9	临时旅客列车	跨局	L1～L6998
		管内	L7001～L9998
10	通勤列车	管内	7601～8998
11	动车组检测、确认列车	时速300 km检测列车	DJ1～DJ2000
		时速250 km检测列车	DJ2001～DJ3000
		动车组确认列车	DJ5001～DJ9000
12	动车组试运行列车	运行标尺按300 km及以上	SG1～SG2000
		运行标尺按250 km及以下	SD2001～SD4000
13	临时旅游列车	跨局	Y1～Y498
		管内	Y501～Y998
14	回送出入厂客车底列车	回送动车组车底	001～00298
		回送普速客车底	00301～00498
15	回送图定客车底		在车次前冠以“0”
16	因故折返旅客列车		原车次冠以“F”

三、客流的组成规律及其主要特点

(一)客流组成规律

1. 从旅客组成分析

随着我国工业的发展，特别是乡镇工业与第三产业的兴起，反映在我国铁路的旅客组成上，工人旅客占很大比重。根据有关部门组织对旅客列车进行抽样调查分析，所有旅客中工人、农民、干部人数占前3位，分别占30.9%、19.3%和15.9%，由于列车编组、运输价格、旅客需求及旅客经济承受能力不同，造成了不同等级的列车旅客成分不同。等级较高的快速、旅游列车中干部、工人较多，管内快车、管内慢车旅客中农民相对增多，见表3-3。

表3-3　旅客组成调查分析表(%)

职别＼列车种类	快速列车	旅游列车	特别快车	直通快车	直通列车	管内特快	管内快车	管内慢车	综合
工人	23.1	31.4	27.7	27.1	32.0	28.5	32.4	36.2	30.9
农民	3.9	7.4	15.2	18.5	20.5	16.4	24.4	23.4	19.3
军人	4.7	3.6	7.4	5.1	3.3	7.2	4.0	3.4	4.8
干部	39.2	21.7	21.8	19.6	10.4	18.0	11.9	8.8	15.9
教师	6.3	6.1	5.3	3.7	3.3	5.7	4.0	3.9	4.3
学生	4.6	5.6	5.5	4.5	14.2	6.1	6.8	8.8	6.5
铁路家属	1.1	2.0	3.2	2.4	11.4	2.7	3.5	6.2	3.8
民工	1.7	2.7	4.4	6.9	1.9	5.6	5.2	3.3	4.8
其他	15.4	19.5	9.5	12.2	3.0	9.8	7.8	6.0	9.7
合计	100	100	100	100	100	100	100	100	100

随着我国经济建设的发展及经济体制改革的深化，客流的组成也将发生一定的变化。

2. 从旅行目的分析

根据全路抽样调查，目前我国客流的表现，在一些城市和工业区所在地的车站以出差、探亲客流占多数；而在一些中、小城镇，一般农业地区所在地的车站以集市贸易、购售物品的客流亦占一定比重；至于参观游览的客流，则多出现在大城市及风景区所在地的车站，其比重见表3-4。

表3-4　旅行目的比重表

旅行别＼项目	占总调查人数的比重(%)	旅行别＼项目	占总调查人数的比重(%)
开会、出差	34.5	探亲、访友	22.8
参观、游览	8.7	其他	17.4
购、售物品	16.6	合计	100

3. 从客流性质分析

根据我国历年统计资料，在每年完成的总客运量中，管内客流比重最大，占60%～70%，这与我国是个农业大国的性质分不开的。我国农民旅客在总客流量中占相当大的比重，而农民旅客一般活动范围较小，旅行距离较短，故反映在客流性质上，管内客流比重也就最大。近几年来直通客流的比重增长很快，而市郊客流的比重逐年下降，这与城市公共交通工具迅速发展有着直接关系。历年来我国铁路客运发送量组成比例见表3-5。

表 3-5　历年我国铁路客运发送量组成比例表

年　份	全年发送（万人）	组成比重(%)			全国人口（万人）	乘车率
		直　通	管　内	市　郊		
1949 年	10297	—	—	—	54167	0.19
1952 年	16352	11.9	88.1	—	57482	0.28
1957 年	31262	10.1	63.0	26.9	64653	0.48
1962 年	74067	11.1	75.5	13.4	67295	1.1
1965 年	40708	8.4	71.6	20.0	72538	0.56
1970 年	51646	11.4	70.0	18.6	82992	0.63
1975 年	69648	10.2	66.4	23.4	92420	0.76
1980 年	91246	11.4	67.2	21.4	98705	0.93
1981 年	94239	11.7	67.9	20.4	100072	0.95
1982 年	98888	12.0	66.9	21.1	101654	0.97
1983 年	104946	9.4	70.4	20.2	103008	1.02
1984 年	112265	9.5	72.5	18.0	104357	1.08
1985 年	110913	11.6	73.3	15.1	105851	1.06
1986 年	107358	12.7	72.9	14.4	107507	1.02
1987 年	111414	13.6	72.8	13.6	109300	1.03
1988 年	121595	14.3	72.2	13.5	111026	1.11
1989 年	112798	14.3	71.8	13.9	112704	1.02
1990 年	94888	14.8	70.9	14.3	114333	0.83
1991 年	94208	16.3	70.9	12.8	115823	0.81
1992 年	98788	17.4	70.5	12.1	117171	0.84
1993 年	104580	18.0	70.7	11.3	118517	0.88
1994 年	108009	18.1	71.0	10.9	119850	0.90
1995 年	102081	18.7	70.5	10.8	121121	0.84
1996 年	93551	21.3	69.2	9.5	122389	0.76
1997 年	91919	23.9	69.1	7.0	123626	0.74
1998 年	92991	24.8	69.2	6.0	124810	0.74
1999 年	97725	26.0	68.9	5.1	125909	0.78
2000 年	101847	28.7	66.89	4.4	126583	0.80
2001 年	101680	27.2	68.2	4.6	127627	0.80
2002 年	101741	30.1	68.4	4.5	128453	0.79
2003 年	103260	31.2	64.4	4.4	129227	0.80
2004 年	111764	31.8	63.8	4.4	129988	0.86
2005 年	115583	32.0	63.8	4.2	130756	0.88
2006 年	125656	32.1	63.9	4.0	131448	0.96
2007 年	131704	32.5	63.7	3.8	132129	1.00
2008 年	146193	33.1	63.2	3.7	132802	1.10

续上表

年　份	全年发送（万人）	组成比重（%）			全国人口（万人）	乘车率
		直　通	管　内	市　郊		
2009 年	152 451	33.4	63.2	3.4	133 450	1.14
2010 年	167 609	33.2	63.6	3.2	134 091	1.25
2011 年	186 226	33.8	61.9	4.3	134 735	1.38
2012 年	189 337	33.8	61.8	4.4	135 404	1.40

(二)客流主要特点

1. 客流增长迅速

1949 年全路旅客发送量为 10 297 万人，而 2012 年年已高达 189 337 万人，增长了 18 倍多，其原因是：农村经济结构发生变化，城镇经济发展，城乡交流活跃，集市贸易开放，新兴工业的建立，人民物质文化水平的提高，人们出行次数的增多以及国际交往频繁等。

2. 客流波动性大

客流在时间上的不均衡表现在假期、节日和市郊旅客上下班时间最为明显。

客流在时间上的不均衡程度，可用波动系数表示：

$$K_{波} = A_{发}^{时段} / A_{发}^{平均}$$

式中　$K_{波}$——波动系数；

$A_{发}^{时段}$——某时段(月、季)旅客发送人数；

$A_{发}^{平均}$——分析期间平均旅客发送人数。

为分析客流在全年各月、季的波动情况，可将旅客发送人数求出波动系数，绘制客流波动示意图，如图 3－1 所示。

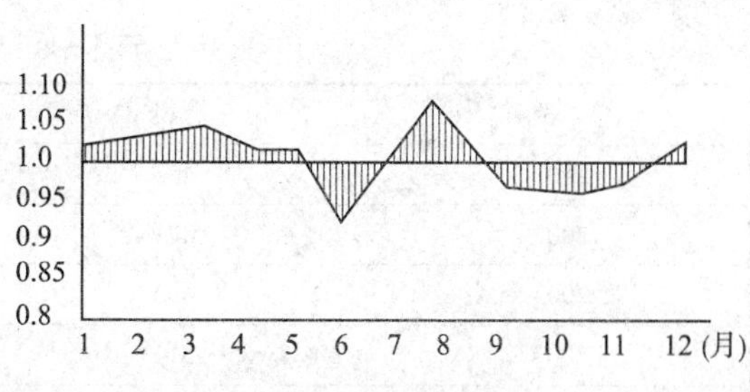

图 3－1　客流波动示意图

从图 3－1 可看出，客流在一年里最大的是春运及暑期运输。春运以春节为中心，前后一次高峰，并延续 40 d 左右。这时也是农闲季节，探亲访友、购物、农贸集市十分活跃，加之学生放寒假，更加大了客流量。暑期运输以八月份为中心的时间段，这时学校开始放暑假，同时又是旅游旺季，因此形成客流高峰。一年里六月份客流量最小月，这时正是农忙季节，沿线农村客流大大下降，成为客流的低谷。

缓和客流在时间上的不均衡性比较困难，因为旅客对运输的需求是有时间性的，为了满足客流波动高峰时的要求，必须建立一定的后备客运能力。

3. 客流分布不均衡

我国铁路客流主要分布在经济比较发达、路网密度较大、人口比较稠密的东北、华北、华东和中南地区。除了人口、经济、文化的发达程度等因素外，不同运输方式的分工与铁路网的密度，对铁路客流的地区分布有着重大影响。华北、华东地区铁路旅客运输量在全路中的比重远低于东北地区。这两个地区公路和水运分担的客流量较大是一个很重要的原因。东北地区人口不到全国人口的 10%，但由于铁路发达，旅客运输量在全路占有的比重长期保持在 40% 左右。铁路网的发展对改变客流的地区分布最明显是西南和西北地区。建国以来，西南、西北地区的旅客运输量在全路占有的比重，有着明显的增长。

客流在方向上的分布与它在地区上的分布有一定的联系，因为客流并不全都是在它的发生地区内消失。旅客运输量大的地区，它们之间的交流也最频繁。东北、华北、华东、中南地区旅客运输量的比重大于西北、西南地区，因而南北各区之间的旅客交流量大于东西地区之间的交流量。

客流在方向上的不均衡程度，可用回运系数表示。它是客流较小方向上的客流密度与同一线路客流较大方向客流密度的比值，即：

$$回送系数=\frac{同一线路上客流较小方向的客流密度}{同一线路上客流较大方向的客流密度}$$

由于绝大多数旅客是在定点间往返乘车，所以不同线路年度的回运系数相差不大，上下行方向的客流密度大致相等。旅客在定点间的往返，形成旅客列车定点循环的组织特点。

4. 客流行程比较短

全路旅客平均行程短于货物平均运程，这是在各类客流中，管内客流与市郊客流占有的比重最大之故。

近几年来，全路旅客的平均行程比过去有所延长，旅客周转量平均每年的增长速度略高于旅客运输量。客流行程延长比较明显的是管内客流，市郊客流平均行程增长微弱。直通客流的平均行程，20 世纪 70 年代中期曾一度下降，进入 80 年代开始逐渐回升。铁路网的扩大，高速铁路的发展，边远地区的开发，公路旅客运输的发展，都是影响铁路旅客平均行程延长的因素。但在另一方面，我国一些大城市人口高度密集，铁路市郊运输将会有些增长以及航空运输的日益发展，又将影响铁路旅客平均行程的缩短。为此，今后铁路旅客平均行程的变化，将取决于这两方面因素的增减（旅客平均运距数据见表 3 – 6）。

表 3 – 6　旅客平均运距

年份	里程(km)	年份	里程(km)
2001	453	2007	532
2002	471	2008	532
2003	492	2009	517
2004	511	2010	523
2005	524	2011	516
2006	527	2012	518

因此，只有不断地分析研究历年客流统计资料，进行客流调查，才能正确地掌握客流的特点及其规律性，为编制质量良好的旅客运输计划奠定基础。

四、客运量预测

客运量预测是编制旅客运输计划不可缺少的前期步骤。预测方法根据资料来源基本上可以分为客流调查和统计分析两大类。各种预测方法无论其是否同类，都不是互相排斥的，而是可以结合运用、互相验证、互为补充的。

（一）客流调查

客流是运输组织工作的基础，是编制旅客运输计划的依据，而摸清客流又是一项比较复杂的工作,因为大部分客流是基于个人旅行需要而自然形成的,但它又受一系列社会因素的影响。因此,客流调查以影响客流发展与变化的主要因素为对象。同时,要确切地掌握一定时期的客流数量和客流变化规律。

1. 影响客流变化的主要因素

(1)社会政治、经济、文化的发展变化。

(2)国家或地区一定时期内方针政策的变化。

(3)生产力布局的变化,经济区的开发,地方工业及乡镇企业的兴办和发展。

(4)人口的自然增长。

(5)人文、民俗及国家和地区性的大型团体活动。

(6)现有铁路的技术改造,新线的修建,客流吸引范围的扩大或缩小。

(7)各种交通运输工具的发展和分工情况。

(8)不同交通工具客运票价的变化。

(9)自然灾害和季节、气候变化。

(10)旅游业的发展变化。

这些因素对铁路旅客运输量的增减变化影响极为显著。例如,城市人口的增加,广大人民群众物质文化生活水平的提高,铁路客运设备的不断改善和方便旅客乘车旅行等,都会引起客流的急剧增长。

必须指出,上述各种因素的变化,都是国民经济计划在该地区的具体体现。因此,调查、分析和运用这些资料时,首先应该研究国民经济计划的发展趋势,把握和领会党和国家在一定时期制定经济计划的原则和在各地区进行经济建设的方针意图。以此作根据,再进行具体资料的分析,才有可能使客流调查工作做得更好,更符合客观实际。

2. 客流调查的范围

客流调查的范围,是铁路沿线的吸引区。吸引区分直接吸引区和间接吸引区两种。直接吸引区是指车站所在地及其附近地区被车站直接吸引的城市和居民点的总区域。这个区域可用垂直平分法划出大致范围,如图 3－2 所示。

D 站的几何吸引范围是 *GHIF* 实线包围的地区。间接吸引区是指车站直接吸引范围以外,由其他交通工具的联系而被间接吸引的较远地区的城市和居民点的总体区域。一般按最短通路原则划定。

3. 客流调查的方法

客流调查分为综合调查、节假日调查和日常调查三种。

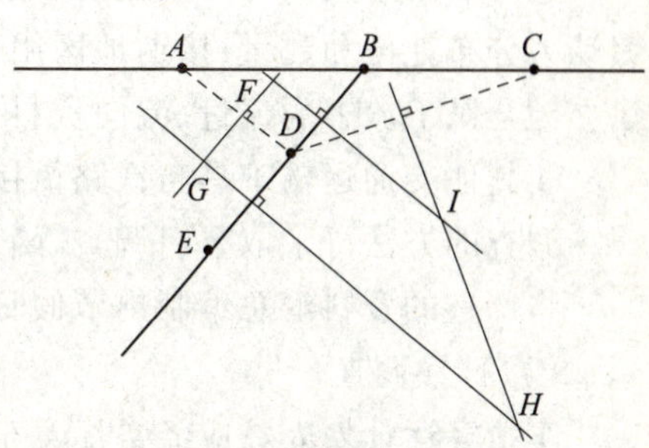

图 3－2　直接吸引区示意图

(1)综合调查

综合调查一般每两年进行一次。调查的目的是摸清车站吸引区的政治、经济、文化和人民生活情况,了解影响铁路客运量增长变化的各种因素以及对客运工作客观要求,作为制定长期规划、年度计划及改进客运设备的主要依据和日常客运组织工作的基础。

调查内容有:

①吸引地区的一般情况。地区的自然条件(位置、地形、气候等);行政区域的划分;城市、农村人口的分布和增长情况;工矿企业、机关学校的分布和发展情况;工矿企业生产水平及与

外地在供销上的联系；农业生产和劳动力的安排及有组织的或自发的劳动力外出情况；文教、卫生事业的发展和名胜古迹、医院、疗养院的分布。

②直接影响客流的各项因素。吸引地区的总人数；工矿企业、机关、学校等单位的人员及家属人数，休假制度及利用铁路旅行的情况；疗养、休养处所的开放时间、床位及其周转时间；吸引范围内名胜古迹、游览胜地及历年各月的旅游人数；历年特殊客流及大批人员运输情况（应分出主要到发区段）。

③各种交通运输工具的分工情况。吸引范围内现有交通运输方式的运输能力，历年的运量及比例，客流在时间上的变化情况以及今后的发展；各种交通运输工具的运行线路，与铁路旅客列车运行时间的配合情况。

④铁路旅客运输资料。按运输类别的旅客发送、中转及到达人数，使用铁路乘车证人数，客流月间、季度的波动情况及原因；历年客流变化及到达各区段的客流量；分直通、管内和市郊的旅客列车对数、运行区段、时间及平时和客运量最大时的运能与运量的适应情况；其他与编制客流计划、组织旅客运输有关的资料。

在调查方法上，采取点面结合的方法，一方面从统计部门搜集计划和历年统计资料，一方面到基层单位或社会作实际调查，经过反复核实，就可以获得较为可靠的调查资料。然后对调查内容分科目制表并按客流分析说明汇编成车站年度客流资料。

(2) 节假日调查

节假日调查主要是对清明节、端午节、“五一”劳动节、中秋节、“十一”国庆节、元旦、春节这七大节日和暑期客流进行调查。春节、暑期运输的客流调查应在春节、暑期运输前 3 ~ 4 个月进行；其他节日主要是管内和市郊客流增长较大，一般在节日运输前 1 个月左右进行。

节假日客流调查的目的是为了安排好节日旅客运输方案以及做好各项组织工作，其中包括制定节假日期间临时旅客列车开行方案，编制节日旅客运输计划和售票、服务组织工作等。

调查的主要内容：

①重点工矿企业、政府机关团体的休假制度、社会经济活动及外地人员乘坐火车的流量和流向。

②学生客流重点调查本地区大中专学校数量，在校学生和外地学生人数，乘坐火车的流量和流向，放假和开学日期。

③民工流重点调查产生地的农业人口数量、乡镇企业发展情况和剩余劳动力数量及外出劳动力分布地区和数量；接纳地区用工部门、劳务市场已经或预计接纳的用工数量；中转站应建立健全民工旅客的流量、流向资料台账，加强分析和预测。

④其他交通运输工具与铁路衔接运能、运量的变化情况。

调查的方法可采取登门调查、函调和召集会议等方式。

将调查的资料汇总编制出节假日客流调查统计见表 3 – 7。

(3) 日常调查

车站客运计划人员应经常注意车站内和吸引地区客流情况，随时掌握旅客流量、流向的变化，找出客流受季节、气候等因素影响的规律，分析客流增减数量、变化原因和延续时间等。在调查中，特别要了解旅客的旅行目的、到达地点、返回日期及掌握市郊、周末、集市贸易、旅游、会议等方面的旅行动态。这种调查，对于编制日常旅客运输计划和安排运输工作，将起到较大作用。

调查内容可根据日常客流发生的特殊变化情况来确定。

表 3－7　××铁路局××站节假日客流调查统计表

<table>
<tr><td colspan="2">所属部门　　　　　　　　　　局（公司）单位名称</td></tr>
<tr><td colspan="2">地址：　　　　区（县）　　　　路　　　　巷（弄）　　　　号</td></tr>
<tr><td colspan="2">联系人科室：　　　　姓名：　　　　电话：</td></tr>
<tr><td colspan="2">全厂（校）人数：　　　人其中职工（教职工）　　　人（学生）　　　人　享受探亲假职工（师生）　　　人</td></tr>
<tr><td colspan="2">发薪日期：　　　日、厂（校）休日星期　　　春节假期自　　月　　日至　　月　　日止（包括调休）</td></tr>
<tr><td rowspan="5">××年春节在××乘坐交通工具</td><td>乘火车往××方向　　　人，往××方向　　　人，往××方向　　　人，小计　　　人</td></tr>
<tr><td>乘长途汽车往××方向　　　人，往××方向　　　人，往××方向　　　人，小计　　　人</td></tr>
<tr><td>乘内河轮船往××方向　　　人，往××方向　　　人，往××方向　　　人，小计　　　人</td></tr>
<tr><td>乘火车至××站转乘海轮往××方向　　　人，往××方向　　　人，小计　　　人</td></tr>
<tr><td>现有临时工使用到××年×月底的　往××方向　　　人
往××方向　　　人　小计　　　人</td></tr>
<tr><td>对铁路客运服务工作和车次时间等方面的意见、要求</td><td></td></tr>
</table>

填表单位　　　　　　填表人科室　　　　　　姓名　　　　　　电话

调查的方法，可深入售票处、候车室及列车等旅客密集的场所采用“听、看、问”或制定统一的调查登记表（表 3－8）发给旅客填写。

表 3－8　日常客流调查登记表

<table>
<tr><td>各位旅客：
为了搞好客流调查，有计划地组织旅客运输，更好地为广大旅客服务，请您协助在以下调查内容内划“○”或填写：
一、本人职业：工人、农民、军人、师生、商业、机关干部、（其他：________）
二、旅行目的：出差、开会、学习、参观、采购、游览、就医、探亲、（其他：________）
三、建议或要求：________________________________
____
____
四、本人单位：________________________________
祝您旅途愉快！
××铁路局××站
年　月</td></tr>
</table>

客流的调查工作，是由各站组织专门人员来进行的，在调查中必须紧紧依靠地方政府的领导和有关部门的密切配合，成立调查小组，实行分工负责，分片包干。

（二）统计分析方法在客运量预测中的应用

1. 统计资料来源

（1）各级客运部门掌握的日常统计资料

车站根据各次旅客列车上下车的统计资料，按日、旬、月分别车次、去向统计发送旅客及中转旅客的客流量。铁路局根据车站报告可以掌握各次列车座席利用率，有计划地组织日常运输；根据统计资料的汇总比较，可以分析客流变化的规律，作为确定计划客流的参考。为此，要求车站和客运（列车）段积累以下客流资料。

①三等以上车站积累的客流资料有：清明节、端午节、“五一”劳动节、中秋节、“十一”国庆节、元旦、春节这七大节日运输期间（春节节前 15 d，节后 25 d，其他节日前后各 5 d）分方向的管内和直通列车运能（包括临客）；管内、直通分区段上车人数以及到达、中转人数；按日、旬、月，分线别、车次、区段的上车人数以及分车次的中转、到达人数；团体旅客人数、旅行目的和发到站。

持铁路乘车证的上下车人数按上述要求单独统计。

②其他车站按日、旬、月积累日常和节假日旅客上下车人数。

③客运段积累、分析所担当列车在各停车站的上下车人数，直通旅客快车的运能（软、硬卧和硬座），规定各区段的旅客密度人数。

（2）由统计部门编制的客流统计资料

铁路局统计部门根据客票系统提供的各站售票信息、退票信息编制下列报表：

①旅客发送量及票价统计表——客报—1。该表是统计实际客流的重要资料，表明各站发送的直通、管内客流情况。

②旅客运输量及周转量统计表——客报—2。该表根据本局旅客发送资料和各局交换资料编制，表示各铁路局旅客运输数量、人公里及旅客平均行程的完成情况。

③分界站旅客输出、输入及通过人数统计表——客报—3。该表表示铁路局间旅客去向及各局间分界站输出、输入和通过旅客人数。

④区段平均旅客密度统计表——客报—4。该表是为了考核铁路营业线上各区段的旅客密度。根据本局和外局的资料，按直通、管内，分上下行方向编制站间密度，再汇总成区段平均密度表。

⑤旅客运送距离统计表——客报—5。该表按照运行距离分段统计旅客运送量和周转量，用以了解和研究旅客行程情况。

2. 各种预测方法

（1）固定比例法（乘车系数法）

$$y(\text{乘车系数}) = \frac{Y(\text{铁路客运发送量})}{N(\text{吸引区居民人数})}$$

例如，某年某站吸引地区的居民人数为 40 万人，而铁路客运发送量为 24 万人，则：

$$y = Y/N = 24\text{万}/40\text{万} = 0.6$$

y 是随着客观形势的发展不断变化的，所以必须分析研究各项因素对 y 的影响程度，从而确定计划期的 y。如上例中，计划期 $y_{\text{计}}$ 为 0.65，计划期吸引区的居民人数为 43 万人，则计划客运发送量为：

$$Y_{\text{计}} = N_{\text{计}} \cdot y_{\text{计}} = 43\text{万人} \times 0.65 = 27.95\text{万人}$$

（2）动态关系法（比例增减法）

按照各种因素的影响，推定铁路客运发送量的增长百分数。例如，某站客运发送量最近三年的增长率为 9%、10%、13%，分析计划年度各项因素预计发展情况，加以研究确定计划年度的增长百分数。某站历年增长客流的基本原因是吸引区经济建设的迅速发展。车站附近中学的建立，一批工厂的兴办，在计划期间内还将有几座大工厂投产、兴建，确定计划年度的增长百分数为 15%。如上年度客运发送量完成 24 万人，则计划年度客运发送量应为 27.6 万人，其计算公式如下：

$$Y_{\text{计}} = Y(1+\beta) = 25\text{万人} \times (1+15\%) = 27.6\text{万人}$$

式中　$Y_{计}$——计划年度客运发送量；

Y——上年度客运发送量；

β——计划年度增长百分数。

(3)回归分析法(相关因素法)

回归分析法是在定性研究的基础上，对实际调查的定量资料进行分析，找出事物发展的内部影响因素，确定出自变量与因变量以及它们之间的相互关系，形成一个回归方程，利用它来进行预测。

铁路客运发送量的基本影响因素有人口、国民平均收入等，如根据近几年统计资料的分析，它们互相间具有线性关系。

现设客运发送量为因变量 Y，人口为自变量 x_1，国民平均收入为自变量 x_2，其函数关系式为：

$$Y = f(x_1, x_2)$$

二元线性回归方程为：$Y = a + b_1x_1 + b_2x_2$

为简化计算，将人口与客运发送量相比，求出乘车系数，使二元线性回归方程简化为一元线性回归方程，即：

$$Y = a + bx$$

式中　Y——乘车系数(因变量)；

x——国民平均收入(自变量)；

a、b——回归参数。

将预测的乘车系数求出后，只要知道人口数，即可求得预测的客运发送量。

【引导案例分析】

根据表3-1数据求 a、b 参数，列表计算见表3-9。

表3-9　回归直线方程计算表

年　份	x 国民平均收入	y 乘车系数	x^2	y^2	xy
1	201	0.383	40401	0.14669	76.983
2	221	0.457	48841	0.20885	100.997
3	244	0.507	59536	0.25705	123.708
4	274	0.532	75076	0.28302	145.768
5	310	0.554	96100	0.30692	171.74
6	317	0.569	100489	0.32376	180.373
7	338.5	0.599	114582	0.3588	202.762
Σ	1905.5	3.601	535025	1.88509	1002.331
$n=7$　$\bar{x}=272.214$　$\bar{y}=0.514$					

用最小二乘法求出：

$$a = \bar{y} - b\bar{x} \tag{3-1}$$

$$b = \frac{\sum xy - \frac{\sum x \cdot \sum y}{n}}{\sum x^2 - \frac{(\sum x)^2}{n}} \tag{3-2}$$

将上述有关数据代入式(3-2)，得

$$b = 0.00135$$

代入式(3-1)，得

$$a = 0.514 - 0.00135 \times 272.214 = 0.147$$

回归方程如下：

$$y = 0.147 + 0.00135x$$

根据上式，只要有计划年度的人口和国民平均收入数据，即可求得预测的客运发送量。

内容二　旅客运输客流计划和技术计划

【知识目标】

(1)了解旅客列车运行方案图、时刻表和编组表的编制程序。

(2)掌握旅客列车车底需要数的确定方法。

【技能目标】

(1)了解直通、管内客流图的编制。

(2)会编制管内客流斜表、管内客流图。

(3)会计算管内旅客发送量、管内旅客周转量、管内旅客平均行程、营业线路客运密度等指标。

(4)掌握各区段应开行旅客列车数的确定方法。

【引导案例】

某线路有四个客流区段，其营业里程如图3-3所示。

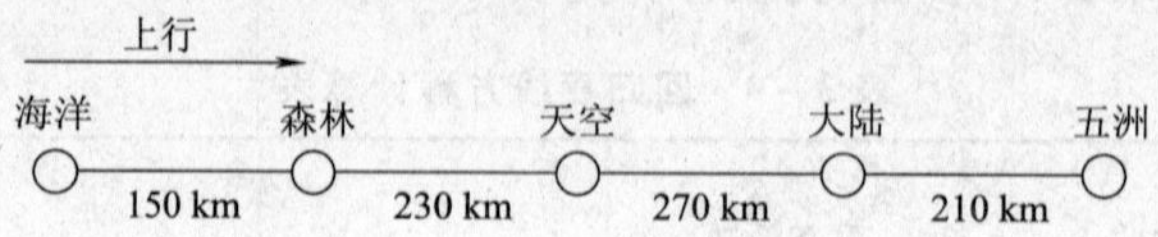

图3-3　某线路营业里程图

管内旅客发到量如下：

海洋站发送：到达森林站3461人，天空站1061人，大陆站801人，五洲站89人；

森林站发送：到达海洋站1299人，天空站2971人，大陆站1865人，五洲站1097人；

天空站发送：到达海洋站951人，森林站396人，大陆站3404人，五洲站1936人；

大陆站发送：到达海洋站1445人，森林站1355人，天空站1076人，五洲站4759人；

五洲站发送：到达海洋站2116人，森林站2022人，天空站1476人，大陆站2599人。

如何编制以上案例的管内客流斜表？如何绘制管内客流图？

【思　考】

(1)管内旅客发送量、管内旅客周转量、管内旅客平均行程、营业线路客运密度指标怎么计算？

(2)如何确定各区段应开行旅客列车数？

旅客运输客流计划是旅客运输计划的重要组成部分，它是实现旅客运输计划的技术计划，又是旅客运输能力的分配计划和旅客运输组织的工作计划。它的编制工作是在中国铁路总公司的集中统一领导下,根据客流资料,采取上下结合、集中编制的方法进行的。

旅客运输技术计划是保证质量良好地完成旅客运输任务,合理使用机车车辆和其他各种技术设备的具体生产计划。

旅客运输技术计划的编制,是一项细致而复杂的工作。为此,要求客运和其他各部门密切配合,共同努力编制出质量较高的旅客运输技术计划。

一、客流图的编制

为了对需要的旅客运输量与运输能力进行平衡,进而确定计划客运机车车辆工作量,必须编制客流图。

中国铁路总公司在下达编制客流图任务的同时,即公布全路直通客流区段(管内客流区段由铁路局自定)和规定的客流月。所谓客流月,就是中国铁路总公司指定作为统计客流的某个月份,一般情况采用客运量需求较大的月份。所谓客流区段,是指客流的到达区段,它不同于列车运行区段和机车牵引区段,其长度按客流密度的变化情况而定。凡各大城市之间,客流密度大致相同的地点,衔接几个铁路方向的大型客运站,各铁路局间的分界站,都是划分客流区段的始发和终点站。在同一客流区段内各站间有不同的客流密度时,区段客流密度应按其中最大值计算,如图 3－4 所示,其区段客流密度应为 360 人。

各个铁路局(公司)的统计部门按《铁路客货运输统计规则》的要求,提出客流月的直通、管内分区段的发送旅客流向统计资料。客运部门根据分区段的旅客流向资料,按日平均数编制客流图。

客流图分直通、管内两种。直通客流图是由一个铁路局所属各客流区段产生的客流,经过一个或几个铁路局间分界站到达他局客流区段的客流图解来表示。一般是根据统计部门提供的各直通客流区段产生的输出客流量和流向分线别和客流区段来编制。

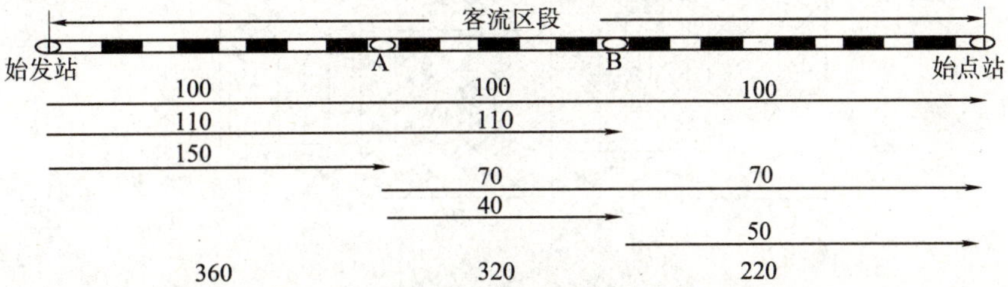

图 3－4　区段内始发和到达客流图

先作一条线的第一个客流区段产生的直通输出客流,再做该线的第二个客流区段产生的直通输出客流,一直作到分界站。把各个客流区段产生的直通输出客流按顺序填入各客流区段,即得该客流区段产生的直通输出客流与通过本客流区段输出客流的总和。这样,最后一个客流区段的直通客流也就是本线所产生的直通输出客流量,如图 3－5 所示。

图 3－5　直通输出客流图

管内客流图是由一个铁路局管内各客流区段产生,在本铁路局管内各客流区段消失的客流图解来表示。管内客流图的编制方法与直通客流图不同,一般是先作客流斜线表,后编管内客流图。管内客流斜表见表 3－10。

表 3-10　客　流　斜　表

到站 发站	距离 （km）	海洋	森林	天空	大陆	五洲	上行	下行	总计
海洋			3 461	1 061	801	89	5 412	—	5 412
森林		1 299		2 971	1 865	1 097	5 933	1 299	7 232
天空	150	951	396		3 404	1 936	5 340	1 347	6 687
大陆	230	1 445	1 355	1 076		4 759	4 759	3 876	8 635
五洲	270	2 116	2 022	1 476	2 599		—	8 213	8 213
上行	210	—	3 461	4 032	6 070	7 881			21 444
下行		5 811	3 773	2 552	2 599	—			14 735
总计		5 811	7 234	6 584	8 669	7 881	21 444	14 735	36 179

它将各大站及客流区段的发到旅客人数显示于表上。表内左边一列站名为发站，上边一行站名为到站。将发站发送的客流量按到站分列在同一行的相应栏内，表示出管内客流的流量和流向。表中斜线以上为上行，斜线以下为下行。

为使管内客流斜线表所表示的客流计划更为明显、清晰，而且便于计算旅客运输指标和确定旅客列车行驶区段与行车量，可将斜线表上的各项数字按一定的格式，用图案的形式绘制出管内客流图。同时，为了便于识别，在客流图上，对于由不同车站发送的客流，可用不同颜色或符号表示，如图 3-6 所示。

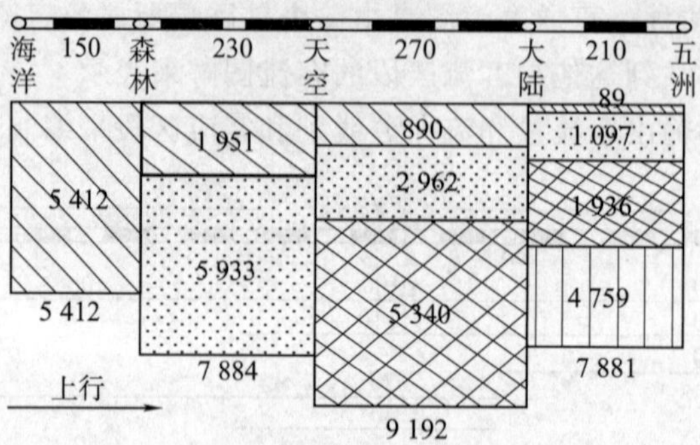

图 3-6　管内客流图

图 3-6 中，海洋站上行日均发送 5412 人，则海洋—森林区段上行客流密度为 5412 人，而森林—天空区段因到达森林站 3 461 人，则森林—天空区段的客流密度为 5 412 - 3 461 = 1 951（人），天空—大陆区段因到达天空站 1 061 人，则其客流密度为 1 951 - 1 061 = 890（人），大陆—五洲区段因到达大陆站 801 人，则其客流密度为 890 - 801 = 89（人），该 89 人通过大陆—五洲区段后到达五洲站。同理从森林站发送上行旅客为 5 933 人，到天空站 2 971 人，到大陆站1 865人，到五洲站 501 人。森林—天空为 5 933 人，天空—大陆为 2 962 人，大陆—五洲为 1097 人，各区段客流密度如图 3-6 所示。根据各站的发送和到达累计各区段客流密度如下：

海洋—森林为 5 412 人，森林—天空为 7 884 人，天空—大陆为 9 192 人，大陆—五洲为 7 881人。

下行编制方法同理。

各铁路局编好直通、管内客流图后，中国铁路总公司组织各铁路局将所编制的输出直通客流图资料进行交换,并汇总在按局别的全国铁路直通客流图上。各局根据交换的资料,计算出直通客流区段的客流密度,连同管内和市郊一起,汇总在全国铁路区段客流密度图上。然后,各局结合客流调查和统计资料,利用各种预测方法推算出计划期内客流可能的增长率或绝对数,据以编制全部客流计划。最后把计划客流密度与现行运行图规定的旅客列车能力进行比较(见表3－11),即可提出编制新的客车运行图所需的资料。

表3－11　运行图旅客密度与客车能力比较表

________局　　　　　　　　　　　　　　　　　　　　　　年　　月　　日

线路区段	方向	年　月份			年至　年计划			现行旅客列车能力				密度与能力比较			
		旅客密度	其中		旅客密度	其中		对数	总定员	其中:直通客车		与月份		与年	
			直通	管内		直通	管内			对数	定员	总计	直通	总计	直通
	上														
	下														
	上														
	下														
	上														
	下														
	上														
	下														
	上														
	下														
	上														
	下														

注:列车定员,按编组表中规定的定员计算(包括硬卧和硬座车),硬座车定员要扣除规定的儿童票数。

二、旅客运输计划指标

(一)旅客发送人数(客运发送量)

旅客发送人数是指在一定时期(日、旬、月、年)内,全路、铁路局、车站发送的旅客人数,分别按直通、管内、市郊计算,然后加总,其公式如下:

$$A_{发} = A_{发}^{直通} + A_{发}^{管内} + A_{发}^{市郊} \quad (人)$$

式中　$A_{发}$——旅客发送人数;

$A_{发}^{直通}$、$A_{发}^{管内}$、$A_{发}^{市郊}$——分别为直通、管内、市郊旅客发送人数。

$$A_{发}^{全路} = \sum A_{发}^{站} \quad (人)$$

式中　$A_{发}^{全路}$——全路旅客发送人数;

$\sum A_{发}^{站}$——全路各站旅客发送人数总和。

旅客发送人数是国家规定的旅客运输计划指标,是考核铁路完成任务情况的主要指标。

旅客人数的计算根据客运票(单)据中记载的人数计算,半价票按1人计算;往返客票按往返各1人计算;月、季票按实际乘车月份每月按往返各21人计算;直通往返客票由发送局统计部门通过直通资料交换通知返程局统计部门,将返程人数算入返程局当月发送人数;旅游专列由始发站(局)和返程站(局)各统计一次发送人数,中途停车站(局)不统计发送人数。

(二)旅客运送人数

旅客运送人数是指在一定时期内,铁路局运送的全部旅客人数,其公式如下:

$$A_{运} = A_{发} + A_{通过}^{接入} + A_{到达}^{接入} \quad (人)$$

式中 $A_{运}$——旅客运送人数;

$A_{通过}^{接入}$——接入通过的旅客人数;

$A_{到达}^{接入}$——接入到达的旅客人数。

对全路而言,除去国际联运及新建临管线接运的旅客人数外

$$A_{运} = A_{发}$$

就一个铁路局而言,$A_{发}$不能反映全部客运工作量,$A_{运}$才能反映总的旅客运输量。

(三)旅客周转量

旅客周转量是指在一定时期内,一个铁路局或全路所完成的人公里数。

旅客周转量应分别按直通、管内客流计算,然后加总,其公式如下:

$$\sum AL = A_{直通} \cdot L_{直通} + A_{管内} \cdot L_{管内} \quad (人 \cdot km)$$

式中 $\sum AL$——旅客周转量;

$A_{直通}$、$A_{管内}$——分别为直通、管内旅客运送人数;

$L_{直通}$、$L_{管内}$——分别为直通、管内运输的旅客平均行程。

旅客周转量能较全面地反映铁路旅客运输的情况,是铁路客运工作中最重要的产品产量指标,也是各铁路局间分配客运收入,计算和分析运输成本和劳动生产率的依据。

(四)旅客平均行程

旅客平均行程是指平均运送每名旅客的距离,应按直通、管内运输分别计算,然后再求得总的平均行程,其公式如下:

$$L_{平均} = \sum AL / A_{运} \quad (km)$$

式中 $L_{平均}$——平均行程。

(五)客运密度

客运密度是指一定时期内,某一区段、铁路局或全路平均每公里线路上所承担的旅客周转量,其计算公式如下:

$$\varepsilon_{客}^{区段} = AL_{区段} / L_{区段} \quad (人 \cdot km/km)$$

$$\varepsilon_{客} = \sum AL / L_{营业} \quad (人 \cdot km/km)$$

式中 $AL_{区段}$——通过该区段的旅客周转量;

$L_{区段}$——该区段客运长度;

$\varepsilon_{客}^{区段}$——区段客运密度;

$\varepsilon_{客}$——铁路局或全路的客流密度;

$L_{营业}$——营业里程。

客运密度能比较全面地反映线路客运能力的利用情况和表明铁路客运工作的强度。

三、旅客运输技术计划的编制

旅客运输技术计划以客流计划为依据,着重解决以下问题:

(1)合理地选择旅客列车的重量与速度。

(2)恰当地确定各种旅客列车的运行区段和行车量。

(3)正确地编制旅客列车运行图、时刻表和列车编组表。

(4)经济合理地确定客运机车、车辆的需要数。

(一)旅客列车的重量和速度

选择合理的旅客列车重量和速度,是旅客运输组织工作的一个重要问题。它决定着旅客列车编成的大小及旅客在旅途中的时间消耗,直接影响为旅客服务的质量和客运技术设备的使用效率。选择旅客列车重量和速度的方法为:

1. 拟定设计的直通速度

在牵引种类和机车功率一定的条件下,列车重量愈大,运行速度则愈低。确定旅客列车重量时,应以提高直通速度为主,还应考虑旅客站台和站线的有效长,并按列车的种类和等级,参照现行技术标准,分别拟定其设计直通速度。

$$v_{设直}=\frac{L_{方向}}{\sum t_{区段}+\sum t_{技站}}$$

式中　$v_{设直}$——设计直通速度;

$L_{方向}$——列车在该方向所行驶的距离;

$\sum t_{技站}$——列车在客运技术作业站的停站时分总和;

$\sum t_{区段}$——列车在各区段内旅行时间的总和,其值为:

$$\sum t_{区段}=\sum t_{运行}+\sum t_{停站}+\sum t_{起停}+\sum t_{慢行}$$

其中　$\sum t_{运行}$——区间运行时分总和,

$\sum t_{停站}$——列车在区段内停站时分总和,

$\sum t_{起停}$——起停车附加时分总和(一般不包括技术作业站的),

$\sum t_{慢行}$——慢行时分总和。

2. 修正直通速度

为方便旅客,直通旅客列车自始发站发车的最佳时刻在19:00之后,但不迟于0:00,到达终点站的最佳时刻则宜在7:00~14:00之间,如图3-7所示。

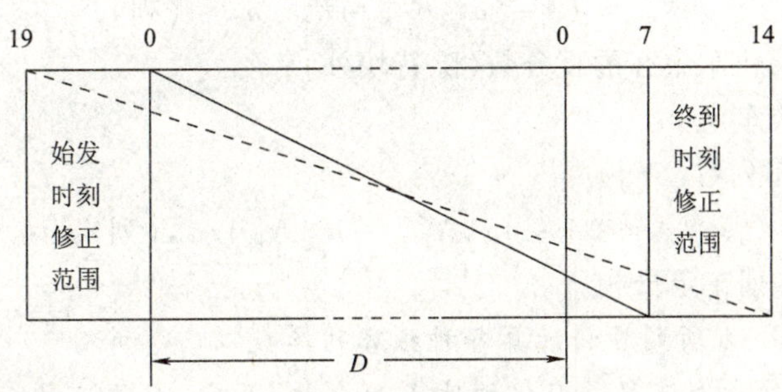

图3-7　长途直通旅客列车发、到时

据此来修正直通速度,使之规定在下列范围之内:

$$\frac{L_{方向}}{19+24D}\leqslant v_{修直}\leqslant\frac{L_{方向}}{7+24D}$$

式中 $v_{修直}$——修正直通速度；

D——途中过夜天数。

3. 确定列车重量和编组数

根据修正后的直通速度，通过牵引计算可求出列车重量理论上的允许值，再根据线路和站台的长度、加挂预留吨位、区段通过能力等因素分别列车种类和等级，最后确定列车重量和编组辆数。

（二）旅客列车的运行区段及行车量

既有线旅客列车的运行区段和行车量，基本上取决于客流计划。"按流开车"是确定旅客列车运行区段和行车量的基本原则。

在我国，铁路旅客列车的开行必须服从国家的政治、经济、文化、科技、国防的需要，加强首都与各直辖市和各省、自治区首府之间，以及各省、市、自治区主要城市之间，重点工矿之间，边疆、沿海和内地之间，城市和农村之间的联系。旅客列车的开行，必须符合大量客流的需要，同时还要有利于铁路技术设备的合理运用。

旅客列车对数确定是否合理，是衡量运行图编制质量的重要标志。列车对数定多了，浪费运能，定少了，造成旅客拥挤，所以正确地确定列车对数是一项很重要的工作。

1. 概算

$$N = A/a \text{（列）}$$

式中 A——总客流量（日均计划）；

a——列车平均定员人数；

N——列车数。

2. 公式计算法

由于旅客列车的种类和运行距离不同，要求列车的编组内容也不同，因而列车定员也就不同，所以对不同的旅客列车，应分别确定其列数。

（1）特别快车列数（$N_{特快}$）

$$N_{特快} = AK_{特快}/a_{特快} \quad \text{（列）}$$

式中 A——总客流量；

$K_{特快}$——乘特快旅客列车旅客的百分数；

$a_{特快}$——特快旅客列车定员。

（2）旅客快车列数（$N_{快}$）

$$N_{快} = (A - a_{特快}N_{特快})K_{快}/a_{快} \quad \text{（列）}$$

式中 $K_{快}$——乘快车旅客的百分数（除特快外）；

$a_{快}$——快车定员。

（3）普通旅客慢车列数（$N_{慢}$）

$$N_{慢} = (A - a_{特快}N_{特快} - a_{快}N_{快})/a_{慢} \text{（列）}$$

式中 $a_{慢}$——普通慢客列车定员。

【例 3－1】以图 3－6 所列资料计算各种旅客列车数。

根据海洋—五洲线上客流显著变化的地点为森林、天空、大陆三站，则可按照海洋—五洲间、森林—五洲间、天空—大陆间的不同客流密度，确定旅客列车对数。

【解】首先确定区段客流量：

海洋—五洲区段 5412 人

森林—五洲区段 7881－5412＝2469（人）

天空—大陆区段　9 192 − 7 881 = 1 311(人)

然后根据客流的性质及其旅行距离的不同确定旅客列车编组。假设海洋—五洲区段需要用特别快车输送的客流占总客流的40%,用快车输送的客流占剩余客流的60%,其余客流以普通旅客慢车输送。各种旅客列车的容量:特快为800人或900人,快车为900人或1 000人,普通旅客慢车为1 050人或1 150人。

则海洋—五洲区段的行车量可按以下方法求出:

$$N_{特快} = (5\,412 \times 40\%)/900 = 2\ 列 \cdots\cdots 余\ 365\ 人$$

$$N_{快} = (5\,412 - 900 \times 2) \times 60\%)/1\,000 = 2\ 列 \cdots\cdots 余\ 168\ 人$$

$$N_{慢} = (5\,412 - 900 \times 2 - 1\,000 \times 2)/1150 = 1\ 列 \cdots\cdots 余\ 462\ 人$$

森林—五洲段:

设为$K_{特快}$为40%,$K_{快}$为剩余客流的30%。

$$N_{特快} = (2\,469 \times 40\%)/900 = 1\ 列 \cdots\cdots 余\ 88\ 人$$

由于用快车输送的客流占剩余客流的30%,按此比例求算出的快车客流仅有:(2 469 − 900) × 30% = 471人,不够开行一列快车的条件。所以,决定森林—五洲区段不开行快车,而剩余客流由普通旅客慢车进行输送。

$$N_{慢} = (2\,469 - 900)/1\,050 = 1\ 列 \cdots\cdots 余\ 519\ 人$$

天空—大陆区段:

由于天空—大陆区段运行距离不长,同时客流不算太大,需要用特快车输送的客流比重也不多,为此,可组织开行普通旅客慢车来进行输送。

$$N_{慢} = 1\,311/1\,050 = 1\ 列 \cdots\cdots 余\ 261\ 人$$

确定各种旅客列车的行车量,除按上述方法进行计算外,还应考虑:

(1)通过概算或公式计算出的列车总数和各类列车数,往往出现不足一列的尾数,对此一般不予进整,而是采用加挂车辆或调整车型以扩大客车定员或采取超员运输办法解决。

(2)对于不足每日开行一列的长途直通旅客列车或国际旅客列车可采用定期(如每周两次)或隔日开行的方式,以合理地运用铁路机车车辆和通过能力。

(3)如直通旅客快车在运行全程个别区段定员有余,为充分利用运能而不影响旅客服务质量,可采取在定员有余区段适当增加列车停站次数,以吸收部分管内客流,或在超员区段加挂回转车,缩减列车基本编组辆数,在超员区段再编挂上。

在实际工作中,按现行运行图开行的客车对数,根据客流计划,进行确定。

直通旅客列车由各铁路局根据直通客流(由始发局到终到局),符合下列条件时报铁路总公司开行:

(1)跨两局的列车不少于600人。

(2)跨三局的列车不少于500人。

(3)跨四局以上的列车不少于400人。

管内旅客列车输送沿途变动的客流,其行车量要与客流密度相适应,由各铁路局确定后报中国铁路总公司备案。

(三)旅客列车运行方案图及时刻表

全路旅客列车运行图的编制工作,应贯彻集中领导和群众路线相结合的原则,对跨三局的直通旅客列车,应在中国铁路总公司的统一领导下由各铁路局派人到总公司集中编制。跨两局的直通旅客列车,由两局协商编制。管内旅客列车,则由铁路局组织进行编制。因为对跨局的直通旅客列车，不仅要考虑某一整个方向，而且还要与有关方向互相联系起来通盘考虑，全面安排。因此，各铁路局（公司）都必须在中国铁路总公司的集中领导和统一规划下进行编制工作。

旅客列车运行图的具体编制工作，分两个阶段进行：

第一阶段，铺画旅客列车运行方案图（简称"客车方案"）。客车方案图是列车运行图的骨架，它用小时格运行图铺画，在图上只表示始发站、终点站、分界站及其他主要站的到开时刻。

第二阶段，铺画具有详细时刻的旅客列车运行图（简称"详图"）。详图铺画上的技术问题由"铁路行车组织"课程研究解决。

1. 客车方案图的编制原则

旅客列车运行方案所要解决的是每一方向旅客列车在运行图上的整体布局问题，它不仅对整个列车运行图的布局起着决定的作用，而且对列车运行图的编制质量也有直接影响。为此，编制客车方案时应遵守以下原则：

（1）提高列车的直通速度

旅客列车的直通速度是衡量铁路工作水平的标准之一，它对国内、国际都有影响。特别是快车的直通速度，关系到国家的声誉，具有政治和经济上的意义。提高直通速度的技术组织措施是减少停站次数，压缩停站时间，加速技术作业过程，延长客运机车牵引交路。对管内旅客列车，开行对数较多的区段，亦可采取分段服务的办法以提高直通速度。

（2）方便旅客旅行

安排旅客列车运行时，必须把便利旅客旅行放在重要位置，作为编制客车方案图的基本出发点之一。为此，首先应规定适宜的列车始发、终到和通过主要停车站的时刻，如直通快车在始发站的发车时刻最好规定在晚间，但一般不得迟于 0:00，而到达终点站的时刻最好规定在早晨，一般不要早于 7:00 前。如有两对以上直通快车时，应考虑其间隔均衡，一般安排在早晚各 1 列，但早晨发车，对住在市郊的旅客不大方便。直通列车通过沿途各大站的时刻亦应力求方便旅客，若不能完全满足此项要求，则只能权衡轻重，尽可能予以照顾。

管内旅客列车以运送短途旅客为主，一般运行距离较短，故以白天运行为宜。在管内列车较多的区段不可能均在白天运行时，个别列车亦可在夜间运行，但始发时刻不宜过晚，到达时刻不宜过早。由于在乘坐管内列车的旅客中，有很多需要当天往返，为满足其需要，列车在折返站的到达与出发时刻之间，应有适当的间隔，以保证旅客有一定的活动时间。

其次，在连接几个铁路方向的大型客运站应尽量缩短旅客中转换乘的停留时间，使各方向旅客列车到发时刻有良好的衔接。如确有困难时，应照顾主要的中转直通客流方向。同时，还应保证旅客列车的到发时刻与其他交通工具（如轮船、汽车、飞机等）互相衔接。这种衔接包括组织联运及缩短旅客由这种运输方式换乘到另一种运输方式的等待时间。这样，不仅可以方便需要换乘其他交通工具的旅客，而且对报纸、邮件的传递也有重要意义。

（3）客货兼顾，全面安排

旅客列车与货物列车在单线和双线区段内均在同一正线上运行，彼此之间势必发生关系。

如旅客列车运行线能适当照顾货物列车的运行，则可以减少额外扣除时间，节省线路通过能力，缩短机车折返停留时间和减少货物列车等会待避时间，从而加速机车车辆周转。而旅客列车运行线的适当移动在实际上往往也是可以做到的。并且要尽量减少不合理的货物列车待避和停会旅客列车的次数，还要不使旅客列车待避和停会货物列车。同时在客货列车交会或货物列车待避旅客列车时，保证旅客和行车安全。

在单线区段，货物列车与旅客列车交会时，应使货物列车先到停车，旅客列车后到先开或通过,不应使旅客列车停会货物列车。

在双线区段,同方向运行的两列旅客列车的间隔时间,要为货物列车待避的地点创造条件,最好是使货物列车在有技术作业的中间站或技术站上待避旅客列车。

(4)保证旅客列车运行与客运站技术作业过程的协调

大家都希望旅客列车在大城市有比较合适的到发时刻,这就可能出现密集到达或出发的情况,有些衔接几个方向的大型客运站,由于受设备条件的限制,往往在列车密集到发期间,产生敌对进路的交叉干扰。因此,要求旅客列车密集到发的间隔时间应与车站技术作业过程相协调,否则将不能保证车站正常接发列车,造成客运站作业的困难和设备的利用紧张状态,这种情况应尽量避免。

为了保证在列车密集到发时刻内,车站不间断地办理接发列车作业,两列间的最小间隔时间,必须满足下列条件:

$$I_{客} = T_{占} / n_{到发} = (t_{到} + t_{停} + t_{发}) / n_{到发} \quad (\mathrm{min})$$

式中　$I_{客}$——旅客列车间隔时间,min;

$n_{到发}$——为办理旅客列车的到发线数目;

$T_{占}$——旅客列车占用线路时间,min;

$t_{停}$——列车停站延续时间,min;

$t_{到}$——准备进路必要的时间和列车通过进站距离的时间,min;

$t_{发}$——从列车出发时刻开始至该线路全部腾空为止的时间,min。

同时,大型客运站一般按方向设置候车室,因此,同方向旅客列车的始发间隔时间,应考虑旅客站舍的负担,以免造成站内拥塞。

(5)经济、合理地使用客运机车车辆

旅客列车运行方案安排得好,可以减少车底需要组数,使客车得到更经济的使用,机车也得到节省。

2. 客车方案图的编制方法

在具体编制方案时,不管是直通还是管内方案,大多数情况下,都是在上一届方案的基础上进行的,应做到:分析现行列车运行图的执行情况和存在问题,总结过去的实践经验,提出进一步挖掘潜力、提高效率、改进工作的措施;各铁路局应为编制方案提供必要的资料,如列车的区间运行时分、慢行时分、停站时分及起停车附加时分等,其中,区间运行时分由机务部门提供,慢行时分由工务部门提供,各次列车在各区段内的停车站和停站时分由客运部门提供,将上述时分填制专门的表格(见表3-12),与其他编图资料,一并报铁总审查;根据批准的对数和运行区段,按照先国际、后国内,先直通、后管内,先快车、后慢车的顺序进行编制。

表3-12　某线旅客列车区段运行停站时分标准表

		车列 \ 列车 / 区段		
		运行时分		
		停站时分		
		起停车附加时分		
		慢行时分		
		计		

续上表

		车列 列车 区段		
		运行时分		
		停站时分		
		起停车附加时分		
		慢行时分		
		计		
		运行时分		
		停站时分		
		起停车附加时分		
		慢行时分		
		计		

在小时格上具体铺画旅客列车方案运行线的一般方法如下：

(1)国际联运旅客快车,从国境站开始按照联运旅客列车时刻表会议决定的时刻向国内铺画。

(2)直通旅客快车,除根据原方案调整范围不大的以外,对必须翻架子的和新增加的直通旅客快车,一般是先确定合理开车范围,并从中选择几个开行方案,进行技术、经济比较,取其中最优方案,而后从列车始发站开始,向终点站顺序地铺画。如终点站的到达时刻不太合适,再作小范围的上下调整。

根据方便旅客旅行的原则,直通旅客快车可规定为不晚于 0:00 开,不早于 7:00 到。按这个条件,每一对车都有其合理开车范围。这个合理开车范围因始发、终到城市之间列车运行时间的不同而不同。有的列车只有一个合理开车范围,有的列车可以有两个合理开车范围,如图 3－8、图 3－9 所示。

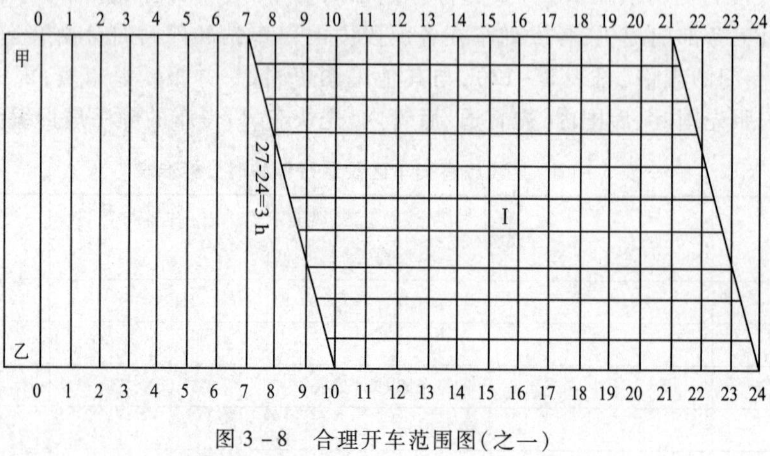

图 3－8　合理开车范围图(之一)

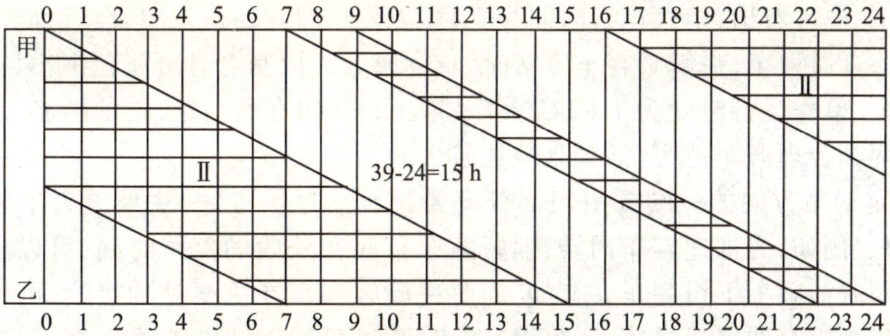

图 3－9　合理开车范围图（之二）

设直通快车的单程运行时间为 $T = x + 24D$，则其合理开车范围 t 可用下列分析式确定：

当 $0 + 24D \leqslant T < 7 + 24D$ 时，$t = 7 \sim (24 - x)$；

当 $7 + 24D \leqslant T \leqslant 17 + 24D$ 时，$t = \begin{cases} 7 \sim (24 - x) \\ (24 - x + 7) \sim 24 \end{cases}$；

当 $17 + 24D < T \leqslant 24 + 24D$ 时，$t = (24 - x + 7) \sim 24$。

根据上述分析式，可根据不同的单程运行时间，确定其相对应的合理开车范围，为了计算方便，现用整小时数举例，见表 3－13。

表 3－13　合理开车范围表

T	合理开车范围		T	合理开车范围	
$0+24D$	7～24		$13+24D$	7～11	18～24
$1+24D$	7～23		$14+24D$	7～10	17～24
$2+24D$	7～22		$15+24D$	7～9	16～24
$3+24D$	7～21		$16+24D$	7～8	15～24
$4+24D$	7～20		$17+24D$	7	14～24
$5+24D$	7～19		$18+24D$	13～24	
$6+24D$	7～18		$19+24D$	12～24	
$7+24D$	7～17	24	$20+24D$	11～24	
$8+24D$	7～16	23～24	$21+24D$	10～24	
$9+24D$	7～15	22～24	$22+24D$	9～24	
$10+24D$	7～14	21～24	$23+24D$	8～24	
$11+24D$	7～13	20～24	$24+24D$	7～24	
$12+24D$	7～12	19～24	$25+24D$		

再根据表 3－13 的计算结果，直通快车的合理开车范围与单程运行时间的相互关系，又可归纳为表 3－14。

表 3－14　单程运行时间与合理开车范围关系表

项目 \ 单程运行时间（h）		$0 + 24D \leqslant T < 7 + 24D$	$7 + 24D \leqslant T \leqslant 17 + 24D$	$7 + 24D < T \leqslant 24 + 24D$
合理开车范围	个　数	一个 （7:00～24:00）	两个 （7:00～17:00） （14:00～24:00）	一个 （7:00～24:00）
	比例关系	反比例	一个成反比例 另一个成正比例	正比例

从表 3－13 中可看出，单程运行时间为 $0+24D \leqslant T<7+24D$ 及单程运行时为 $17+24D<T \leqslant 24+24D$ 的直通列车，在铺画客车方案时，难度较大。因其合理开车范围小且只有一个，调整的余地不大。单程运行时间为 $7+24D \leqslant T \leqslant 17+24D$ 的直通快车，在铺画客车方案时，比较容易，因其有两个合理开车范围，活动余地比较大。

(3) 从指定的某方向的一端或中间部分开始铺画。这一方法，主要是为了解决某些关键问题才采用的。例如，为加速客车周转，缩短客车车底在外段的停留时间，可以从旅客列车的到达站开始，同时铺画上下行列车。又如，为解决旅客列车在主要站的接续，可以从接续站开始铺画。再如，为提高线路通过能力，可以从"卡脖子"区段向两端铺画。

在铺画各种旅客列车运行方案时，应注意区段内会车或越行地点的设备条件，考虑列车会让附加的时分。附加时分随单线、双线及信、联、闭设备的条件而有所不同。一般来说，停车会让附加 10～12 min，待避附加 30～40 min。

同时，应尽量避免直通快车在每天 18:00 前的一段时间内通过局间分界站（俗称不要"封口"）。这段时间，随分界站邻接两区间运转时分不同而不同，一般为 15 min 左右。因为这段时间，往往有大量货物列车由分界口排出，容易造成旅客列车晚点。

直通客车方案图是整个方案图的基础，一经确定后，局间分界站的到发时刻原则上不许变动，必要时铁路局可适当调整本局管内的运行线。各铁路局根据直通客车方案编制管内客车方案后，即可具体铺画旅客列车详图。

当旅客列车运行图确定后，为保证列车运行图的严肃性、维护铁路的声誉、方便旅客，列车运行图不得随意变动，如必须变动时，应符合下列条件，但变更直通旅客列车运行时刻，必须报批准：

①旅客流量发生较大幅度增减或流向发生变化而需增减客车对数时；

②技术设备发生变化时，如开通新线、双线、三线、四线和双线、三线、四线插入段，增加会让站，采用自动闭塞、调度集中或其他先进设备，提高线路允许速度等；

③工作条件发生变化时；如改变旅客列车重量标准和机车交路，调整列检布局等。

3. 旅客列车时刻表的编制

旅客列车运行图编完以后，应根据运行图规定的车次、运行区段、停车地点、到发时分以及列车编组等事项编制旅客列车时刻表。利用表格形式，把运行图的主要事项反映出来。旅客列车时刻表的格式见表 3－15。

旅客列车时刻表编制的说明：

表 3－15　旅客列车时刻表

丙	甲	甲	丙	甲	开往	申	庚	丑	寅	巳
8537 普客	1379 普快	1315 普快	K149 快速	T5 特快	车次　车次 站名	T6 特快	150 快速	316 普快	1380 普快	8538 普客
已开 8:10	8:50 58	9:22 30	14:30 38	7:12 20	戊	58 20:50	17:01 16:53	44 18:34	30 5:20	— 18:25
14:22 33	12:45 51	13:18 26	18:44 52	10:54 11:00	丁	27 17:18	52 12:43	24 14:17	54 0:48	14 12:02
20:03 —	15:35 46	16:47 17:00	21:16 —	13:21 29	丙	10 15:02	10:08	23 11:13	22:07 21:58	7:30
	17:38 45	18:52 19:00		…	乙	…		26 9:17	12 20:04	
	20:31 —	21:34 —		17:22 —	甲	11:02		7:05	17:52	

(1)时刻表的编制采用 24 h 制,列车在 24:00(即夜间 12:00 出发时为 0:00,到达时为 24:00)。

(2)列车的始发、终点站均以该站的字头、字尾或省、市的简称来表示,并在开往栏内注明该列车的终点站站名。

(3)列车的到、开时刻,凡站名左边的均为下行列车,应由上向下看,并以↓表示;凡站名右边的均为上行列车,应由下向上看,并以↑表示。

(4)为使时刻表简明起见,有关内容可用符号表示。

常用符号的含义如下:

"…"或"↓"表示列车在该车站通过;

"="表示列车不经过此站;

"—"表示列车的终点站;

"※"表示旅客乘降所。

4. 旅客列车编组表的编制

在实行新运行图时,旅客列车编组表由铁路局根据客流性质、机车类型、列车重量、速度、车站到发线有效长度等因素确定,由铁路总公司批准并以部令公布执行。

旅客列车编组表规定了该次列车编挂的车种、辆数、顺序及车底周转图等内容,其格式见表 3-16。

旅客列车编组表规定了该次列车编挂的车种、辆数、顺序及车底周转图等内容。

(1)列车发到站、车次栏

列车的发到站先填下行发站,后填下行到站,对改变运行方向的列车(即一对列车 4 个及其以上车次时),先填担当乘务工作的铁路局的始发站。

列车性质按照特快、快速、普快、普客、混合等分别填写。

车次一律先填下行后填上行,一对列车有 4 个及其以上车次时,车次的填写必须和列车的发到站相对应。

(2)担当乘务栏

担当乘务的车辆、客运(列车)段,如名称相同,可只填写一个。

表 3-16　旅客列车编组表

上海—广州	车乘辆务	顺序	沪开	1	2	3	4	5	6	7	8	9	10	11	12	13	14	15	16	17	18		
			广开	18	17	16	15	14	13	12	11	10	9	8	7	6	5	4	3	2	1		
		车种		XL	YZ	YZ	YZ	YZ	YZ	CA	RW	YW	YW	YW	YW	YW	YW	YW	YW	KD	UZ	18	18
		定员			118	118	118	118	112		36	60	66	66	66	66	66	60				1 070	
		吨数		43	46	46	46	46	46	48	45	48	48	48	48	48	48	48	48	63	48	861	
		附注							办			广							宿				
快速 K47/K48 次	广州车客辆运段担任	上海 广州		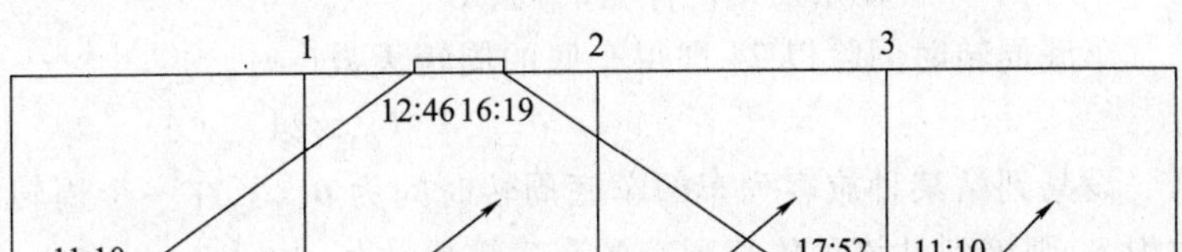																			

(3)车底编组栏

列车中车厢顺序号的编定，凡北京站和上海站始发的各次特、直快列车车厢顺序号均小号在前，大号在后（北京、上海间始发和到达的列车以北京站规定顺序为准）。非北京站和上海站到发的各次特、直快列车车厢顺序号，均以担当局始发站的发车方向为准，小号在前，大号在后，两个局担当的列车由有关铁路局事先商定后报中国铁路总公司。但对途中某个站由于车场进路关系必须调头运行的列车，为便于确认，须在编组顺序项注明发站。

车种按统一的汉语拼音标记，定员按该种车辆的标记定员数填写，吨数填写该种车的总重，并根据车辆的用途、附属设备及其他说明，在附注项内注明“宿”“茶”“广”“办”“具”“隔”“欠”“回”“空”“普”“高”“控”“残”等字样。

(4)车底周转图栏

车底周转图，表示需用车底组数和始发、终到时刻，并由此计算车底在始发站和终点站的停留时间。

周转图上填写的始发站名顺序须和填写列车种类车次的始发终到站栏相同。不得上下颠倒。一般先填下行始发站名，运行线从担当局的始发站开始画，始发和终到时间填在车站中心线与运行线相交的钝角上。

5. 车底需要组数及客车需要辆数的计算

为正确地计算客车需要辆数，在编制客车方案的同时，应编制旅客列车编组表，并绘制客车车底周转图，以确定各次列车的车底需要组数，根据车底编成数即可求得车辆数。

客车底需要组数的计算方法有两种：

(1)图解法

这种方法是根据客车方案图绘制客车车底周转图，从周转图上直接查得需要的车底数。一种是从周转图上的箭头直接查出。一种是在周转图的任何一部分截取，截取线和运行线或车底停留线的交点数所示。

(2)分析计算法

这种方法是分析一定到站和一定种类列车的车底周转时间，计算在该周转时间内发出的某种旅客列车的总数。

车底周转时间是自始发站出发时起至下次再由始发站出发时止，车底所经过的时间。其公式如下：

$$T_{车底} = \sum t = t_1 + t_2 + t_3 + t_4 \quad (h)$$

式中 $T_{车底}$ ——车底周转时间，h；

t_1 ——车底自始发站至折返站所走行的时间，h；

t_2 ——在折返站的停留时间，h；

t_3 ——从折返站返回发站的走行时间，h；

t_4 ——在始发站的停留时间，h。

车底周转时间除以 24 即得车底的周转天数（$\theta_{车底}$）：

$$\theta_{车底} = T_{车底}/24 \quad (d)$$

设某到站某种旅客列车的车底周转时间为 $\theta_{车底}$，在一个周转时间内平均每天发出的列车数为 K，则该到站该种旅客列车的车底需要数（$n_{车底}$）为：

$$n_{车底} = \theta_{车底}.K \quad (组)$$

由于 $K = N/\theta_{车底}$，上式也可以写成：

$$n_{车底} = \theta_{车底}.N/\theta_{车底} = N$$

式中　N——车底周转时间内发出的该到站该种旅客列车总数。

公式表明,一定到站和种类的旅客列车车底需要数等于车底周转时间内发出的该到站该种旅客列车总数。

综上所述,车底数是由车底周转天数和平均每天发出列车数决定的。因此,节省车底的途径有两方面——压缩 $\theta_{车底}$ 或缩小 K 值,必须根据具体情况作具体分析。缩小 K 值是有条件的,必须客流小,可以隔日开行或数日开行才行。缩减车底需要数可采取压缩站停时间,提高技术速度,采用先进牵引动力及加强运输组织工作等措施,这是挖掘运输潜力的有效途径,也是编制技术计划必须遵循的。

各区段需要的车底数确定后,即可计算车辆的需要数。其公式如下:

$$m_{运} = m_1 n_1 + m_2 n_2 + ... + m_n n_n \quad (辆)$$

式中　$m_{运}$——运用客车辆数;

m_1、m_2、...、m_n——列车中编挂的车数;

n_1、n_2、...、n_n——车底数。

以运用客车为基础,对于某车辆段配属车辆时,需用下列公式计算客车总数:

$$m_{总} = m_{运} \times (1+\gamma) \quad (辆)$$

式中　$m_{总}$——配属车辆段的客车总数;

γ——检修、备用车所占运用客车的百分数。

6. 旅客列车运行图主要指标的计算

为了检查、分析和评价旅客列车运行图的编制质量,规定有以下主要指标:

(1)数量指标

①运输能力,指运行图规定的全路、铁路局在一定时期内(日、月、年)始发和运行的各种旅客列车的总定员数,即

$$A_{总} = A_{直} + A_{管} + A_{混}(人)$$

式中　$A_{总}$——各种旅客列车的总定员数;

$A_{直}$、$A_{管}$、$A_{混}$——分别为直通、管内、混合等旅客列车的定员数。

运输能力是考核铁路完成国家规定的旅客运输任务情况的指标之一。运输能力的大小,反映一个铁路局和全路的客运工作量。

②列车对数,指全路、铁路局由各站始发列车的总和,应分别直通、管内和混合列车统计并加总计算,即:

$$n_{总} = n_{直} + n_{管} + n_{混} \quad (对)$$

式中　$n_{总}$——各种旅客列车开行的总对数;

$n_{直}$、$n_{管}$、$n_{混}$——分别为直通、管内、混合等旅客列车的开行对数。

列车对数是旅客列车运行图中很重要的指标,因为运输能力必须由相应的列车对数来保证,列车对数的多少在一定意义上表示运输能力的大小。

③列车公里,指全路、铁路局由各站始发的列车和其运行距离乘积的总和,即:

$$n_L = n_{直} L_{直} + n_{管} L_{管} + n_{混} L_{混}$$

$$n_{直} = n_{直1} L_{直1} + n_{直2} L_{直2} + n_{直n} L_{直n}$$

式中　n_L——列车公里；

$n_{直} L_{直}$、$n_{管} L_{管}$、$n_{混} L_{混}$——分别为直通、管内、混合等客车的列车公里；

$n_{直1}$、$n_{直2}$、…、$n_{直n}$——各种不同运行区段的直通列车数；

$L_{直1}$、$L_{直2}$ …、$L_{直n}$——各种不同运行区段的里程数。

管内客车和混合列车的列车公里可按直通客车列车公里同理求得。

在有几种牵引方式时，还应对内燃、电力牵引等分别计算列车公里。

列车公里是表示全路或各铁路局客运机车车辆工作量的指标。在客运机车车辆类型、数量一定的条件下，列车公里愈大，表明客运机车车辆的运用效率愈高。

④车底在配属站的停留时间，指车底在列车由折返站返回到达配属站之时起，至车底下一次由配属站出发之时止的全部时间，即：

$$t^{客}_{配站} = t^{客}_{到} + t^{客}_{送} + t^{客}_{作} + t^{客}_{取} + t^{客}_{发} + t^{客}_{等} \quad (h)$$

有些管内旅客列车车底到达配属站后不送配属段时，则上述公式将简化为：

$$t^{客}_{配站} = t^{客}_{到} + t^{客}_{发} + t^{客}_{等} \quad (h)$$

式中　$t^{客}_{配站}$——车底在配属站停留时间，h；

$t^{客}_{到}$、$t^{客}_{发}$、$t^{客}_{等}$——列车在配属站的到达作业、出发作业、等待出发的时间，h；

$t^{客}_{送}$、$t^{客}_{取}$——向客车配属段调送、调取车底的时间，h；

$t^{客}_{作}$——车底在配属段的作业时间，h。

⑤车底在折返站的停留时间，指车底在列车中从到达折返站时起，至车底在列车中从折返站出发之时止的全部时间。

车底在折返站的停留时间所包含的各项因素和计算公式与上述配属站停留时间相同，只不过是各项因素的内容繁简和时间长短有所不同而已，故不另列。

⑥旅客列车停站次数、平均停站时分、平均停站距离，该三项数值应分别不同列车种类进行统计，其计算公式如下：

$$n^{总}_{停} = \sum n_{停} \quad (次)$$

$$t^{平均}_{停} = \frac{\sum t_{停}}{\sum n_{停}} \quad (min)$$

$$L^{平均}_{停} = \frac{\sum L_{运}}{\sum n_{停}} \quad (km)$$

式中　$n^{总}_{停}$——停站总次数，次；

$t^{平均}_{停}$——平均停站时分，min；

$L^{平均}_{停}$——平均停站距离，km；

$\sum n_{停}$——停站次数总和；

$\sum t_{停}$——停站时分总和；

$\sum L_{运}$——运行距离总和。

(2)质量指标

①旅客列车直通速度，指旅客列车平均每小时所运行的公里数，应按直通、管内（包括混合）旅客列车分别计算，即：

旅客列车直通速度

$$v_{直} = L/(\sum t_{运行} + \sum t_{停站} + \sum t_{起停} + \sum t_{慢行}) \quad (km/h)$$

铁路局旅客列车平均直通速度

$$v_{直}^{局} = \sum nL/(\sum nt_{运行} + \sum nt_{停站} + \sum nt_{起停} + \sum nt_{慢行}) \quad (km/h)$$

式中　L——旅客列车运行距离,km;

$\sum nL$——旅客列车公里总和,km;

$t_{运行}$、$t_{停站}$、$t_{起停}$、$t_{慢行}$——分别为旅客列车的运行时分、停站时分、起停附加时分和慢行时分,min。

旅客列车的直通速度愈大愈好,提高直通速度的途径主要是压缩旅客列车在途运行、停站、起停附加和慢行时间。

②旅客列车技术速度,指不包括停站时分在内的旅客列车平均每小时的运行公里数,应和直通速度一样分别进行计算。

旅客列车技术速度

$$v_{技} = L/(\sum t_{运行} + \sum t_{起停} + \sum t_{慢行}) \quad (km/h)$$

路局旅客列车平均技术速度

$$v_{技}^{局} = \sum nL/(\sum nt_{运行} + \sum nt_{起停} + \sum nt_{慢行}) \quad (km/h)$$

旅客列车的技术速度愈大愈好。提高旅客列车技术速度的主要途径是压缩列车在各区间的运行时间,加强运输组织工作和调度指挥水平。

③直通速度系数,指直通速度和技术速度的比值,即:

$$\beta = \frac{v_{直}}{v_{技}}$$

从上述对直通速度和技术速度的分析说明可知,在一般情况下,列车的直通速度总是小于技术速度的,即速度系数小于1。但应当通过加强运输组织工作来缩小两者之间的差距,比值愈接近1,说明旅客运输效率愈高。

④列车车底日车公里,指某一车底或平均每一车底在一昼夜内所运行的公里数,即:

$$S_{车底} = \frac{2L}{\theta_{车底}} \quad [km/(车底·d)]$$

$$S_{车底} = \frac{\sum NL}{\sum N_{车底}} \quad [km/(车底·d)]$$

式中　$S_{车底}$——列车车底日车公里;

L——列车运行区段里程,km;

$\theta_{车底}$——车底周转天数,d;

$\sum NL$——全部车底运行公里总和,km;

$\sum N_{车底}$——车底总数,列。

列车车底日车公里是表示全路或各铁路局客车车底运用的工作量指标。列车车底日车公里和车底的全程运行里程成正比,和车底周转天数或车底数成反比,即无论是一个车底的车底日车公里,还是全部运用车底的平均日车公里,当车底周转愈慢或运用车底总数愈多时,车底日车公里就愈低,表明车底的运用效率就愈低。反之,车底周转愈快或运用车底总数愈少时,车底日车公里就愈高，表明车底的运用效率愈高。因此，加速车底周转和压缩运用车底总数是提高列车车底公里的重要途径。

【引导案例分析】

依据条件编制的管内客流斜表见表 3－10，编制的管内客流图如图 3－6 所示。

内容三　旅客运输日常计划

【知识目标】

(1)了解票额分配的原则、依据及方法。

(2)了解旅客输送日计划的编制、审批及执行。

(3)了解站车客流信息传报工作。

【技能目标】

(1)计算各类车辆标记定员、实际定员、超成定员。

(2)掌握本站的各次旅客列车的运输能力，组织均衡运输。

(3)会填写列车一表一单。

【引导案例】

2008 年 1 月 8 日，K118 次新空调列车因运新兵需要，调度命令调整编组：YZ6 辆(其中：108、116、118 定员各两辆)。YW8 辆(其中：60 定员 3 辆、66 定员 5 辆)代用 YZ。请分别计算出标记定员、实际定员、超成定员各是多少?

【思　考】

(1)列车定员怎么计算?

(2)票额分配如何进行?

(3)客统—3、客统—4 有什么作用? 如何填写?

旅客运输日常计划是旅客运输计划的组成部分，它是为保证计划年度任务的完成而编制的。由于旅客运输在节假日、季节及日常时有波动，为指导日常运输工作、保证合理运用技术设备和及时输送旅客，必须编制旅客运输日常计划。

一、票额分配

每次新运行图实行前编制一次，根据客流变化情况每年定期进行调整。直通列车由中国铁路总公司与有关铁路局共同编制(跨三个铁路局以上的旅客列车由中国铁路总公司负责，跨两个铁路局的旅客列车由两局协商解决)；管内旅客列车由铁路局编制。在目前的售票组织工作中，已经没有严格的票额分配定义，票额分配只是火车票预售期外的票额初始状态，各车次的共用策略、复用定义以及席位智能预分方案均会影响售票组织方案的执行结果，在车票预售期内，各铁路局客票管理部门制定的售票组织策略会对各次列车的票额分配进行再次调整，往往日常与节假日会有所区别。

1. 分配依据

(1)指定月份的市郊、管内和直通客流图及主要站间旅客交流表等资料。

(2)列车的旅客密度表资料,应分别整理软卧、硬卧和硬座数字,并分析列车虚糜和超员情况。

(3)主要站分别车次、区段的上车人数和分车次的下车人数。

2. 分配原则

(1)首先满足始发局(站)到达最后一个区段长途旅客的需要。

(2)适当分配给中途局(站),特别是对省会、直辖市、自治区政府所在地(包括铁路局所在地)和外宾、华侨旅行集中地、开放城市的车站应予以照顾。

(3)最后一个铁路局原则上不分配,各停车站可利用共用、复用以及客票系统智能预分的票额组织售票。

3. 列车定员的计算

(1)列车卧铺定员

软卧(座)定员为车厢标记定员;硬卧定员(宿营车除外)为硬卧车厢标记定员的总和减去机班便乘铺位(3个)。

(2)列车硬座定员

①列车硬座标记定员为各硬座车厢标记定员的总和,其计算公式为:

$$A_{标记} = \sum a_{标记} \quad (人)$$

式中　$A_{标记}$——列车硬座标记定员;

$a_{标记}$——硬座车厢标记定员,如代用客车,定员采取换算:棚车代用客车时,每吨按1.5人;软卧车代用软座车时,每一下铺按3人;硬卧车代用硬座车时,每一下铺按4人。

②列车硬座实际定员为硬座车厢标记定员的总和减去其他用途占用的座位,其计算公式为:

$$A_{实际} = A_{标记} - 10 \quad (人)$$

式中　$A_{实际}$——列车硬座实际定员;

10——其他用途占用座位(供办公、售货等用,如新型车的标记定员不包含办公席在内者,则不减10,其实际定员即为标记定员)。

③列车硬座超成定员为列车硬座实际定员与列车实际定员乘以规定超员率之和,其计算公式为:

$$A_{超成} = A_{实际}(1 + K_{超员}) \quad (人)$$

式中 $A_{超成}$——列车硬座超成定员;

$K_{超员}$——中国铁路总公司规定的超员率(代用车辆除外,不再加超员率)。

4. 分配方法

(1)由直通旅客列车担当乘务的铁路局负责,列车始发和通过局参加,共同研究确定分配量,并进行综合平衡。大部分高铁、动车组列车实行的票额分配原则是:所有票额预留给始发站,中途停车站利用客票系统的共用、复用、智能预分等功能组织售票,可提前共用发售的时间、票额数量由路局根据列车总体售票情况确定及调整。

(2)各铁路局根据整理的实际旅客密度表数字,首先剔除各区段超员的短途客流(超成幅度以外的),然后参考各停车站提供的资料和列车旅客密度表中各停车站的上下车人数相对照,反复平衡各停车站长短途客流数,编制分配票额计划分配表。

(3)平衡时,如果直通能力大于直通客流时,对富裕的直通能力部分应分配短途票额,组织区段利用。如果直通能力与直通客流处于饱和或不足状态时，计划数字要以直通票额为主，沿途车站不再分配短途套用票额。对中途沿线各站预留的计划票额，由始发站加以利用。粤海公司海口、三亚等站始发终到的过海列车因受轮渡过海人数限制，票额分配方法与其他列车略有不同。

（4）列车旅客密度表形式推算的计划数字确定后，再按表 3－17、表 3－18 格式编制票额分配计划，给车站售票创造一定的工作条件。

表 3－17　列车票额分配计划表

T256 次列车票额分配表（广州—郑州）

软卧 2 辆定员：68　硬卧 8 辆定员：516　硬座 5 辆定员：582　总计定员：1 166

郑州开机次

车厢号	1	2	3	4	5	6	7	8	9	10	11	12	13	14	15	16	17	18	19	20
车　种	KD	YZ	YZ	YZ	YZ	YZ	CA	RW	RW	YW	YW	YW	YW	YW	YW	YW	YW	YW	XL	
定　员		118	118	118	112	118		32	36	60	66	66	66	66	66	66	60			
备　注					办				广									宿		

站　名	软卧			硬卧			硬座		
	数量	车号	铺号	数量	车号	组号	数量	车号	座号
乘务员				63	18	1～21			
运转车长							2	2	1～2
机班便乘				3	18	22			
广　州	60	8	9～32	483	10	1～20	552	2	33～118
					11	12～22		3～4	1～118
		9	1～36		12～16	1～22		5	1～112
					17	1～20		6	1～118
衡　阳				9	11	9～11	15	2	18～32
长　沙	8	8	1～8	24	11	1～8	15	2	3～17
武　昌									
信　阳									
驻马店									
漯　河									
许　昌									
长　葛									

二、旅客输送日计划

随着客票系统的升级发展，以及互联网售票（含手机订票）、电话订票等新的售票手段的广泛使用，已经实现了全路联网售票、退票，所有的售票计划（含超员率的控制）均由铁路局客票管理部门统一制定以及调整，在售票组织方面车站计划员对于客票系统的操作权限大多仅限于查询、核对，或者通过铁路局客运营销辅助决策系统分析各次列车的历史售票情况、实时售票情况以及列车密度等，向铁路局客票管理部门提出建议，由铁路局统一进行调整。

表 3－18　卧铺票额分配计划表

______线

车次	分配		软卧			硬卧			附注
			数量	车位	铺号	数量	车位	铺号	
次 软卧定员 硬卧辆数 定员	宿营车	乘务员							
	宿营车	列车发售							
	机务便乘								

由于实现了联网售票，全路通退，旅客可通过互联网、车站窗口办理退票、改签，而办理了退票、改签的票额实时返库，可再次对外发售，全部由系统自动完成，人工难以控制。在这种售票环境下，传统的旅客输送日计划的编制、执行即将逐步被计算机所取代。

1. 日计划的编制

旅客输送日计划必须从全局出发，按照长短途列车合理分工的原则进行编制，特别要注意运输能力在时间上和空间上的均衡使用。同时，通过计划来指导售票和其他服务的组织工作。

(1)日计划编制的依据

三等及其以上或客流量较大的车站要设专职客运计划员（三等以下的车站未设客运计划员的，应由客运值班员负责），根据各次列车运输能力的使用情况及票额分配计划，在客运副站长（或客运主任）领导下，参照下列情况进行编制：

①近日来各次旅客列车上车人数和中转换乘旅客的实绩及其规律。

②节假日与平时客流差异情况及其规律。

③近几天内天气情况及过去天气变化对客流影响的规律。

④团体旅客预约乘车以及其他情况等。

(2)具体编制方法

①旅客输送日计划，应分别管内和直通运输，分车次并按客流区段进行编制。车站的发送和中转旅客都要统一纳入计划，其内容包括各次列车的运能（分软、硬卧，软、硬座）及预售、站售、剩余数、中转、乘车证人数（并按限售区段分列），直通列车列有预报数，还有考核成绩的兑现率。对团体旅客、下车人数（分别到达及中转）和18点业务简报也另有栏别登记。

②节假日计划与正常日计划的编制方法有所不同。正常日计划主要根据日常的运输能力来调整和均衡地安排旅客运输工作，而节假日运输时间集中，客流量大，波动性也大，且常为单方向客流，

运力和组织工作的安排仅靠铁路本身是不行的，必须得到地方政府及有关部门的协助，收集有关资料综合平衡，共同来确定旅客运输计划和组织工作，以保证节假日旅客运输任务的完成。

旅客输送日计划的编制，除了客运计划员要积极努力，充分发挥高度的负责精神和科学态度之外，还要与客运值班员、售票员和客运员等密切合作，广泛听取他们的意见，以提高计划质量。

2. 日计划的审批

旅客输送日计划编制完毕，经客运副站长（或客运主任）审查，然后提报铁路局客调，综合平衡予以批准。

客调根据各大站的日计划提报数，加上小站的上车规律数，较全面地算出各次列车在各客流区段内的客流密度，从而可以看出某次列车超员或虚糜的情况，本着始发站照顾中间站、大站照顾小站的原则进行调整。这样使各站之间、各次列车之间的旅客人数得到合理的分配，以提高客车使用效率。其调整方法是：

（1）直通旅客列车的日计划主要按照中国铁路总公司定的票额分配计划审批。遇有长途客流发生变化时，车站将变化数量及其流向报告铁路局客调，由铁路局客调在本局管内进行调整。如局管内调整不过来时，则需采取增大超员率（但必须经中国铁路总公司批准）或加挂车辆的方法解决。

（2）管内旅客列车日计划的调整方法。大站日计划报铁路局客调，小站日计划报车务段，由车务段加以平衡后报铁路局客调，或由车站将日计划统一报铁路局客调，由铁路局客调根据管内下车规律数求得各区段密度，然后将各区段能力和密度比较作数字平衡。

经过客调平衡调整后的旅客输送日计划，以调度命令的方式于前一天下达到各站执行。

3. 计划的执行

在日计划的执行中，还应注意处理好以下几个问题：

（1）长短途列车的分工和中转换乘优先。长途列车必须组织长途旅客乘坐，如果发售短途票必然积压长途旅客，给长途旅客带来很多困难。换乘优先是指在同等条件下，换乘旅客优先于始发旅客乘车。

（2）大站照顾小站，始发照顾中途。大站是指特、一、二等站，这些车站客流量大，停站列车多，分配票额多，有的还有始发列车，客流便于组织调整。中间小站停站列车少，有的一昼夜内只有 1 ~ 2 趟列车停站。如大站不按计划票额发售或超售，不照顾中间小站，则小站就无法组织旅客上车。始发站与中途站的关系也如此，始发站必须根据计划票额发售，不得超区段，否则将造成中途站旅客买好了票上不了车，使列车“吊客晚点”，打乱列车运行秩序。

（3）满足一般，保证重点。一般来说，首长、外宾、华侨、记者、机要人员、老弱病残和其他有特殊困难的旅客，应较一般旅客优先安排，在票额紧张，运能不足时，更应根据具体情况，实事求是地处理好。

（4）严格掌握“热门车”，有计划地组织“冷门车”。旅客旅行既考虑乘车时间好，又考虑到的矛盾，必须有计划地组织，把“热门车”的票额掌握得严一些。对“冷门车”则加强组织，使大站客流组织乘坐“冷门车”，因大城市市内交通比较方便，而且同方向行驶的旅客列车停靠次数也较多。让小站旅客乘坐“热门车”，这就更能满足不同旅客的需要。

为了充分利用运能，旅客退票时必须做好登记工作，并对退票的票额应及时使用。

客运计划员对日计划及票额分配执行情况应经常督促检查。为了分析旅客运输日计划的编制质量，车站应对每一车次统计其实际上车人数（分软、硬座和软、硬卧），并和旅客输送日计划相核对，从而查明超员或不满员情况。通过经常的统计分析，积累资料，就能逐步提高计划编制的质量。

4. 日计划的考核

车站旅客输送日计划编制质量的高低，主要是通过对兑现率进行考核。根据中国铁路总公司的要求，每趟列车计划兑现率与日计划兑现率，都要分别达到95%以上。

(1)每趟列车兑现率

每趟列车兑现率，应根据实际大小分别求算，其计算公式为：

实际大于计划时　$\gamma = [1 - (A_{实际} - A_{计划})/A_{计划}] \times 100\%$

实际小于计划时　$\gamma = (A_{实际}/A_{计划}) \times 100\%$

式中　$A_{实际}$、$A_{计划}$——分别为每趟列车实际、计划上车人数。

(2)日计划兑现率

日计划兑现率，可根据全天各次列车兑现率加总平均求得，其计算公式为：

$$\alpha = \sum \gamma / N$$

式中　α——日计划兑现率；

$\sum \gamma$——每趟列车兑现率的总和；

N——列车数。

三、站、车客流信息传报工作

站、车客流信息传报工作是指办理客运业务的车站按规定区段或停车站正确、及时地向旅客列车提报确切的乘车人数，同时，旅客列车如遇客流高峰，造成严重超员时，列车长应及时向有关车站拍发超员电报的相互通报工作。

建立站、车客流信息传报制度，是合理组织旅客乘车、控制列车超员、弥补列车虚糜、实现旅客计划运输的主要措施之一，同时也是实现车站旅客输送日计划的重要环节。站、车客流信息传报工作和车站旅客输送日计划的结合，可使客调及时掌握各次列车的旅客密度，使始发站和中间停车站的客流得到及时输送，列车前方停车站能有预见性地组织旅客乘车，以保证旅客的均衡运输。通过站、车客流信息传报，还可为列车提供良好的服务条件，对车站合理地组织售票，维护站、车秩序，保证旅客列车安全正点运行起着重要作用。

目前，乘车人数通知单(表3－19)以及列车密度表(表3－20)均由站车交互系统自动完成车站与列车之间的信息交接，列车到站前由系统自动接收停车站的相关售票信息。

表3－19　乘车人数通知单　　客统—3

××站　　年　　月　　日　　××××次车

到站	软卧	硬卧	软座	硬座			
				站发	中转	乘车证	合计

续上表

到站	软卧	硬卧	软座	硬座			
				站发	中转	乘车证	合计
总计							
上车总人数：				总进款：			元

第______次列车长______签收

表 3－20　列车旅客密度表

______次列车______年______月______日自______站始发

______年______月______日终至______站

发站 / 人数 / 到站	硬座														
	调整	下车数													
固定票数															
上车人数															
车内人数															

列车编组　辆　硬座标记定员　人

实际定员　人

软座定员　人

硬认定员　人

软卧定员　人

__________列车(车务)段

列车长__________

固定票额	发站 / 人数 / 到站	软硬卧			
		下车数			
上车人数					
车内人数					

输送量　硬座　人

软座　人

硬卧　人

软卧　人

计　人

记事：______________________________

1. 站车客运信息无线交互系统组成

站车客运信息无线交互系统构建了一套为铁路客运站和列车之间提供实时信息交互的无线信息传输平台，实现地面和车上乘车人数通知单、席位发售及剩余等信息的自动交互，使车上随时掌握最新的列车席位发售情况，方便车上工作人员对旅客管理及办理补票等工作；同时客运段管理人员可以及时了解列车上的相关信息，并能够向列车工作人员传达相关业务信息。

站车客运信息无线交互系统由列车便携式移动终端（配备双模无线通信手持终端或笔记本电脑），客运段系统，通过 GSM 无线网络与部站车客运信息无线交互平台进行信息交互，如图 3－10 所示。

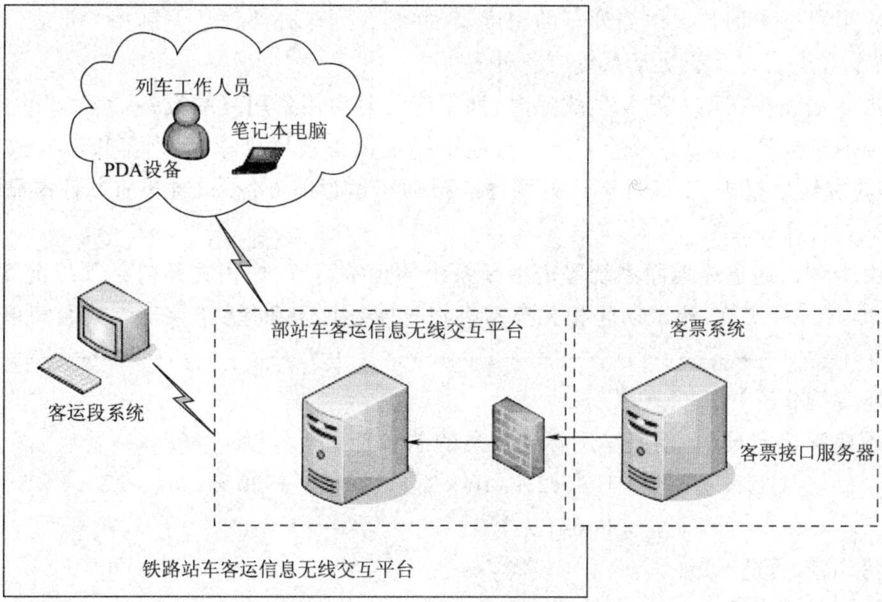

图 3－10　站车客运信息无线交互系统结构图

(1)系统由地面系统、无线传输平台及移动系统组成。

(2)地面系统由下列设备组成:信息发布服务器、GPRS 接口服务器、安全隔离系统、路由器及防火墙、地面系统设置在铁路总公司,负责从客票系统获取乘车人数通知单、列车席位等信息,并通过无线传输通道,推送给指定福如移动终端设备。

(3)无线传输平台是利用中国移动 GSM、GPRS 网络构建的无线传输通道,用以完成列车(客运段)与地面之间的信息传递。

(4)移动系统是指配备专用 SIM 卡、具备接收指定无线信息功能的手持设备或笔记本电脑,在列车上和客运段使用、列车终端设备主要提供乘车人数通知单统计、列车席位查询及车票查验等功能;客运段终端设备主要提供列车密度表查询、监控列车移动终端设备使用情况等功能。

2. 站车客运信息无线交互系统业务流程

(1)列车配置手持设备或笔记本电脑作为接收终端,乘务人员在本趟列车始发30 min前启动系统,完成身份注册和本次列车基础信息下载,用户名为列车在始发站的车次,登陆密码为列车图定始发日期。

(2)客运段配置专用的 PC 机作为接收终端,维护本段担当列车车次目录等相关信息,以确保及时接收地面系统发送的信息。

(3)车站设专人做好乘车人数通知单的发送工作,至少在列车开车前 5 min 点击客票系统计划管理模块“乘车人数通知单”中“打印”按钮,统计该列车在本站的售票情况及剩余席位,客票系统自动将信息发送给指定的移动终端,点击按钮后车站不得继续发售该次列车的车票,遇有列车晚点,车站应在客票系统中做“晚点”调度命令。

(4)列车运行中,列车乘务人员应予到站前 10 min,激活处于休眠状态的系统,以便自动接收信息;如开车后 5 min 仍未收到相关信息,列车乘务人员应启动移动终端设备上的信息下载程序,进行手动下载。

(5)列车乘务人员接收信息后可进行列车补票,查验车票真伪。

(6)到达本次列车终点站后,列车工作人员须注销身份,退出系统。

(7)客运段可查询各次担当列车的密度表,并结合列车补票信息编制相关报表。

3. 站车客运信息无线交互系统应急处置

(1)当终端设备在始发站发生故障时,列车应及时启用备用终端设备。

(2)当网络通道、地面系统或列车运行途中终端设备发生故障时,列车长应向故障发生地所属铁路局客运处报告,由该局客运处顺序通报列车运行前方各局,通知前方各停靠站打印并递交"乘车人数通知单"。

(3)由于调试通道或地面系统等需中断系统的正常运行时,相关部门必须提前5 d报铁路总公司批准后方可实施,调试期间相关车站将临时恢复打印和递交"乘车人数通知单"。

【引导案例分析】

(1)硬座标记定员(各硬座车厢标记定员的总和)

$$A_{标记}=\sum a_{标记}=108\times2+116\times2+118\times2+20\times4\times3+22\times4\times5$$
$$=1\,364(人)$$

硬座标记定员是1 364人。

(2)硬座实际定员

新型车其实际定员即为标记定员。

(3)超成定员

始发:不超员,1 364人。

途中:可超员20%。

超成定员指实际定员与实际定员乘以规定超员率之和(软、硬卧代软、硬座不再加超员率),即

$$1\,364+(108\times2+116\times2+118\times2)\times20\%=1\,501(人)$$

超成定员是1 501人。

技能演练

1. 实训项目

技术计划的编制。

2. 实训内容

客运量预测、客流斜表客流图的编制、客车方案图的编制。

3. 实训要求

(1)确定旅客列车运行区段、计算行车量。

(2)绘制各区段,各种旅客列车的合理开车范围。

(3)按照合理开车范围,选择最佳运行线铺画客车方案图。

(4)根据客车方案图编制旅客列车时刻表。

(5)根据客车方案图,用图解法确定各次列车的车底组数。

(6)计算下列指标:旅客列车平均直通速度;旅客列车平均技术速度;直通速度系数;列车车底平均日车公里。

4. 实训报告要求

(1)客车方案图用小时格运行图,以下行特快列车区间运行时间确定站名线,填记站名。

(2)确定各次旅客列车的车底组数,采用图解法,用24小时格图绘制。在图上要标明车次及始发、终到时刻并标出箭头。运行线一律由配属站向折返站铺画。

复习思考题

1. 我国客流组成规律及其主要特点有哪些?
2. 什么是车站进行客流调查的直接吸引区和间接吸引区? 如何确定?
3. 客流调查有那些方法? 其调查的主要内容是什么?
4. 什么是客流区段? 客流区段如何确定?
5. 旅客运输计划指标有哪些? 如何进行计算?
6. 旅客列车的运行区段和行车量是怎样确定的?
7. 如何确定旅客列车车底需要数? 如何绘制车底周转图? 如何编制旅客列车编组表?
8. 什么是票额分配? 票额分配如何进行?
9. 编制旅客列车日计划有何作用? 编制依据是什么? 如何考核旅客输送日计划的兑现率?

模块四　客运站工作组织

内容一　客运站的作业与主要设备

【知识目标】

(1) 了解旅客运站的作业。

(2) 熟悉客运站的主要设备。

【技能目标】

(1) 掌握客运站的作业内容。

(2) 掌握客运站主要设备的功用及布置要求。

【引导案例】

株洲站行包房(其平面示意图如图 4－1 所示)设置在出站口一侧,为什么要这样设置?

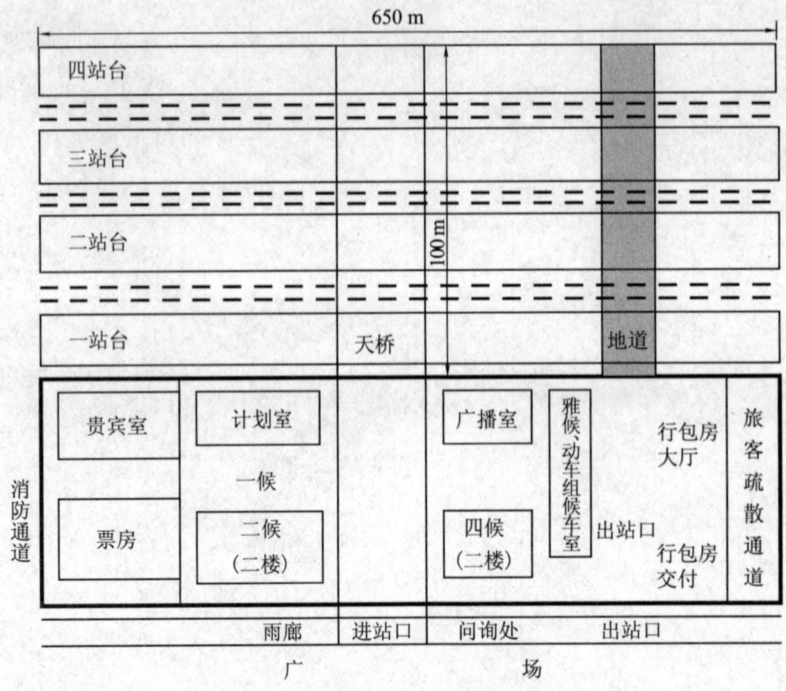

图 4－1　株洲车站平面示意图

【思　　考】

(1) 客运站的站房布置应满足哪些要求?

(2) 客运站站场内设有哪些设备?

客运站是指专门办理大量客运业务的车站。它是铁路旅客运输的基本生产单位,一般设在具有特殊意义的大城市,如首都、革命圣地、省会、旅游城市和中等城市的枢纽地区。

客运站的主要任务是安全、迅速、有秩序地组织旅客上、下车;便利旅客办理一切旅行手续;为旅客提供舒适的候车环境;保证铁路与市内交通联系便捷,使旅客迅速集散。

为完成上述任务,客运站必须有完善的设备及正确的工作组织方法。

一、客运站的作业分类

(1)客运服务作业,包括旅客上下车、候车、问询、小件行李寄存,以及对旅客文化生活、饮食、卫生方面的服务等。

(2)客运业务,包括客票发售,行李、包裹的承运、装卸、保管和交付,邮件装卸等。

(3)技术作业,包括列车接发、机车摘挂、车列技术检查、车底取送、客车上水、餐料供应及上燃料等。

二、客运站的主要设备

客运站由站房、站场及站前广场组成,如图 4－2 所示。

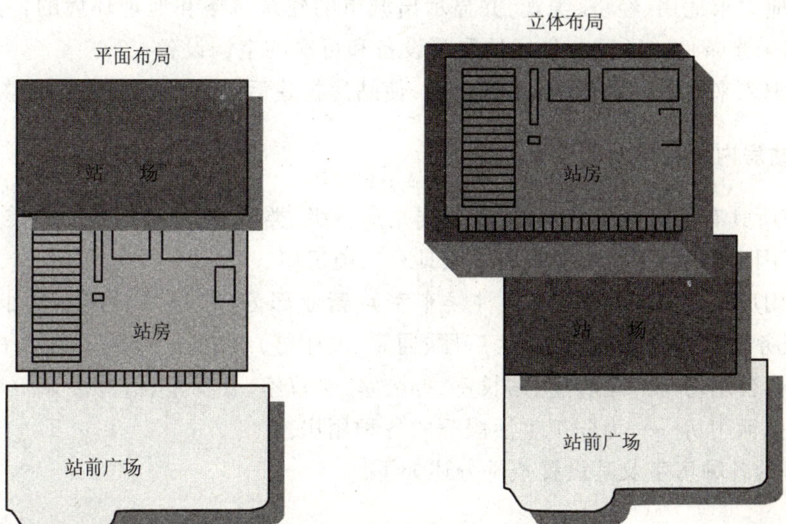

图 4－2　站房、站场及站前广场布局图

(1)站房。站房是客运站的主体,包括为旅客服务的各种用房,运营管理工作所需的各种技术办公用房及办理行包、邮件用房。如售票厅、票库、问询、候车、携带品暂存、行包承运和中转、交付等房舍。还应有阅览室、广播室、微机室、监控室(综控室)、医务室、售货部、饮水处、盥洗间、厕所、工作人员间休室等文化、卫生和生活上的必要设施。其次,还可根据需要设置贵宾室、软席候车室、母婴、军人候车室和旅客餐厅。候车室和特、一、二等站的站台上,应有准确的时钟。

(2)站场。站场是办理客运技术作业的场所,包括线路(到发线、机车走行线、机待线、车辆停留线等)、站台、雨棚、天桥、地道、照明、给排水(围墙)、跨线路的平过道和垃圾处理等设施。

(3)站前广场。站前广场是客运站与城市联系的"纽带",应具备供旅客和各种车辆集散、停留的场地,旅客活动地带和相应的绿化区域,并考虑远期规划用地。设置为旅客使用的各种服务性设施,如售货亭、餐厅和厕所等。

三、旅客站房的布置要求

站房是直接为旅客服务的房舍,是城市的大门。它的布置是否合理,对提高服务质量,保证车站有良好秩序,提高车站运输能力是十分重要的。因此,站房必须满足下列要求:

(1)旅客站房的位置要和城市规划及市内交通网密切配合。通过式客运站,旅客站房一般设在线路靠居民区一侧。尽头式客运站,旅客站房一般设于站台线尽端。站房与站前广场及城市交通工具停车点之间,应有便捷、安全的通路。

(2)各种流线应保证畅通无阻、行程便捷,避免交叉干扰,使旅客、行包和各种车辆在站安全、迅速的集散和通行。

(3)站房建筑的平面应按旅客的需要设置,便利旅客办理各种旅行手续,便于车站工作人员组织旅客上、下车。

(4)根据客流量的大小,尽可能使到达与始发客流、短途与长途客流分开。在站房内站台上应将行包、邮件的搬运与旅客上、下车的通路分开。

(5)站房应力求适用、经济、美观,并显示出城市的建筑风格和地理环境的特点,还要求有良好的通风和采光条件。还应有良好的取暖设备和可靠的空调设备。

(6)要考虑未来客流发展,留有发展余地,使站房扩建后仍然是一个协调的整体。

四、旅客站房内各种用房的设置

旅客站房所具有的房舍及其布置,应根据站房等级、类型、服务于旅客的种类、车站工作量及工作性质等因素确定。大、中型站房一般具有三类房屋:

(1)客运用房——由候车部分(各种候车室),营业部分(售票厅、行包房、小件物品寄存处、问事处、服务处等),交通联系部分(广厅、通廊、过厅等)组成。

(2)技术办公用房——运转室、站长室、办公室、会议室、公安室、信号楼等。

(3)职工生活用房——为职工生活服务的各种用房。

客运用房的各种房室及其设置条件分述如下。

1. 广厅

广厅分进站广厅和出站广厅两种。进站广厅又可分为营业广厅和分配广厅。广厅起着通过和分配人流的作用,也称为交通大厅。

(1)营业广厅。中、小型客运站在进站广厅内设有售票处,有时将行包房、问事处也设在里面。它是客运站的通道,也是旅客办理旅行手续的地点。

(2)分配广厅。在大型客运站为了同时分配各旅客列车的旅客上车,在去往站台前即行分开,可在站台线上空设置分配广厅(即高架候车室),通往各站台都有出入口,分配客流极为方便。

(3)出站广厅。一般设在大型客运站,是旅客出站的必经之地。在出站广厅内设有问事处、补票处、旅客服务处,为出站旅客服务。中、小型客运站可不设出站广厅,而由站房旁边的检票口直接出站。也有的大型客运站只设一个中央厅,供进出站旅客共用。广厅的一侧设置城市至站房及广厅到站台的入口。广厅的另一侧设置由站台至广厅及站房至城市的出口。广厅的中央部分办理旅客业务,供到达和出发旅客共用。

2. 候车室

候车室是旅客候车、休息、排队进站的场所。候车室要为旅客候车创造舒适的环境，有良好的通风、采光、采暖、防暑、休息等设备，与其他站房的主要出入口有密切的联系，并尽可能靠近站台，减少旅客检票上车的行程。目前候车室的设置形式有两种：线侧式和高架式，如图4－3、图4－4所示。

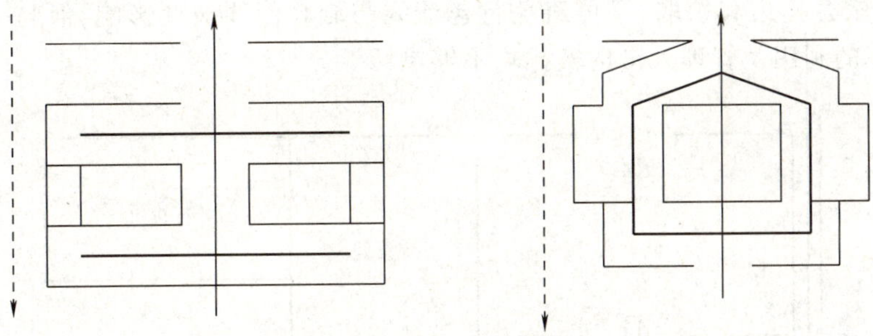

图4－3　线侧式候车室

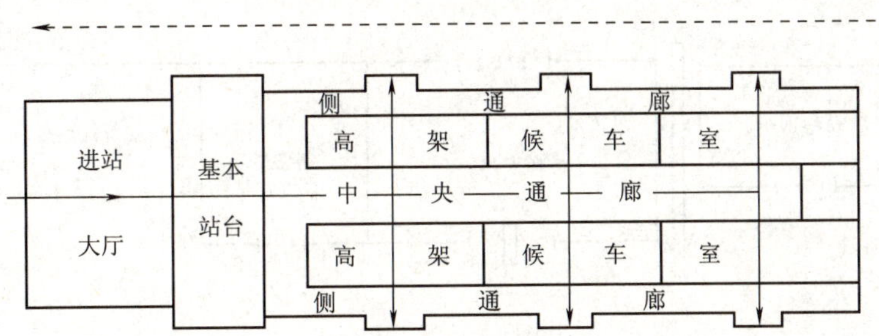

图4－4　高架式候车室

候车室的面积除特殊规定者外，一般根据一昼夜内在候车室旅客最高集结量，按每一旅客占用1.1～1.2 m^2确定。候车室根据候车、营业、交通联系三部分的不同组合分成三种：

(1)综合候车室。将与旅客关系最密切的候车、营业、交通联系三部分组织在一个空间中形成具有综合功能的候车室。其优点是使用机动灵活，利用率高。但当客流较大时，候车秩序乱，影响服务质量。

(2)候车、营业、交通联系三部分分开的布置形式。以交通联系部分为枢纽，将候车、营业部分联通形成按旅客方向、性质或列车种类分别设置，如普通候车室、母婴候车室、贵宾候车室、软席候车室等。这种候车室，候车条件好，便于组织客流，服务质量高。

(3)候车、营业、交通联系三部分既分又联的布置形式。将候车部分与交通联系部分集中设置，将旅客活动较频繁的营业部分单独设置，并设于进站通路的两侧。这种候车室，旅客候车安静、方便，但候车旅客多时，各种旅客互相干扰、秩序紊乱。

3. 行包房

行包房包括行李、包裹的托运、提取处和行包仓库两部分。行包房的位置应与旅客托运、提取行包的流线密切结合，尽量减少与客流、车流的交叉干扰，并与客运用房、站台、广场取得有机联系，与跨线设备及运输方式取得密切配合。行包房的布置形式有下列几种：

(1)设一个行包房兼办行包的托运和提取业务。这种布置的优点是对行包仓库的利用、管理人员的安排和行包的搬运等方便灵活。缺点是托运、提取流线易发生干扰，行包业务容易产生差错。

根据行包房位置不同又可分为下列几种形式：

①行包房设在旅客进出站流线之间。

②行包房设在站房左侧或右侧，如图 4－5(a)所示。

(2)分别设置托运和提取行包房，设于站房的左侧或右侧，如图 4－5(b)所示。这种布置能方便进出站旅客托运和领取，又可避免行包流线与旅客流线彼此影响，但与一个行包房相比，对行包仓库的利用及管理人员的安排均不够灵活。

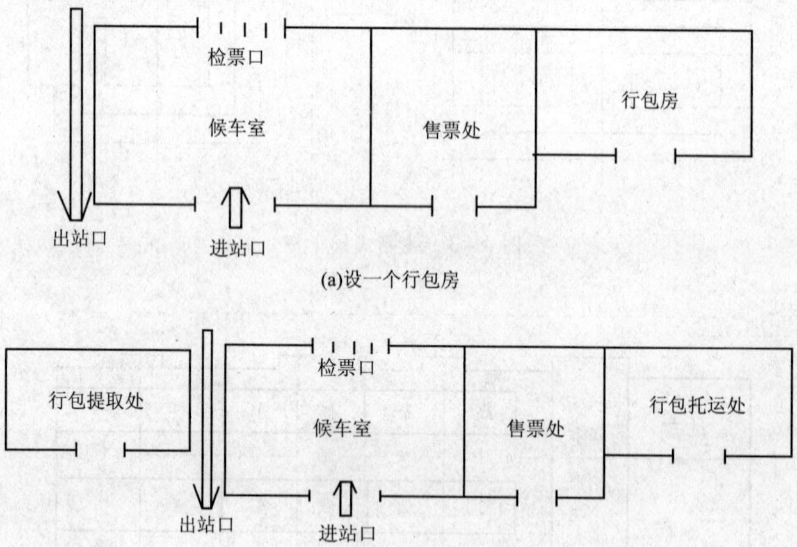

(b)行包房布置方式之一

图 4－5　行包房布置方式图

4. 售票处(厅)

售票处的位置及布置方式应根据客运站的性质、规模及旅客进站办理作业的程序等因素决定。中、小型客运站的售票处设在广厅内进站口一侧，这样可使进、出站旅客不发生交叉。大型客运站的售票处应设在进站流线的前端，直通站前广场和广厅，与候车室要联系方便。在站房之外另设售票处时必须通过走廊与站房连接，减少旅客的露天行程。在中转旅客多的车站，可在站台内或出口附近设中转签字处。售票处应根据旅客发送量开设售票窗口。

为方便旅客售票，减轻车站售票处负担，大城市根据市内人口及交通情况设置市内售票所和车票代理发售处。

5. 问事处

问事处是解答旅客问讯的处所，如旅客列车发到时刻、购票、托运、提取行包手续等问题。三等以上车站应设置专门的问事处。其位置应在站内较明显的地方，并靠近售票处。在客流比较集中的大站可设几个问事处或设电视、电话问讯设备及电子信息显示系统。

6. 小件物品寄存处

寄存处是旅客暂时存放携带品和小件行李的场所。小型客运站可将小件寄存处附设在问事处或行包房内。大、中型客运站应单独设置，其位置最好能供进出站旅客共用，如客流量大的车站可在进站大厅、出站口附近分设几处，方便旅客就近存取。

五、站前广场及站场

1. 站前广场

站前广场是客流、货流、车流的集散地点，是车站组织旅客室外候车和休息的场所，站前广场还可作为临时迎宾和集会的地方。

为保证旅客和车辆能安全、迅速、便利地通行，站前广场的修建应与城市规划密切配合，使城市道路与站前广场、旅客站房的进、出口取得有机联系，尽量缩短进、出站旅客的步行距离，减少车流、人流、行包流的交叉和干扰。

(1)各种车辆停车场，包括公共车辆停留场、小汽车及非机动车辆停留场、行包邮件专用车停留场。

(2)旅客活动地带，包括人行通道、交通安全岛、乘降岛和旅客活动平台。

(3)旅客服务设施，包括旅馆、食堂、商店、邮局、汽车站、厕所等。

2. 站场

客运站站场内应设有各种用途的线路、站台和跨越设备(天桥、地道、平过道)、风雨棚及给水设备。

(1)旅客列车到发线

旅客列车到发线应设置在站台两侧，并在相邻两个旅客站台之间布置两股旅客列车到发线。

中间站旅客列车到发线的进路，一般应按方向别固定线路。客车始发、终点站应按列车固定进路。这样的安排，既便利旅客的乘降，也便于客运(站、车)作业。

客运站除旅客列车到发线外，还应设有货物列车运行线、机车走行线、客车停留线等。

(2)站台及雨棚

为保证旅客安全，便利上、下车，提高旅客乘降速度，缩短行包、邮件的装卸时间，提高客运站的通过能力，在办理旅客乘降的车站均应设置旅客站台。旅客站台的数量与位置应与旅客列车到发线的数量相适应，随着客运站类型不同而有所不同。当客运站为通过式时，应设基本站台和中间站台；当客运站为尽端式时应设分配站台和中间站台，如图 4－6 所示。

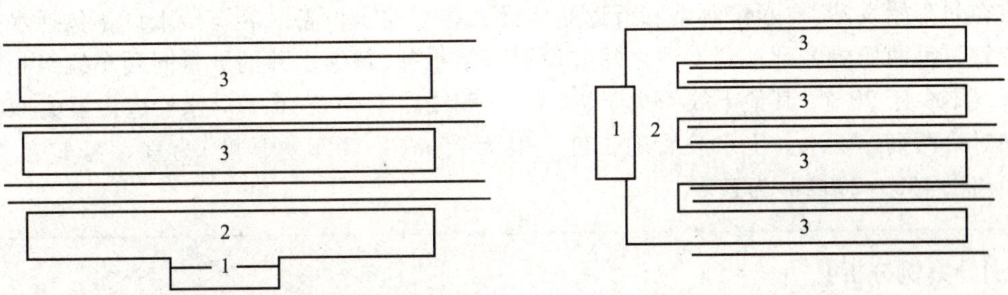

(a) 通过式客运站站台　　(b) 尽头式客运站站台

1—站房；2—基本站台；3—中间站台　　1—站房；2—基本站台；3—中间站台

图 4－6　客运站站台形式

旅客站台应硬面化，以保证雨季也能正常使用。按站台与线路钢轨顶面的高差值，可分为三种：低站台高差为 300 mm，设在邻靠正线及通过超限货物列车到发线的旅客站台；高站台高差为 1 100 mm，站台平面和旅客车厢车底平面相同，便于旅客乘降和行包装卸，但不能通过超限货物列车，也不能通过高速列车，这种站台设在特等站停靠旅客列车到发线的旅客站台；一般站台高差为 500 mm，站台平面和客车车厢最低的阶梯踏板大致等高，这种站台也较便于旅客乘降和行包装卸，但邻靠这种站台的线路不能通过超限货物列车。

在客车的始发、终点站和其他客流量、行包量大的站台上，应设置站台雨棚。雨棚用于遮阳和避风雨，给旅客乘降和行包、邮件装卸带来便利。大型站的雨棚其长度、宽度应分别与站台的长度、宽度相同。站台宽度超过 10 m 或站台上建有天桥地道等，宜采用双柱雨棚，其他站台可采用单柱雨棚。

三等以上车站的站台上根据需要可设售货亭、洗脸池和卫生设施。

(3)跨线设备

跨线设备是站房与站台之间或站台与站台之间来往的道路。它对于保证旅客及工作人员安全、便利的通行，保证行包、邮件安全便利的运送，提高通过能力起着重要的作用。跨线设备按其与站内线路交叉关系可分为平过道及立体跨线设备。

平过道(图 4－7)是最简便的跨线设备。在通过式车站，站台端部的坡底一般设置平过道，供运送行包和邮件的车辆跨越线路。在较小的客运站，一般在站房进出口之间和中间站台适中的地方设置平过道。

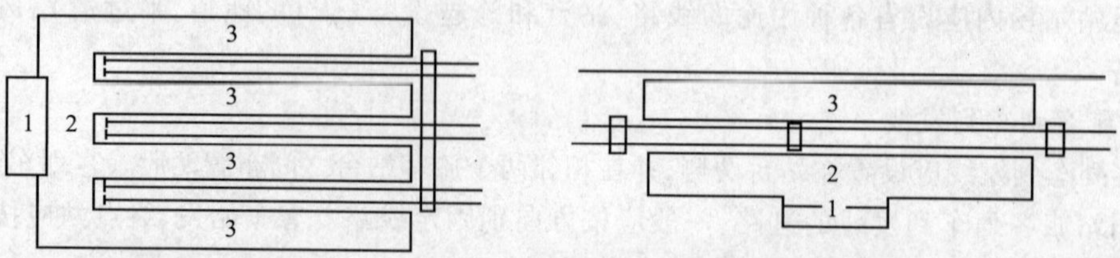

图 4－7　平过道设置位置示意图

立体跨线设备中最常见的有人行天桥和地道。中型站一般应设立跨线设备，大型以上的客运站，为避免进出站人流对流阻塞，需设置两个立体跨线设备，这样的车站究竟建造天桥还是地道，应依据站场条件、地形地质、工程造价、站房而定(侧上式和侧平式站房宜造天桥、侧下式站房宜造地道)。一般来说，车站建有两个立体跨线设备，一个天桥(进站)、一个地道(出站)为宜。

(4)给水设备

旅客列车始发站、技术作业站和折返站应设有客车给水设备。客车给水设备包括水井、水栓和胶管。每两股旅客列车到发线之间应设置一组水井，每组水井的数量同列车编组相同，即主要干线不少于 20 个，其他干线不少于 18 个，一般线路不少于 16 个。水栓应设置为双头的，便于同时给两列车上水。上水胶管的长度一般为 25 m(一辆车厢长度)为宜。客车给水站的分布距离以 150～200 km 为宜。

【引导案例分析】

行包房的位置应与旅客托运、提取行包的流线密切结合，尽量减少与客流、车流的交叉干扰。株洲车站以中转及到达客流为主，因此为了减少交叉干扰，株洲站行包房设置在出站口一侧。

内容二　客运站流线组织

【知识目标】

(1)了解流线组织的原则。

(2)熟悉客运站流线组织。

【技能目标】

(1)掌握流线疏解的方法。

(2)掌握客运站旅客、行包、交通车辆的流动路线。

【引导案例】

2013 年 12 月 7 日株洲车站一旅客要乘动车组列车到南昌,该旅客的进站流线是怎样的?(根据图 4-1 分析)

【思　考】

怎样根据车站客流的特点来进行流线疏解?

在客运站内,旅客、行包、交通车辆的流动路线简称为流线。流线组织是否合理,不但影响客运站的作业效率和能力,同时也直接关系到客运设备的运用及旅客服务质量。

流线按流动方向不同,可分为进站和出站两大流线;按性质不同,可分为旅客流线(简称人流)、行包流线(简称货流)、车辆流线(简称车流),如图 4-8 所示。

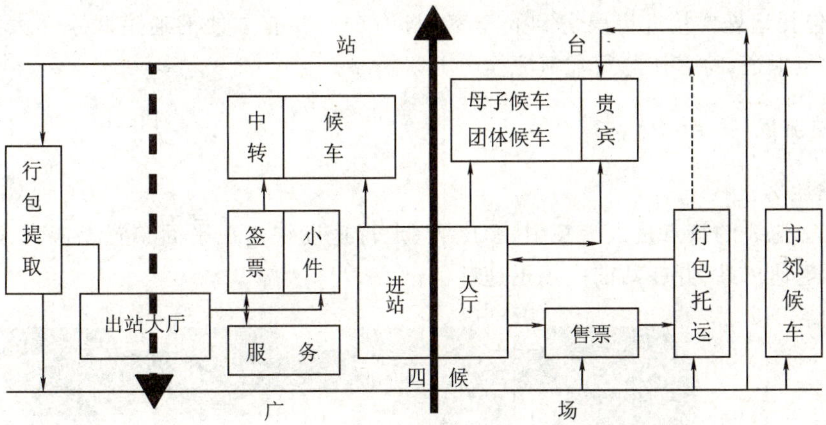

图 4-8　大型客运站流线关系图

一、进站流线

1. 进站旅客流线(图 4-9)

车站的进站人流在检票前比较分散,不同旅客在不同时间内进站办理各种旅行手续,并在不同地点候车。进站旅客流线按旅客类型不同又可分为不同流线。

(1)普通旅客流线。这是进站人流中的主要流线,人数最多,候车时间较长。多数客流进站的流程是;广场→问询→购票→托运行李→候车检票→站台(跨线设备)上车。部分已预购客票的旅客和不托运行李的旅客,不全按照上述流程进行。

(2)特殊旅客流线。特殊旅客包括母婴及老、弱、病、残旅客,其流程顺序与普通旅客相同,考虑其特殊性,在中型以上站房均另设母婴候车室和专门检票口,保证他们优先、就近进站上车。此外,对团体旅客,在大的客运站也应另设候车室,最好与普遍旅客流线分开以免延长进站时间。

(3)动车组旅客流线。较大车站应设置动车组旅客专用候车室,有动车组停靠的中间站应设专用候车区。动车组旅客的候车室(区)设备设施和服务应符合软席候车室标准。动车组车门验票由车站负责,通道和站台专用的车站可以不实行车门验票。无法实现站台和进站通道固定的车站，须根据实际情况制订细化组织措施，出、入流线应与普通旅客流线分开，"实行一人一门"制，做好查验票证、扶老携幼工作，确保旅客乘降组织安全有序。

（4）贵宾流线。在贵宾来往频繁的客运站，为保证贵宾的安全和便利，应设贵宾室。除设专用通道连通基本站台外，还应设置汽车直接驶入基本站台上车的通道。他们的出、入流线应与普通旅客流线分开。在个别情况下，为举行仪式，贵宾室要连通站房大厅。

（5）中转旅客流线（图 4－9）。中转旅客根据换乘时间的长短，有的办理签票后即在候车室休息，随普通旅客检票进站，有的不出站在相应的站台上即换乘列车。

在进站旅客流线中，如旅客事先买好了预售票或事先托运好行李，就可在临开车前进人候车室或直接进站上车。这样则可简化旅客进站手续，减少客流交叉，减少站内旅客最高聚集人数。因此扩大预售车票和办理行包接取、送达业务，将有利于客运站的客运组织工作。

2. 行包流线

（1）发送行包流程：托运→过磅→保管→搬运→装车。这条流线应与到达行包流线分开。

（2）中转行包流线，根据中转车次衔接情况、中转作业量的大小和有无中转行包库房等情况的不同，有时行包到达后暂存放在站台上并在相应的站台上直接换装，在某些情况下则需预先搬运至发送仓库或中转行包仓库，再按发送行包处理。

（3）行包托运处要接近售票房和候车室，与停车场要有方便的通道联系。大型客运站应设专门的行包地道，将客流与行包流完全分开。

二、出站流线（图 4－9）

1. 出站旅客流线

出站旅客流线的特点是人流集中、密度大、走行速度快。在平面布置上应考虑通畅便利，使出站旅客迅速出站，并在站前广场迅速疏散。

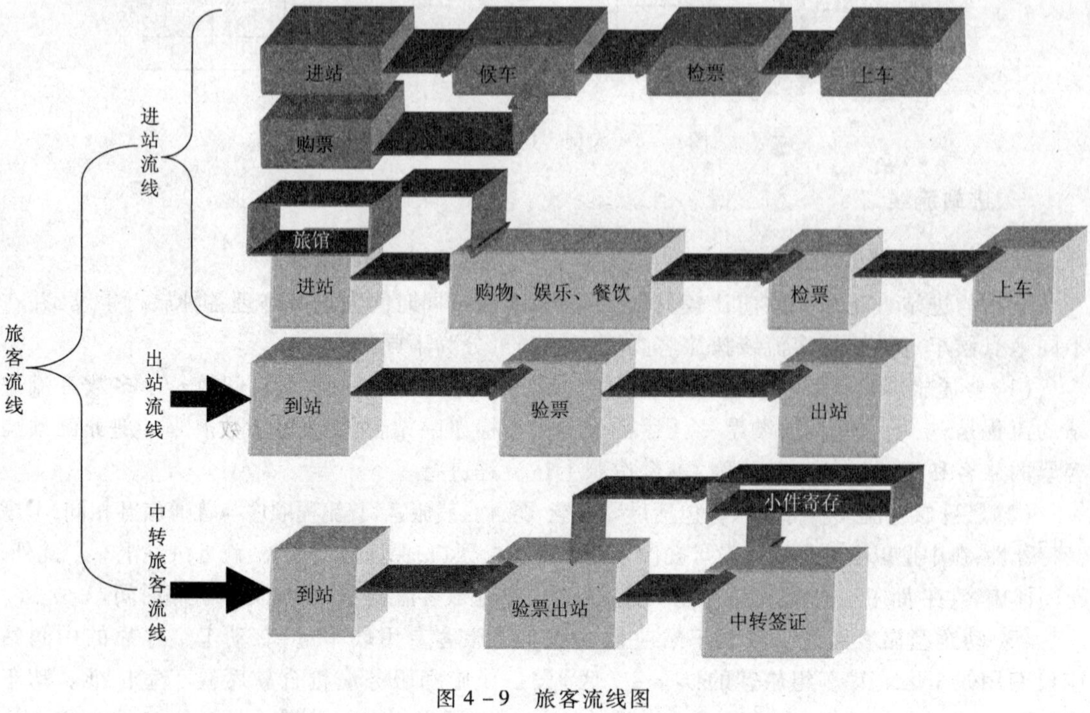

图 4－9　旅客流线图

出站旅客流线比进站旅客流线简单，旅客办理手续少，使用站房时间短。一般情况下，普通、中转旅客均在一个出站口出站。

2. 行包流线(图4－10)

到达行包的作业流程顺序是：卸车→搬运→保管→提取。这条流线应尽量与发送行包流线分开。行包提取处应靠近旅客出口，大型客运站应设置专用行包地道。

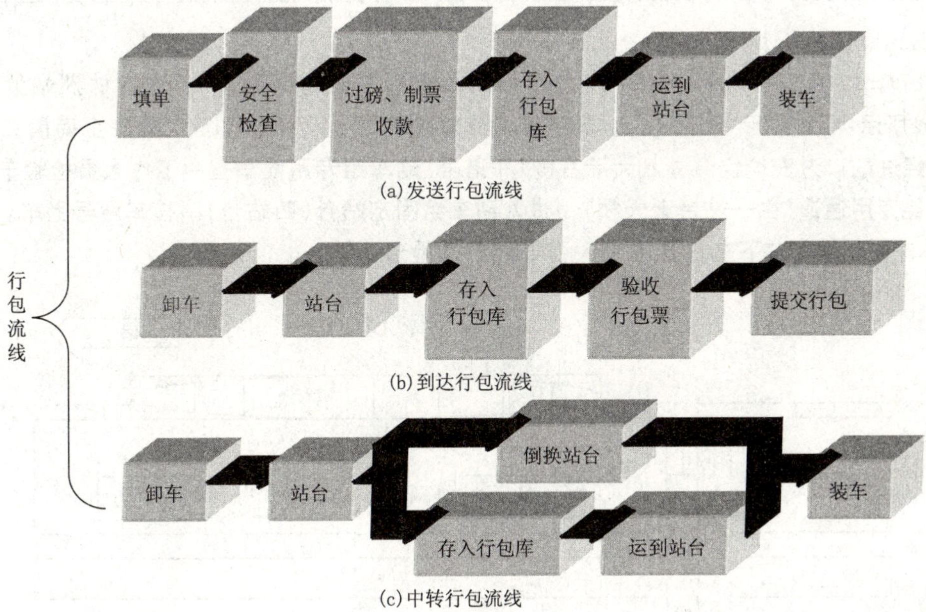

图4－10 行包流行图

三、车辆流线

车辆流线是指站前广场上的公共交通车辆流线，出租汽车、小汽车流线，邮政、行包专用车辆流线及非机动车辆等流线。在站前广场上应合理组织各种车辆的交通流程，妥善规划各种车辆停靠位置和场所，使各种车辆流线交叉干扰最少，使旅客、行包、邮件迅速、安全的疏散。

四、流线组织原则和流线疏解的基本方式

1. 流线组织原则

(1)各种流线避免互相交叉干扰。即尽量将到、发客流分开，将长途与短途客流分开，将客流与行包、邮政流分开，将到达行包与发送行包流线分开。在职工较多的车站还应考虑将职工出入口与旅客出入口分开。

(2)最大限度地缩短旅客走行距离，避免流线迂回。首先应缩短多数旅客的进站流线，尽量把站房入口与检票入口之间的距离缩短；其次，也要给其他活动程序不同的旅客，创造灵活条件，以便他们都可能按照自己的程序以较短的路线进站。

2. 流线疏解的基本方式

(1)在平面上错开流线，即在同一平面上，站房及各种客运设备的布局使各种流线在同一平面左右错开自成系统，达到疏解的目的。为配合站前广场的车流组织通常将进站客流安排在站房的右侧，出站客流安排在站房的左侧。这种方式适用于中、小型或单层的客运站。

(2)在空间上错开流线，即进出站流线在空间上错开，进站客流走上层，出站客流走下层，

达到疏解目的。这种方式适用于大型双层客运站。

(3)在平面和空间上同时错开流线，即流线既在平面上错开又在空间上错开。进站客流由站房右侧下层入站，经扶梯上层候车，然后经天桥或高架交通厅(检票厅)检票上车。出站客流经地道由站房左侧下层出站。这种方式不但流线明显分开，而且流线距离也缩短，适合于大型双层客运站。特大客运站北京、上海等站则采用这种方式达到疏解流线的目的。

【引导案例分析】

2013 年 12 月 7 日株洲车站一旅客要乘动车组列车到南昌站，该旅客在株洲站的流线如图 4－11所示：到售票厅"和谐号"动车组售票窗口购买 12 月 7 日 D118 次株洲至南昌二等软座车票→经进站口过安检仪→进入大厅右侧"和谐号"动车组专用候车室→工作人员检验车票→专人引导经专用通道(由一站台上天桥)→进入动车组固定站台(四站台)→按车厢号上车。

该次动车组列车下车旅客由专人引导经出站地道出站。

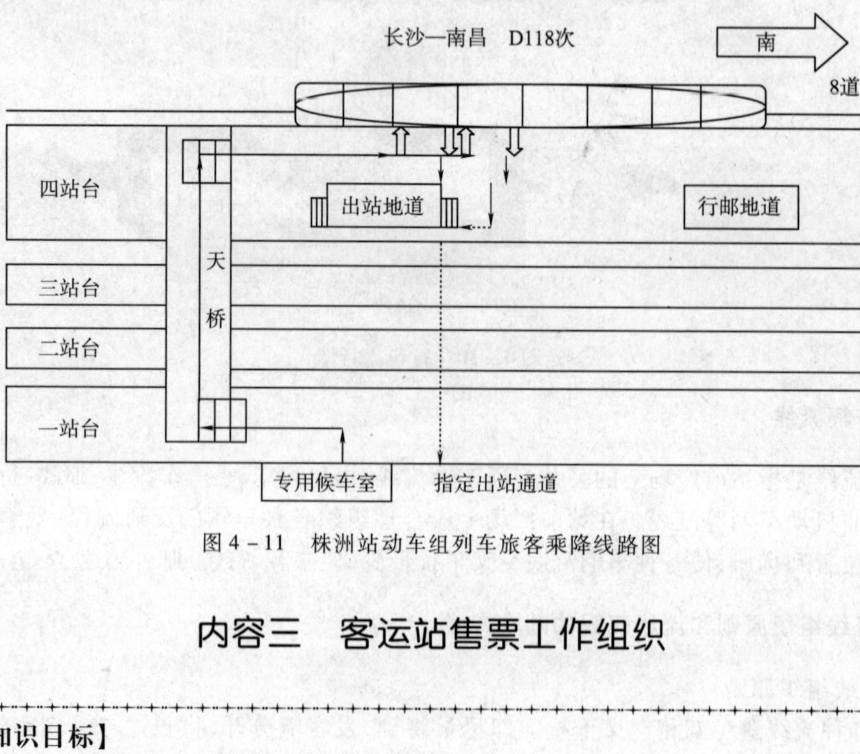

图 4－11　株洲站动车组列车旅客乘降线路图

内容三　客运站售票工作组织

【知识目标】

(1)了解客运站工作组织的主要内容。

(2)了解售票组织工作主要内容。

【技能目标】

(1)熟悉并掌握计算机售、取、改、退票程序。

(2)掌握票据请领、保管、交接和结账，填报售出客票旬、月报表；统计和积累售票资料。

【引导案例】

一名旅客在南宁站购买了一张南宁到柳州的车票(图 4－12)，本张车票是怎样发售出来的?

图 4－12　车票票例

【思　　考】

怎样给本张车票办理始发签证、退票或挂失补办?

售票工作组织是客运站工作组织的重要组成部分。它的具体任务是正确和迅速地将车票发售给旅客。客运站通过售票把广大旅客按方向、车次有条不紊地组织起来纳入运送计划。为保证旅客及时方便的买到车票,客运站必须做好售票组织工作。

一、售票处的种类

1. 车站售票处

车站售票处售票范围比较全面,以发售当日车票为主,同时也预售车票及办理电话订票、互联网取票等业务。

车站售票处应根据设备条件,旅客的流向、流量、业务性质,合理划分各售票窗口的售票范围。如有发售全国各站的窗口,有发售某线或该线某段的窗口,有发售某方向或某列车的窗口,还有专门发售军人、通勤客票的窗口、互联网人工取票窗口、应急处置窗口及中转、签证窗口等。

应急处置窗口——办理互联网订票、电话订票查询处置。

网订退票、改签窗口——办理网订退票、网订改签以及车票挂失。

优先购票窗——为特殊重点旅客、老、幼、病、残、孕旅客、军人及残疾军人办理优先购票。

毕业生窗口——暑期毕业生较多,专对凭毕业证明购票的毕业生开设。

互联网自动取票区——凭二代身份证换取互联网订票,减少旅客排队。

自动售票机——旅客可自主选择售票、改签、兼顾互联网取票。

客运量较大的车站,各售票窗口应昼夜不间断的发售车票,客运量较小的车站应固定售票时间,并向旅客公告。

2. 车票代售点

车票代售点一般设在市内交通便利、人口集中、商业繁华的地点。代售点之间的距离原则上不少于 500 m,并距离最近火车站 800 m 以上,代售点原则上仅发售全票、小孩票和学生票,后台权限仅授予售票和废票功能。已开通电话订票或互联网售票业务的车站,其代售点可授权相应的取票功能。

代售点不得办理退票、签证、改签业务。发生铁路线路中断、自然灾害影响无法行车等特殊情况时，铁路局可指定代售点办理退票手续，并在当地政府及挂靠车站的紧密配合下进行。

3. 临时售票处（图 4－13、图 4－14）

在节假日服务于突然增大的客流而深入厂矿、企业、机关、学校或在车站附近临时设置的售票场所，发售当日车票或预售车票，以减轻车站和市内售票所的负担。

图 4－13　车站广场农民工返程售票处

图 4－14　电话、互联网订票取票

二、售票处、售票窗口的设备和资料

1. 主要设备

主要设备有电子计算机、车票打印机、POS 机、储票柜、保险柜、计算器、学生优惠卡识别器、二代身份证识别仪、多功能验钞机、对外显示屏、双向对讲扩音机等，并要有良好的通风和照明以及便于售票作业的专用桌子和转椅。

2. 业务资料

业务资料有《铁路旅客运输规程》《铁路客运运价规则》《铁路旅客运输办理细则》《铁路旅客运输管理规则》《客运规章汇编》《客运运价里程表》《旅客票价表》《国际客协》《国际客价》《军运后付办法》《全国旅客列车时刻表》《全国地图》《列车编组顺序表》《全国铁路营业站示意图》以及全国快车始发站、停车站名表和本站列车到发时刻等。

三、售票工作组织

售票处的工作是合理组织客流，实现计划运输的重要环节。为保证旅客迅速、正确地办理乘车手续，售票处必须有周密的售票计划和良好的工作组织。

(一)售票计划

根据铁路总公司关于售票组织的管理规定，按照统一管理、逐级负责的原则，实行铁路局和车站(车务段)两级管理，根据旅客购票需求及客流变化情况，组织站车相关单位，通过席位复用、票额共用、票额调整等售票组织方式和手段，实现能力的充分利用。

旅客列车票额的管理原则上由票额所属铁路局负责，特殊情况由铁路总公司指定。按照规定铁路局负责客票系统权限范围内客运业务基础数据的维护与管理、编制票额基本计划、监控席位的生成、压票、转票、订票等情况；车站(车务段)负责对售票情况进行统计、分析，做好客流吸引区域的客流调整工作，及时向铁路局提报售票组织、能力调整建议，并按规定向相关部门提供统计报表；客运段完成与车站相关信息的交互和传递，掌握列车席位利用情况，按规定做好票额动态调整、席位复用、票额共用等售票组织方式实施后的列车补票工作。

票额共用是指：车站"公用"用途票额，允许被列车运行径路前方多个车站使用，旅客根据需要选择乘车站购票，并按票面指定乘车站乘车。

席位复用是指：对客票系统席位售出后，再次生成从售到站至原限售站的新席位，使列车能力再次利用。席位复用分为一次复用和全程复用。一次复用是指对席位复用一次后产生的新席位不再复用；全程复用是指对列车运行区间中的剩余区段进行多次复用。

(二)售票业务

售票是一项细致的工作，既要有较快的速度，又要保证票款准确，同时还要解答旅客问询。因此，售票员应有熟练的售票技术和良好的工作态度。

为适应铁路改革与发展的需要，原铁道部于1995年首先在全路主要干线和大站率先实现电子售票，继而建立了一个覆盖全国铁路的电子售票网络，2006年开通了电话订票、2010年开通了互联网售票等多种手段，开办了旅程规划、发售异地票、联程票、往返票、储值票等业务，从而铁路售票工作走向了客票管理和发售工作现代化，提高了铁路客运经营水平和服务质量，向"便民利民"的工作目标逐步迈进。

对于电子售票，可采取下列措施提高售票速度：

(1)售票厅内设置揭示牌，公布本站各次旅客列车到开时刻、主要换乘站列车时刻、全国主要站票价、全国铁路客运接算站示意图、旅客须知、儿童标高线、客运杂费收费标准、公告、余票信息等。

(2)通勤列车到站少，旅客购票集中，并增对不同服务对象，可设专口售票。

例如，可根据不同的服务对象及不同时段客流，日常开设重点旅客专窗、CRH动车组售票专窗、现役军人专窗、短途旅客专窗、往返套票、联程套票专窗；学生寒暑假时期开设学生专窗；"清明""端午"期间增设短途票专窗；军运时期增设老兵专窗等，并适时用小广播系统对旅客广播售票信息，如"××车次车票已售完，请旅客们改乘其他交通工具"，专窗的开设避免了购票旅客盲目排队，大大缩短了旅客排队时间，提高了售票速度。

(3)为准确地发售车票，提高售票速度，售票窗口应备有票价速算表、全国快车始发站站名表、限制办理营业站站名表和由本站开出的各次快车停车站、慢车不停车站站名表等。

(4)拓宽售票渠道，采取电话订票、互联网售票、电子支付售票等多形式售票。

①电话订票

a. 电话订票可订票种：电话订票可订全票、小孩票、学生票、残军票，不办理改签和退票业务。需要办理改签和退票业务时，旅客应到票面乘车站或购票站，车站按退票规定办理。

b. 电话订票订取票数量：电话订票取票张数原则上与普通售票窗口保持一致，日常订票不限次数，特殊期间按有关文电办理。

c. 电话订票有效证件：电话订票有效证件为中华人民共和国居民身份证，港澳居民来往内地通行证，台湾居民来往大陆通行证，有效护照。

d. 电话订票取票方式：旅客订票成功后凭电话订票系统提供的流水号和有效身份证件原件到铁路部门对外公布的取票地点取票。学生票凭订票时所使用的有效身份证件和附有学生火车票优惠卡的学生证(均为原件)，到安装有学生火车票优惠卡识别器的车站售票窗口或代售点办理取票业务。伤残军人(警察)优待票凭订票时所使用的有效身份证件和"中华人民共和国残疾军人证""中华人民共和国伤残人民警察证"(均为原件)到车站售票窗口办理取票业务。小孩票凭订票时使用的身份证件及取票人员的身份证件原件到车站售票窗口或代售点办理取票业务。

e. 电话订票预订期及系统开放时间：电话订票的预订期应优先于窗口预售期，不办理 3 d (含当天)以内车票的电话订票业务，系统开放时间原则上为 06:00 ~ 23:00 之间。

f. 电话订票取票时间：办理电话订票取票时间原则上为每日 8:00 ~ 24:00，代售点以本点营业时间为准。特殊时期，可根据实际订票情况适当延长，必要时实行 24 h 取票，具体时间以有关电报(或文件)公布为准。

当日 12:00 前预订的车票应在当日 24:00 前取票，当日 12:00 后预订的车票应当在次日 12:00 前取票，未取车票将取消订票，其票额自动返回公共网再次发售。日常取票时间变化时以铁路局电报(或文件)公布为准。

②互联网售票(其流程如图 4 - 15 所示)

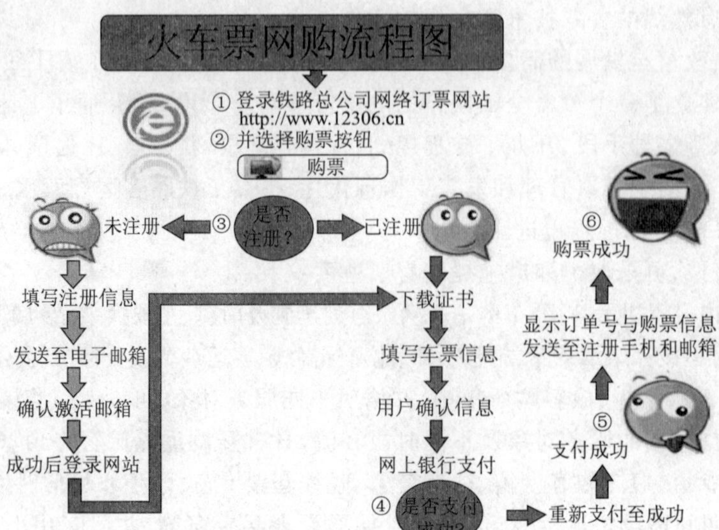

图 4 - 15　互联网售票流程图

铁路互联网售票是指通过中国铁路客户服务中心网站 www. 12306. cn（以下简称“12306. cn 网站”），办理铁路电子客票的销售、改签、退票等业务。

互联网售票的种类包括全价票、儿童票、学生票、伤残军人（警察）优待票，并采用电子支付方式付款。

a. 互联网购票可使用的有效身份证件为中华人民共和国居民身份证、港澳居民来往内地通行证、台湾居民来往大陆通行证和护照四种。

b. 购买儿童票的乘车儿童没有办理有效身份证件的，应当使用同行成年人的有效身份证件信息。

c. 一张有效身份证件同一乘车日期同一车次只能购买一张车票，但购买儿童票的乘车儿童没有办理有效身份证件的除外。

d. 互联网购票应当在车票预售期内且不得晚于开车前 2 h，并在规定的支付时间内完成网上电子支付。

e. 互联网购买车票后，可以在网站或车站改签退票窗口办理改签、退票手续。旅客在互联网购票后，尚未换取纸质车票的，可以在网上办理铁路电子客票改签、退票手续，但不得晚于开车前 2 h；已经换取纸质车票的，只能在车站办理改签、退票手续。

f. 旅客在车站办理铁路电子客票或纸质车票改签、退票手续时，应在配备有银行 POS 机的车站改签或退票窗口，按照《铁路旅客运输规程》相关规定办理。以下情形，按下列规定办理：

（a）已经换取纸质车票的，可到任意一个车站办理。

（b）在具备二代居民身份证检票条件的乘车站，持二代居民身份证已经办理进站检票手续但未乘车的，经车站确认后按规定办理。

（c）乘车站和下车站均具备二代居民身份证检票条件，持二代居民身份证检票乘车，因伤、病或者承运人责任中途下车的，凭列车长出具的客运记录在下车站按规定办理退票手续。

③电子支付售票

在任何售票界面中均有刷卡支付按钮，如图 4－16 所示。

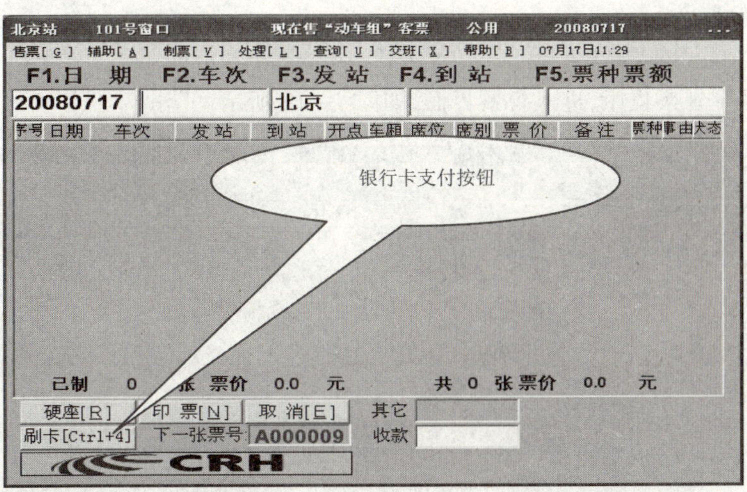

图 4－16　银行卡支付界面（一）

在取票后刷卡支付时的界面如图 4－17 所示。

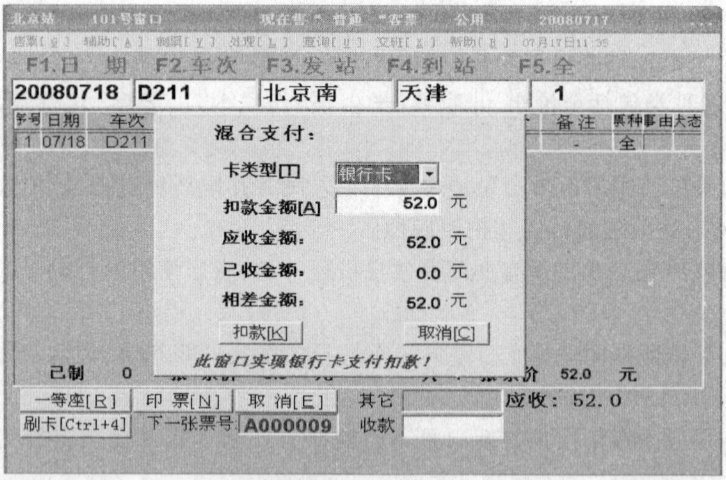

图 4－17　银行卡支付界面（二）

银行卡购票渠道包含安装了银行 POS 机的售票窗口（含代售点窗口）及安装了银行读卡器和密码键盘的自动售票机（简称 TVM 机）等。

受理银行卡的种类：

a. 售票窗口 POS 机可以使用本行所有银行卡，以及带银联标识的其他银行卡和支付卡。

b. TVM 机上可使用标识银行的所有银行卡，以及带银联标识的其他银行借记卡和支付卡。

旅客采用银行卡购票支付方式购买车票时，同一批次可以同时购买多张车票，但必须使用一张银行卡支付全部票款，不得部分票款使用银行卡、部分票款使用现金或者使用两张以上银行卡支付。不同批次可以使用不同支付方式购票。

旅客采用银行卡支付方式购买的车票，正面印有收单银行标记：如中国银行为㊥、工商银行为(工)、农业银行为(农)、招商银行为(招)。车站在办理退票、改签、废票业务时应根据票面印制的收单银行标记使用相同银行的 POS 机。

（三）售票业务种类

1. 发售普通电子车票

登录售票系统售票程序，进入售票界面，如图 4－18 所示。

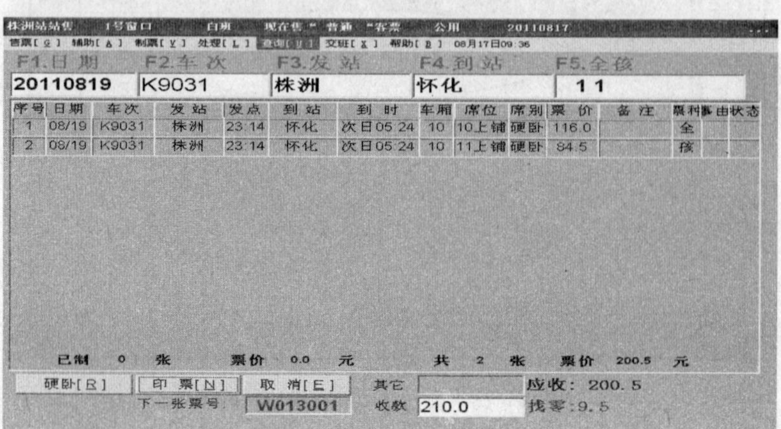

图 4－18　售普通车票界面

“六字”售票法：

(1)问，问清旅客乘车日期、车次、到发站、席别、票种、张数。

(2)输，输入旅客乘车日期、车次、选择发到站(异地乘车次)、票种、数量及席别。

(3)收，收取购票款，认真清点确认，并根据计算机找零显示，正确找零款。

(4)做，打印软纸票。

(5)核，核对票面信息。发现废票时及时加盖作废戳记。

(6)交，将车票及余款交给旅客，同时报唱日期、到站、席别、张数。

2. 发售 CRH 动车组车票

用“Alt + D”进入有“CRH”字样的售票界(图 4 - 19)面按售普通票程序发售 CRH 动车组车票。

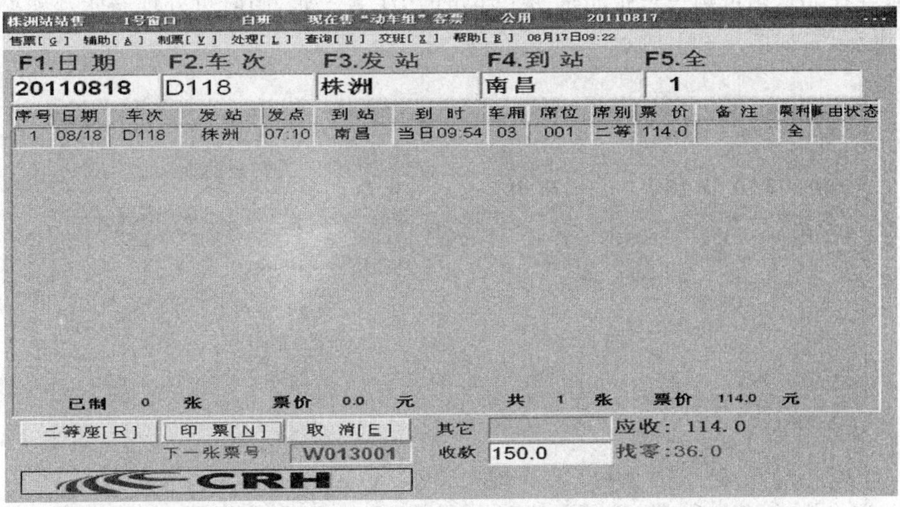

图 4 - 19　售动车组车票界面

3. 发售异地票(图 4 - 20)

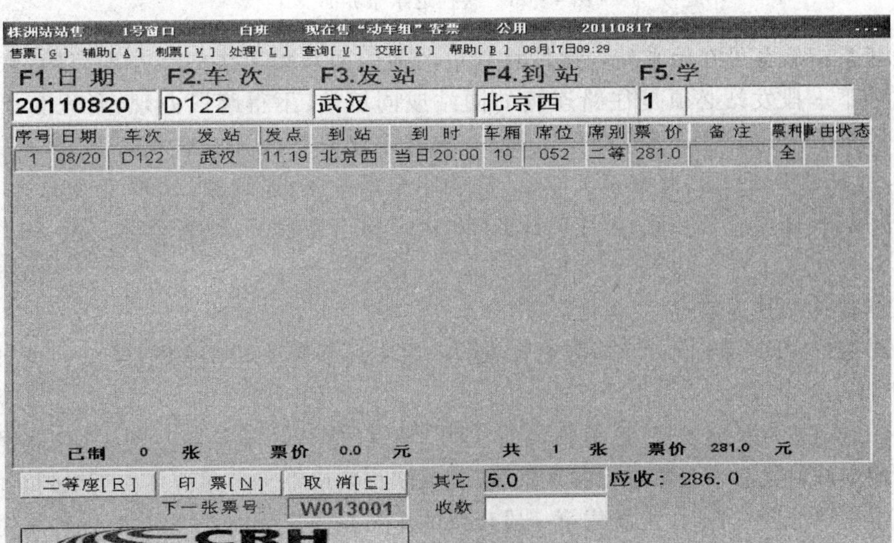

图 4 - 20　售异地票界面

异地票包括：

(1)返程车票,如在株洲站购买的广州到株洲的车票。

(2)联程车票,如株洲无到汕头的列车,可买一张株洲至广州的车票,再买一张广州至汕头的车票。

(3)如旅客要去广州,株洲已无席位,而长沙有,则可出售长沙—广州的车票,旅客可在长沙上车,也可在中途站上车。

售完异地票后,按 Alt + V 返回售本地票。

4. 发售往返和联程套票

往返套票即指旅客可在始乘站一次性将去程票和返程票办理完毕,去程售票站必须和始乘站同站或同城,返程售票站必须和返程站同站或同城,去程和返程的售票张数、票种必须一致。如:旅客在北京站可购买一张北京西至郑州的 D123 一张,同时可办理一张郑州站返回北京西的硬卧车票,如图 4 - 21 所示。

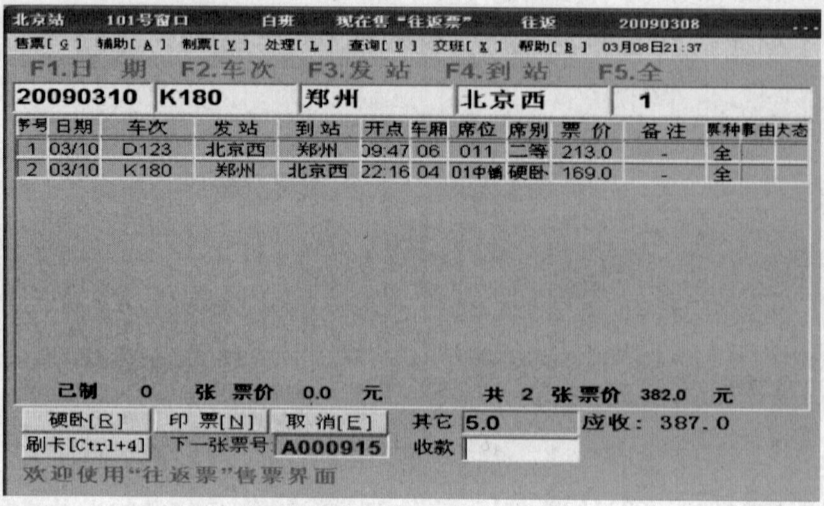

图 4 - 21　售往返票票界面

联程套票指旅客可在始乘站一次性将到目的地的两联程车次的票办理完毕,联程的上一段到站和下一段发站必须是往路连续的同站或同城站,不得跨段办理,联程套票的售票张数、票种必须一致(席别不受限制)。如:一旅客在北京站购买的联程套票:联程第一段,2009 年 4 月 6 日 D531 次,北京至天津,二等软座全票一张;连续段,2009 年 4 月 6 日 K213 次,天津至郑州,硬座全票一张;4 月 7 日 K180 次郑州至北京西,硬座全票一张,如图 4 - 22 所示。

5. 发售学生票往返票

学生票乘车时间(票面乘车站)限定为暑假 6 月 1 日至 9 月 30 日和寒假 12 月 1 日至次年 3 月 31 日。

学生往返票按近径路发售,返程票票面注明“学返”字样。学生同时购买往、返程票时由学校所在地车站对优惠卡次数进行两次核减;购买联程票或乘车区间涉及动车组列车的,可分段购票。学生票分段发售时,由发售第一段车票的车站在优惠卡中划销次数,中转站凭上一段车票售票,不再划销乘车次数。

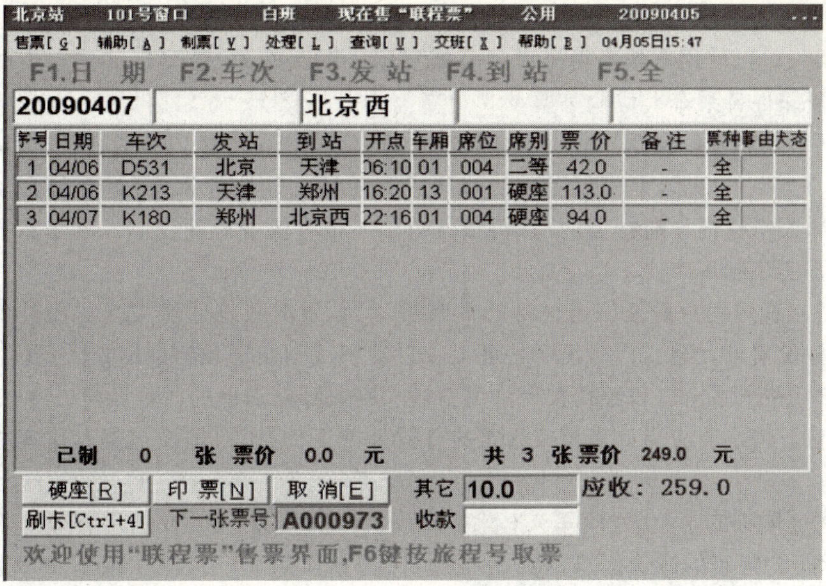

图 4－22　售联程票界面

学生往返票每年暑假和寒假集中办理两次，铁路局、省级教育行政部门及高等学校共同配合，于每年的 5 月 20 日及 11 月 10 日前完成客流调查工作。

学生往返票原则上由学校所在地车站组织各学校集中办理，剩余车票车站设专口发售。

(1)暑假

学生往返票集中办理时间为 6 月 25 日 ~7 月 5 日；学生在学校所在地车站自行购买返程车票(返校)时间为 7 月 6 日 ~7 月 30 日。

集中办理期限(乘车日期)：学生往程票为 7 月 1 日 ~7 月 20 日、学生返程票为 8 月 20 日 ~9 月 10 日。

(2)寒假

学生往返票集中办理时间原则为放假前 20 至 10 天；学生在学校所在地车站自行购买返程车票(返校)时间为放假前 9 天至放假后 5 天。学生往返票办理的具体办理时间和车站，由铁路总公司与教育部在每年 10 月学生运输工作协调会后公布。

办理学生往返票的车次，由铁路局在集中办理学生票前向相关省级教育行政部门和学校公布。学生在学校所在地购买返程票的乘车站原则上为列车的始发站。

集中办理的学生票原则上不办理退票，特殊情况需退票时，由学校集中办理。客票代售点原则上不得办理学生返程票。

6. 发售农民工团体、返程票

春运前根据上级文电具体要求办理。

7. 发售实名制车票的相关规定

(1)购买实名制车票时，须凭乘车人有效身份证件购买，并持车票及购票时所使用的乘车人本人有效身份证件原件进站、乘车，但免费乘车的儿童及持儿童票的儿童除外。

(2)学生优惠票、残疾军人或伤残人民警察优待票、使用残疾人专用票额的车票均需乘车人的有效身份证件及规定的证件。1.5 m 以上 16 岁以下未成年人有效身份证件还包括学生证。

(3)购票人可以使用有效身份证件原件或复印件购买车票,也可以持乘车人的有效身份证件原件或复印件替乘车人代购车票。

(4)电话订票和互联网购票仅受理居民身份证、港澳居民来往内地通行证、台湾居民来往大陆通行证、护照。自助售票机仅受理二代居民身份证的购票和取票(广深线自动售票机还可受理港澳居民来往内地通行证的购票和取票)。一张有效身份证件同一乘车日期同一车次只能购买一张实名制车票。

(5)配备二代居民身份证识读设备的售票窗口,必须由系统通过二代居民身份证识读设备自动读取身份信息。遇二代居民身份证无法自动识读、识读设备故障或者使用其他有效身份证件购票时,在车站窗口和经授权允许手工输入有效身份信息的代售点窗口,由售票员录入旅客身份信息。售票员应当认真核实旅客的有效身份证件,制票前应当提示旅客核实有效身份证件信息。

(6)须凭证购买的学生、残疾军人(警察)等减价优惠(待)票,在出示有效身份证件的同时,还应出示符合规定的减价优惠(待)凭证原件,经核实后,方可购票、乘车。学生票按规定核减优惠次数。

(7)旅客在列车上补票时,车票票面不打印旅客身份信息。

(8)实名制车票办理始发改签、中转签证时,无须出示有效身份证件;办理退票时,需核实车票及其票面所载明的有效身份证件的一致性;票、证一致的方予办理。在退票、改签过程中,遇二维条码识读设备不能扫描还原票面信息时,售票员可手工输入 21 位的车票识别码,按章办理改签、退票作业。

(9)设备要求:

车站所有售票窗口(含代售点窗口)和改签、退票窗口须安装二代身份证识读设备。车站的自动售票机须安装二合一(二代身份证和中铁银通卡)读卡设备。

有条件的车站应在允许售票员手工输入旅客身份信息的售票窗口对外安装售票信息显示屏,以便旅客确认售票员输入的信息是否正确。

(四)车票变更

(1)中转签证选择下拉菜单中中转签证项,不需补差价时,在中转签证界面点击 F3“无差价签证”,输入原票信息,然后输入改签日期、车次、席别,需补差价时自动计算,最后打印制票,将原票和签证票一并交给旅客。

(2)始发改签(图 4 – 23)选择下拉菜单中始发签证项,在始发签证界面输入原客票下方前 21 位票号,然后输入改签日期、车次,自动计算票价差,实行多退少补,收回原票换发新票。

(五)退票业务

登录售票系统退票程序,进入退票总界面,如图 4 – 24 所示。

“五字”退票法:

(1)看,看票面日期、车次、发到站、票价、有效期,有无行李戳记及“禁退”字样,发现问题要问清车票来历、票价及退票原因。

(2)输,将票面信息输入计算机。

(3)核,确认票面内容和计算机显示一致后,输入退票理由。

(4)盖,在票面上加盖“退”字章。

(5)交,按净退款额点清退款,将应退款及退票报销凭证一起交旅客。

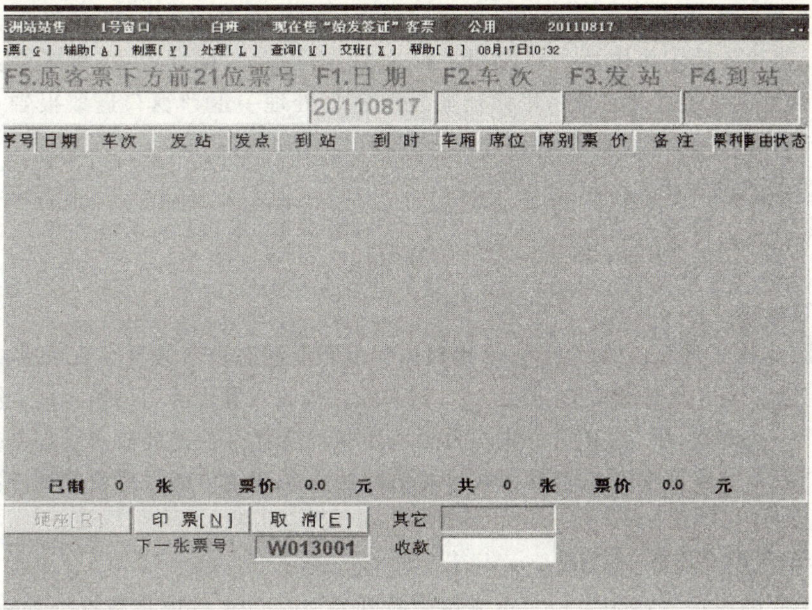

图 4－23　始发改签界面

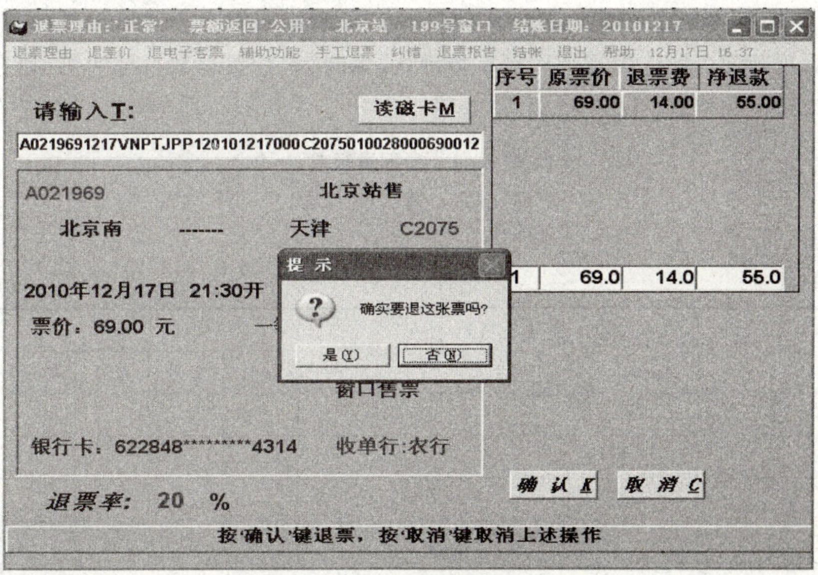

图 4－24　售票系统退票界面

（六）交接班工作

（1）交班售票员应确认、登记软票未售起号及窗口票卷、碳带实存数量。

（2）清点票款，留足备用金。

（3）输入封款金额，退出售票系统，关闭窗口机电源；整理登记作废、改签软票，按规定手续交款；对电子售票设备进行维护保养，整理工具、备品等。

（4）接班售票员确认软票未售起号，认真登记；接清窗口备用碳带和票卷数量，清点备用金；检查电子售票设备、资料及工具、备品、签字交接。

(七)电子售票统计工作

车站电子售票统计工作由后台计算机操作人员进行统计,统计流程:售票员窗口日结账(退票窗口日结账)→班财收汇总→售票员始发改签日处理→退票窗口退票报告→废票统计→出站口到补二号表→财收四(日、旬、月)→财收八(日、旬、月)

(八)车票的请领和保管

站段根据客货运输票据使用量,按 2 ~4 个月的储备量,填报“票据请领单”,由车站票据库统一请领、保管和发放。

1. 票据的请领

请领车票(含电子计算机的软纸票)必须根据年度客流动态及节假日客流情况,结合全年运量确定全年用量。填写票据请领单(见表 4 -1),向铁路局收入管理部门请领客货运输票据。

请领单均一式四联,甲、乙、丙、丁联均为黑色印刷。全部寄铁路局收入管理部门。铁路局收入管理部门根据客货票据账核实请领数量并填写铁路局请领单编号后由票据库核发。处理程序为:

(1)乙联由铁路局登账、存查。

(2)丙、丁联随票据寄请领单位。请领单位收到后,应于 10 日内将票据全部清点完毕,无误后登入客货票据账,并将请领单丙联加盖公章和点收人名章后返回铁路局收入管理部门,作为收到票据的依据。丁联站、段留存。

(3)清点客货运输票据发现错误时,应填制“客货票据印刷验收差错记录(财收—19)”报本企业收入管理部门。收入管理部门经审核确认,填制“客货票据缺号证明书(财收—23)”交上报单位作为销账的依据。

表 4 -1 票据请领单

票 据 请 领 单 财收—12

________铁路局

________站、段(盖章) 年 月 日 局编号________

票据名称	单位	请领时库存	每月平均使用量	请领数量	实发				记事
					符号	起号	止号	数量	
上列票据已于 月 日寄出。 发票单位______ 站、段______印___ 经办人______印___									

2. 车票的保管

车票为有价证券,必须妥善保管。铁路局、车站、客运(列车)段应设专用票据库,并配备专职人员管理。售票室、票据库要有安全、消防、报警设施,严禁闲杂人员出入。票据管理人员变动时,要认真交接,发生账票不符,应查清后移交人方可离职。

车站售票处的窗口,要备足一日发售的各类车票,不足时班组领票人应按规定填写“客票票据领发单”(见表 4 -2)一式两份,交管票人按填记的客票到站、种别、经由、符号、起止号码和张数发给。请领各种票据时只填写票据名称货本数,起止号码和符号由管票人根据实际发出的起止号码和符号填写。

班组领票人领到客票票据后，必须当时按规定逐张检查清点。经点收无误后，由领票人签章后1份留存，按月装订成册妥善保管；1份交管票人做为发出客票票据的依据。

表4-2　客票票据领发单

<table>
<tr><td colspan="3">__________铁路局</td><td colspan="3">客票票据领发单</td><td colspan="2">财收—12—1</td></tr>
<tr><td colspan="6">第　　窗口、第　　组票</td><td colspan="2">年　月　日</td></tr>
<tr><th>到站名称</th><th>种别</th><th>经由</th><th>符号</th><th>起　号</th><th>止　号</th><th>数量(本)</th><th>记　事</th></tr>
<tr><td></td><td></td><td></td><td></td><td></td><td></td><td></td><td></td></tr>
<tr><td></td><td></td><td></td><td></td><td></td><td></td><td></td><td></td></tr>
<tr><td></td><td></td><td></td><td></td><td></td><td></td><td></td><td></td></tr>
<tr><td></td><td></td><td></td><td></td><td></td><td></td><td></td><td></td></tr>
<tr><td colspan="8">上列客票、票据经清点无误
__________站　　　　　　领票人________　发票人</td></tr>
</table>

（九）售票计算机出现故障应急办法及预防措施

1. 应急办法

（1）立即改在备用窗口售票，并通知计算机维护人员进行维修。

（2）如主机及备用机均不能使用，售票员应为旅客填写代用票，以不影响旅客购票、乘车。事后通知维护人员进行维修，如计算机维护人员不能解决，应通知铁路局电子所来人处理。

2. 预防措施

（1）加强日常计算机维护，确保设备正常。

（2）增设备用窗口，电子票据、碳带等准备齐全。

3. 故障处理

（1）制票未出票，造成显示器“下一票号”大于制票机内票号时补制空白票。

（2）制一张票，出多张时使用“空白票处理”。

（3）当计算机屏幕出现“出错号×××”时，先回车，再按Alt键，将光标移至“交班”，用“↓”将光标移至“不结账退出”，回车，再键入“WIN”重新进入售票程序。

（4）当出现制票机故障或换完色带，要先进行制票机重新初始化。

（十）售票系统故障应急办法

（1）售票系统（售票网络）出现故障，不能正常售票时，窗口售票员应立即向售票组长汇报，对窗口排队旅客做好宣传解释工作，安抚旅客。

（2）30 min内故障无法修复，但车站售票终端和应急服务数据下载终端工作正常时，按车站客票系统应急领导小组及集团客票应急办命令启动应急响应，售票员进入应急售票程序（图4-25）：

①输入应急系统启动密码；输入工号和密码；认真核对计算机当前票号与票卷当前票号是否一致，在调整票号输入框内输入票卷当前票号，确认无误；选择实际班次，确认后进入应急售票模块。

②应急售票系统仅发售本站6h内无座席车票，可办理中转签证和退票，不办理始发签证、中途下车签证及异地票、通票等业务。应急售票时的作废票业务比照正常售票时办理，暂不能办理原联网状态售出车票的作废处理，只能办理本次离线售票所售无座席车票的废票业务。

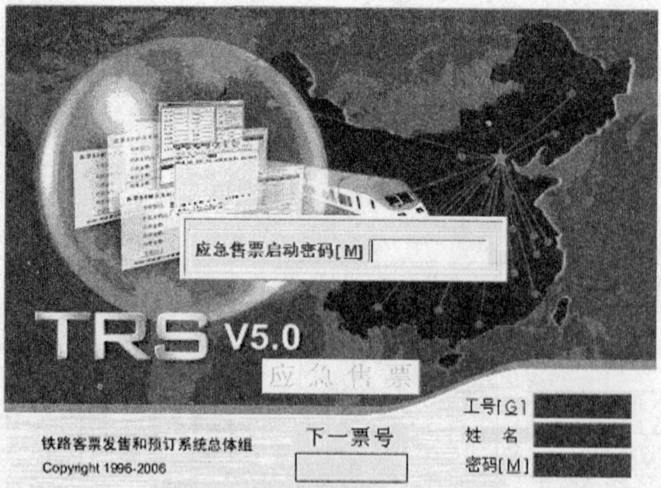

图 4-25　应急售票进班界面

③应急退票业务原则上要求使用扫描条码还原票面信息，条码无法扫描时应采用手工输入车票票面信息（如乘车日期、发站、到站、席别、票种、票价等），确认各项信息准确无误后方可退票，退票后席位均不返库（由于条码信息中部包含席位和票种信息，如和车票票面不一致应手工选择进行修改）。

④应急售票窗口恢复联网售票前，售票员选择“结账退出”，结账交班并选择上载存根数据后退出应急售票模块。如应急售票期间遇售票员交接班，交班售票员只能正常结账退出，不能选择上载存根数据，否则接班售票员无法正常进入应急售票系统售票。本窗口所有离线售票存根数据，由联网售票恢复前的当班售票员负责一次性上传。

(3)因售票厅停电或车站售票网络故障，30 min 内无法修复，按车站客票系统应急领导小组及铁路局客票应急办命令启动应急响应，使用代用票发售 2 h 以内各次列车的无座车票，并严格按照 2 h 内手工售票方案进行车票发售。

(十一)售票室日常工作管理

(1)对售票情况进行统计、分析，做好客流吸引区域的客流调车工作，及时向铁路局提报售票组织、能力调整建议。

(2)售票室要根据客流情况及时加开窗口，减少旅客的排队时间。

(3)发售一张车票不超过 2 min，废票立即处理，加盖戳记，入柜保管。废票率不超过售票张数 3‰。填写票据、报表规范、清晰，内容准确，字迹工整，不使用错字、不规范的简化字，代用票剪断线不错剪，按规定加盖站名戳和名章。

(4)对团体旅客票额要提前预定，并将客流变化情况及时向上级部门汇报，以便及时调整票额。

(5)经常深入各大院校、企业、旅行社走访，组织团体客流努力增收。

【引导案例分析】

南宁站售票员办理过程如下：进入售票程序→选择日期→输入车次→选择到站→选择票种输入张数→收取票款→打印车票→将票及找零款一并交给旅客。

内容四　客运站服务工作组织

【知识目标】

(1)了解客运站服务工作的主要内容。

(2)了解各项服务工作的作业内容和质量标准。

(3)了解乘降组织工作主要流程。

【技能目标】

(1)熟悉并掌握各项服务工作的作业程序。

(2)掌握各项服务工作应达到的标准。

(3)掌握乘降组织工作的基本流程。

【引导案例】

旅客购买了一张D106次由株洲至上海南的动车组二等座车票,如图4－26所示。旅客持本张车票必须经过怎样的流程才能进站上车开始旅行?

图4－26　车票样张

【思　　考】

客运站是如何疏解各种流线交叉的?

客运服务工作包括问事处、候车室服务工作,旅客乘降工作,广播宣传工作,小件寄存,车站美化及卫生工作。

客运服务工作,要树立全心全意为人民服务的思想,坚持全面服务,重点照顾的原则。要以"人民铁路为人民"为宗旨,全面服务做到"三要""四心""五主动",重点照顾做到"三知三有",使人民放心,使人民满意。

"三要"是指对待旅客要文明礼貌,纠正违章要态度和蔼,处理问题要实事求是。

"四心"是指接待旅客热心,解答问事耐心,接受意见虚心,工作认真细心。

"五主动"是指主动迎送旅客,主动扶老携幼,主动解决旅客困难,主动介绍旅行常识,主动征求旅客意见。

"三知三有":知座席、知到站、知困难;有登记、有服务、有交接。

一、问事处的服务工作

1. 问事处的作业内容

(1)面向旅客,热情接待旅客问询。

(2)接听电话,解答旅客问询。

(3)发售站台票。

(4)定时与广播、售票、计划、行包、客运值班室联系,掌握列车运行、客运计划、售票组织、旅客乘降、行包运输和票运价等有关情况。

(5)及时更新自动查询系统有关信息。

(6)规章文电齐全,修改及时。

2. 作业质量标准

(1)有问即答,答必正确,对答有礼,态度和蔼。做到:不怠慢、不粗鲁、不急噪、不厌烦,不说“大概、可能、也许、好象、差不多、自己看”等语言。

(2)接听电话及时,铃响不得超过三声。

(3)站台票按规定发售,停售时及时对外公告。

(4)业务资料完整齐全整洁,修改及时正确;分册装订,定位摆放、有编号、有目录,方便查阅。

二、候车室服务工作

候车室是旅客休息和等候乘车的场所,昼夜都有大量的旅客,而且流动性很大,车站必须为旅客创造一个良好的候车环境。候车室一般实行凭票候车的方法,但对那些夜间下车不能回家的旅客也允许他们在候车室休息。较大的车站可按旅客去向设置候车室或按车次、席别、客流性质设置候车室。

1. 候车室服务工作作业内容

(1)按规定位置悬挂旅客留言簿。凭票组织候车,查堵“危险品”。

(2)走访旅客,介绍服务项目,解答旅客问询,对重点旅客重点照顾。

(3)保证候车室开水供应。

(4)根据列车运行情况,及时更换候车车次牌,组织旅客有序候车、排队检票。

(5)动员携带超重、超大、超限行李的旅客办理托运。

(6)虚心听取旅客意见,接受旅客监督。

(7)保持环境卫生,认真落实禁止吸烟、随地吐痰、乱丢杂物等规定。

(8)贵宾室、软席候车室要认真做好领导到前的各项准备工作,并做好服务。合理安排房间使用。

(9)对持软席票旅客要问明情况,检验车票,认真进行登记,同时主动做好服务,引导上车。

2. 作业质量标准

(1)使用普通话,热情为旅客服务。做到“四勤”:勤宣传、勤访问、勤整理、勤观察。

(2)全面服务做到“三要、四心、五主动”,对重点旅客做到“三知三有”。

(3)候车室无闲杂人员,整洁卫生,禁烟落实,备品定位,候车车次更换及时。

(4)开水卫生,供应充足,桶(器)加锁。积极开展送水到座位活动。

(5)按规定时间检票:始发站提前 40 min,中间站提前 20 min。做到不晚检、不早停。检票做到先重点、后团体、再一般旅客。启用了闸机设备的车站,磁介质和 IC 卡车票必须通过闸机检票;未启用或无闸机设备的车站,磁介质和纸质车票必须用票剪剪口。车站进站口统一使用"M"形或右半"凸"形票剪,车站出站口和列车统一使用"○"形票剪。

(6)杜绝无票人员(车站同意上车补票的除外)及闲杂人员进站,做到"六不放、两消灭"。

(7)实行首诉负责制,虚心接受旅客意见,准确解答旅客问询。涉外服务,热情友好,不卑不亢,遇到问题,请示报告,尊重外宾的风俗习惯和宗教信仰。

(8)执行安全保密制度,不该说的话不说,不该知道的事不问,保守机密。文明礼貌地做好领导、外宾、旅客服务工作,防止无关人员进入软席候车室(贵宾室)。

(9)台账资料齐全。

三、旅客乘降工作

为维护站车秩序,保证旅客安全,防止旅客乘错车,车站对进站人员持用的车票、站台票要检验和加剪。

(一)检票服务

1. 检票作业内容

(1)显示检票车次牌、车厢顺号指引牌。

(2)进行检票通告,通报检票车次、开车时间、列车停靠站台及列车途经站。

(3)组织旅客排队剪票进站,在站台排队等候上车。

(4)检票做到"一确认(车票是否有效,车次、日期、经由、到站是否相符)、二下剪(确认后加剪)"。

(5)按车站规定停止检票时间,显示停检标识及停检作业。

(6)车开后及时清扫检票口卫生。

2. 作业质量标准

(1)按规定时间检票:始发站提前40 min,中间站提前20 min。做到不晚剪、不早停。

(2)检票应做到先重点、后团体、再一般旅客。代用票、软纸票在右上方空白处加剪,定期票、卧铺票不加剪。

(3)杜绝无票人员(车站同意上车补票的除外)及闲杂人员进站,做到"六不放""两消灭",即携带"危险品"不放,携带品超重不放、携带品超限不放、减价不符不放、儿童单独旅行不放(经铁路认可除外)、精神病患者无人护送不放,消灭误检、漏检。

(4)卫生符合标准。

(二)站台服务

1. 站台服务作业内容

(1)按列车预告上岗,检查站台有无障碍物,清理闲杂人员。

(2)显示列车停靠站台、开车时刻、车厢方向等有关信息。

(3)提前组织旅客在站台排队等候上车,引导旅客安全通过天桥、地道,组织旅客站在安全白线内,做好安全宣传,随时注意旅客动态,防止旅客钻车、爬车及横越股道。

(4)协助列车员组织旅客有序乘降,对重点旅客实行重点照顾。

(5)加强宣传,引导下车旅客安全通过出站通道出站,防止旅客对流。

(6)开车铃响后,组织送车人员站在安全线内,目送列车出站。

(7)列车出站后,清理站台闲杂人员及无关车辆,清理冰雪积水,及时清洁站台卫生。

2. 作业质量标准

(1)上岗及时,站内无闲杂人员、围车叫卖,秩序良好。

(2)列车信息显示及时、正确。

(3)重点旅客做到送上车,送出站。

(4)迎送列车做到姿势端正,间距适当,足踏白线,目迎目送,以列车进入站台开始至开出站台为止。

(5)旅客乘降秩序好,天桥、地道不对流,达到“四无”:无旅客伤亡事故、无责任晚点、无旅客漏乘误乘、无旅客跨越股道钻爬车底。

(6)卫生达到站台无纸屑、无烟头,股道内无垃圾,符合部颁标准。

(三)出站口服务

1. 出口验票作业内容

(1)根据列车运行情况,对外公布列车正晚点信息。

(2)按列车预告上岗,做好收票验票准备工作。

(3)组织出站旅客排队,认真查验车票,收回终到车票,及时投入废票箱。需报销的车票撕角后交旅客。

(4)查堵无票、车票不符及携带品超重的旅客,补收票款、运费。

(5)及时修改有关业务资料。

2. 质量标准

(1)做好宣传,组织旅客排队出站,做到秩序井然,不挤不乱。

(2)纠正违章做到实事求是,态度和蔼,耐心宣传,文明执行规章制度,不搜身、扣压物品。

(3)检斤准确,计费准确,票据填制规范,加盖规定名章,不误收漏收、乱补乱罚,维护路收。

(4)消灭误撕车票。出站口查验旅客车票后必须将车票加剪(挂失补车票除外)后交回旅客,手工加剪时应使用“○”形票剪。遇旅客不要车票无法交还时,工作人员必须在当次列车旅客出站完毕后将遗留的车票销毁。严禁出站口工作人员以任何理由、任何方式私自留存出站车票。

(5)废票箱按规定加锁,定时缴毁废票。

(6)业务资料修改正确、及时。

四、广播宣传工作

客运站的广播对客运工作人员起着指挥生产的作用,对旅客起着向导作用。通过广播,可将车站的接发车准备、检收票、清扫及整顿秩序等工作信息及时传达给工作人员,以便按照统一的作业过程,有条不紊地完成各项工作。通过广播,将列车的到达、出发时刻及其他有关事项通知候车室、广场和站台上的旅客,以便组织引导旅客及时进出站和上下车。

1. 广播作业内容

(1)熟悉、掌握广播设备性能,认真执行操作过程。

(2)介绍服务班组,服务处所及服务项目。

(3)与运转部门联系列车正晚点、车体到站、股道运用情况。

(4)进行列车预告,通知各岗位作好接车准备。

(5)配合服务作业,根据广播计划,宣传安全、卫生、旅行常识,旅客须知等有关事项。

(6)做好候车服务、检票作业、站台接送车、出站验票的宣传组织工作。

(7)列车晚点及时通告,晚点 30 min,应播放致歉词。

2. 作业质量标准

(1)二等以上车站采用语音自动合成系统播音。

(2)广播应有针对性、计划性、艺术性、思想性,常播内容录音化。

(3)播音时,使用普通话,有条件的车站同时使用外语和方言。

(4)用语规范,内容准确,播音清晰,音量适宜,时间适当。

(5)不漏播、不晚播、不错播,不得擅自播放未经审核的内容。

(6)消灭责任机械损坏事故。

五、客运专线综控室工作

(一)基本作业

1. 作业内容

(1)根据列车运行、客流变化以及上级电报、命令,编制客服系统日班计划,交客运值班员审批。

(2)接到相关文电、命令时,传达给相关人员,做好交接登记。

(3)监控设备运行状态,发现故障及时报修,并做好报修台账的登记。

2. 质量标准

(1)日班计划编制准确、上报审批及时。

(2)文电、命令归类整理,传达及时准确,无漏传、错传。

(3)监控到位,保修及时,登记完整。

(二)广播管理

1. 作业内容

(1)编制广播计划,上报客运值班员审批,并监控计划自动执行情况。

(2)根据客运组织计划变更信息,调整广播计划,必要时进行人工广播。

(3)遇列车晚点及时通告,晚点超过 15 min,代表站长播放致歉词,每次间隔不超过 20 min。

(4)遇有特殊情况正确启动广播应急系统。

2. 质量标准

(1)编制准确、上报及时、监控到位,不漏播、不晚播、不错播。

(2)调整及时,人工播报准确,音量适宜。

(3)通告及时,播放正确。

(4)启动及时,播音正常。

(三)检验票管理

1. 作业内容

根据客流、售票、设备等情况,报客运值班员同意后调整自动、人工检、验票通道数量,并通知各岗位做好相应工作。

2. 质量标准

检票计划符合乘降组织要求,自动通道与人工通道数量调整及时。启用了闸机设备的车站,磁介质和 IC 卡车票必须通过闸机检票;未启用或无闸机设备的车站,磁介质和纸质车票必须用票剪剪口。车站进站口统一使用“M”形或右半“凸”形票剪,车站出站口和列车统一使用“○”形票剪。

(四)导向揭示管理

1. 作业内容

(1)对每日生成的导向揭示计划自动执行情况进行监控,必要时进行人工干预,确保服务信息的准确性。

(2)及时更新所有对外揭示，确保服务信息的及时性和准确性。

2. 质量标准

(1)监控到位，干预及时。

(2)更新及时，信息准确。

（五）监控管理

1. 作业内容

(1)对站区实施有效监控。

(2)发生异常情况，及时汇报处理。在监控权限范围内回放、浏览摄像视频信息。

2. 质量标准

(1)监控到位，不留死角。

(2)汇报及时，处理得当。

（六）求助管理

1. 作业内容

(1)遇旅客求助时，帮助解决。

(2)无法自行处理时，根据实际情况通知相关岗位进行处理。

2. 质量标准

(1)响应迅速，处理及时。

(2)通知及时，处理得当。

六、小件寄存处工作

寄存处是为旅客临时保管随身携带品的场所，做好寄存工作能给上车前、下车后的旅客创造便利条件。寄存物品体积小，重量轻，存取时间集中、紧迫。为安全、正确、迅速地寄存工作，应设置带格的物架，对寄存物品实行分区、分堆、分线保管。一般采用寄存票尾号对号保管。

对笨重大件的或集体旅客寄存的大批物品可堆放一起分堆保管，易碎品应固定货位存放。在大的客运站现已采用电子技术控制的双控编码锁小件寄存柜，旅客可自己选定号码开柜，既安全又方便，为车站服务人员的管理工作创造良好条件。

1. 小件寄存服务作业内容

(1)按规定公布收费标准和寄存须知。

(2)严格执行查危工作，防止夹带危险品及国家禁止运输的物品。

(3)按规定填写暂存票，注明品名、包装、日期、件数等。

(4)根据寄存日期、重量，核收暂存费，在暂存票上加盖“交付讫”戳记后，将行李交旅客。

2. 作业质量标准

(1)收费标准有批准执行文号。

(2)暂存物品包装良好、顺号摆放整齐，易于查找，票据填写认真准确。

(3)无闲杂人员入内，自找自取；暂存品中无禁止暂存的物品。

(4)认真办理领取手续，无误交付。

(5)逾期未取的物品按无法交付物品办理。

【引导案例分析】

2009 年 7 月 11 日一旅客持株洲至上海南 D106 次车票到株洲站乘车，株洲站 CRH 动车组列车的乘降组织流程如图 4－27 所示。

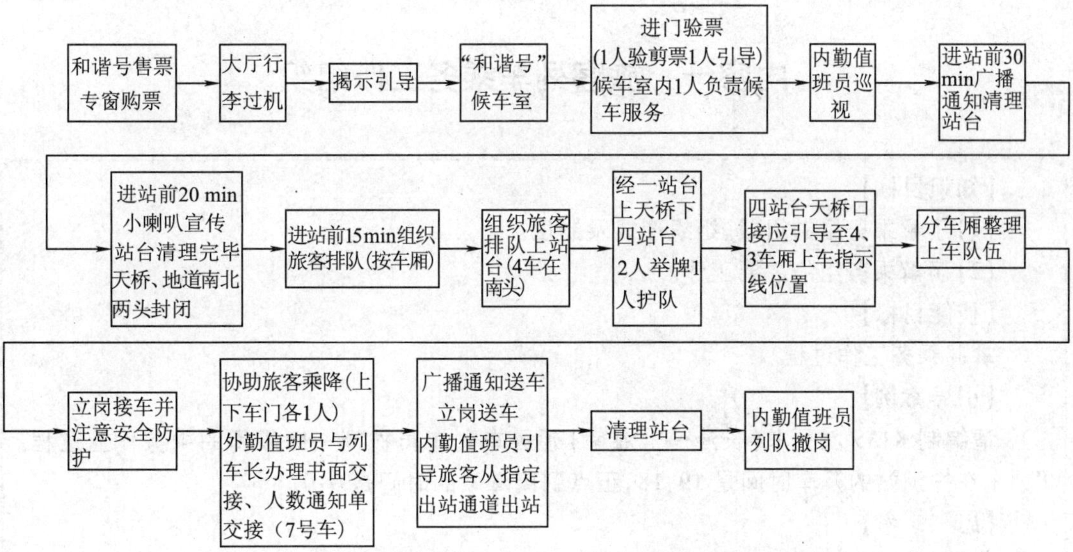

图 4－27　株洲车站 CRH 动车组旅客乘降组织工作流程图

技能演练

1. 实训项目

客运站工作组织。

2. 实训内容

售票员、客运员工作。

3. 实训要求

(1)熟悉计算机制票软件，正确操作计算机制票。

(2)绘制车站的平面图，并画出旅客进出站流线图。

(3)熟悉售票员、客运员适用的各种规章及作业流程。

4. 实训报告要求

按日填写、书写工整，卷面整洁。现场考核占 40%。

复习思考题

1. 客运站的流线分为哪几种？
2. 客运站流线组织的原则是什么？
3. 电子售票程序是怎样的？
4. 客运站的服务工作主要包括哪些？
5. 客运服务工作的“三要”“四心”“五主动”的具体内容是什么？

模块五　旅客列车工作组织

内容一　旅客列车乘务工作组织

【知识目标】

(1)了解乘务组的组成、组织形式及制度。

(2)了解乘务组的主要工作。

【技能目标】

掌握乘务工作过程。

【引导案例】

请编制 K135 次列车(长沙—上海南)硬卧车列车员株洲—鹰潭间的乘务作业过程。(列车在株洲站的开车时间是 19:18,正点到鹰潭站的时间是 0:07)

【思　　考】

硬卧列车员的乘务作业内容有哪些?

旅客的旅行生活大部分时间是在列车运行中度过的,因此做好列车乘务工作,对保障旅客安全、便利、舒适的旅行具有十分重要的意义。

一、乘务组的组成及主要工作

旅客列车乘务组由客运人员、公安乘警和车辆乘务员组成。列车的乘务工作在列车长统一领导下,充分发挥“三乘一体”的作用,分工负责,共同搞好乘务工作。

客运乘务人员包括列车长、列车值班员、列车行李员、广播员、列车员及餐茶供应人员,负责旅客列车的服务工作。

车辆乘务人员包括检车长、检车员、发电车乘务员、车辆电工,负责列车车辆设备检修工作。

公安乘务员包括乘警长和乘警,负责维护列车的治安工作。

旅客列车乘务组是旅客运输的基层单位,其主要任务是输送旅客,直接为旅客服务,使旅客安全、正点、舒适、便利地到达目的地。

乘务组的主要工作是:

(1)使车内经常保持整齐清洁,设备良好,温度适宜,照明充足。

(2)对老、幼、病、残、孕、首长、外宾等重点旅客,通过访问做到心中有数,主动迎送,重点照顾。

(3)通告站名,照顾旅客上下车,及时妥善安排旅客坐席、铺位。

(4)维护车内秩序,保证安全正点。

(5)搞好饮食供应。

二、乘务组织形式及制度

（一）乘务组织形式

旅客列车乘务组的乘务形式，按照既有利保养车辆又合理使用劳力的原则，根据列车种类和运行距离，分别采用包乘制和轮乘制。

1. 包乘制

包乘制是指按列车行驶区段和车次由固定的列车乘务组包乘。根据车底使用情况不同可分为包车底制和包车次制。

（1）包车底制指乘务组不仅固定区段、车次而且固定包乘某一车底（长途列车乘务组分成两班轮流服务）。这种形式有利于车辆设备及备品的保养，可以熟悉该列车的运行情况，掌握沿途乘车旅客的性质和乘降规律，以便更好地安排自己的工作，从而有利于提高服务质量。缺点是长途旅客列车需挂宿营车，乘务工时一般难以保证。

（2）包车次制指一个车次（通常叫线路）几个乘务组包干值乘，但不包车底。其优点是便于管理，可保证服务质量。缺点是交接手续复杂，不利于车底保养。

2. 轮乘制

轮乘制是指在旅客列车密度较大，且列车种类和编组又基本相同的区段，为了紧凑地组织乘务交路和班次，采用乘务组互相套用，不固定乘务组服务于某一列车。其优点是乘务员单班作业，一般在本铁路局内值乘，对线路、客流及交通地理等情况熟悉，联系工作方便，乘务中也不需宿营车，从而节省了运能。缺点是增加了交接手续，不利于车辆保养，对服务质量有所影响。

目前大部分实行包车底制，并采取乘务员套跑短途列车或长途车底跑短途（一车底多车次），充分利用运能满足运送旅客的需求。

（二）乘务组织制度

1. 出退勤制

列车乘务员在本段出乘时，要按规定时间由列车长带队到派班室报到，听取派班员传达有关事项。列车长应摘抄有关电报、命令，接受指示。

每趟乘务终了，列车长应召开班组会议，总结工作，表扬好人好事，向派班室汇报往返乘务工作情况，提交乘务报告。

2. 趟计划制

列车长每次出乘前应编制趟计划，趟计划在乘务报告中显示，其主要内容有：

（1）本次乘务工作中的重点工作安排。

（2）对贯彻上级规章、命令、指示、通知的具体措施。

（3）上次乘务工作中的优缺点及改进措施。

（4）针对接车所发现的问题及采取的措施。

3. 验票制

为保证旅客安全、准确的旅行，维护铁路运输秩序和铁路收入，除列车员车门验票外，在列车内还应检验车票。车内验票由列车长负责，乘警、列车员协助。对检验的车票除另有规定者外，应用专用票剪加剪。

验票的次数，原则上每 400 km 一次，不足 400 km 的列车每单程不得少于一次。无票人员多的区段可以适当增加验票次数。

验票发现违章乘车时，按规定补收运输费用。

4. 统一作业制

作业程序是根据各次旅客列车的运行时刻、线路特点、客流状况、餐车供应、服务工作质量要求等情况统一编制的一趟车的作业过程，也就是整个乘务工作期间，某个区段或某个时刻须做的事情。

列车长按作业程序组织乘务员进行作业，为旅客提供服务。

【引导案例分析】

K135次列车（长沙—上海南）硬卧车列车员在株洲—鹰潭间乘务作业过程如表5－1所示。

表5－1 硬卧列车员作业过程

区间	时间	作业内容
株洲 ↓ 鹰潭	19:18 0:07	1. 车动关门锁门，出站台后自检与立岗边门相邻的四张边门，开厕所、端门，再到车厢另一端互检四张边门。 2. 拖车厢两端的通过台、连接处。 3. 再次核对铺位。 4. 餐后卫生作业，送上餐后一杯水，回收空饭盒，随机服务，保持车内整洁。 5. 巡视车厢，解答问询，为旅客送水，暖水瓶加水，清理果盘、烟灰缸，保持整洁。 6. 整理车容（行李架、毛巾杆、窗帘）。 7. 遇临时停车做好宣传，加强巡视。 8. 宣传夜间乘车注意事项，征求旅客意见，按铺位核对清理人员，停止会客，做夜间去向登记。清理果盘、茶几、垃圾桶，扫拖走廊、通过台，擦抹走廊窗台、洗脸间，冲刷厕所、洗脸间，清扫整理乘务间、通过台，闭合过道遮光帘，鞋子排队。 9. 按规定做好夜间车内工作，车内无闲杂人员，保持车内安静，做到“四轻”（讲话轻、脚步轻、关门轻、作业轻），尽量避免干扰旅客。 10. 22:00关全灯，开地灯。 11. 加强巡视，对过往人员认真询问，坐在靠乘务间方向第二个边座上值岗，掌握旅客动态。 12. 22:30乘务员用夜宵。 13. 提前30 min叫醒要下车的旅客，并换票。 14. 做好鹰潭站前作业，扫、拖通过台、地面，整理乘务间，锁闭厕所和端门，垃圾袋扎口放置在反边门翻板上，提前立岗进站。

内容二 旅客列车乘务安全工作

【知识目标】

（1）熟知列车安全设备的位置。

（2）了解各种安全设备的性能。

【技能目标】

（1）掌握各种安全设备的使用方法。

（2）牢记乘务作业中的安全注意事项。

【引导案例】

2007 年 1 月 20 日 11:38 分长沙开往北京西的 L318 次旅客列车运行至京广线卫辉—淇县间 K557 +800 处时，机后第 YZ25B347302 车厢燃煤取暖锅炉间起火，造成客车大破一辆，中断京广线上行 2 h49 min，延误本列车 2 h58 min，构成责任旅客列车火灾大事故。

【思 考】

事故发生的原因是什么？

安全运送旅客是乘务组的首要任务，坚持“安全第一”的原则，是任何单位和个人在任何时候都要牢记的一项原则，并把它放在首位。确保旅客运输的安全正点，是承运人必须履行的义务，因此必须遵守各项安全规章制度，在保证旅客安全和自身安全的前提下作好旅客服务工作。

一、乘务工作安全

（一）乘务前的安全工作

乘务员出乘前必须充分休息，严禁在出乘前和工作中饮酒。

站内、车库内行走通过线路时应走天桥、地道、平交道，通过平交道口时严格执行“一停、二看、三通过”制度，严禁钻车底，跨越车钩。必须横越有机车车辆停留的线路时，应在机车车辆较远处通过，并随时注意邻线有无机车车辆通过。严禁在运行中的机车车辆前面抢越，通过时严禁接打手机。在顺线路行走时应走路肩，不走轨心、轨面、轨枕头，并随时警觉前后列车，不抢越线路。不扒乘机车、车辆。

出乘前列车长应到派班室听取指示，了解重点照顾的旅客，并在出乘会上作出安排。列车出库前，列车长应会同乘警长、检车长对车内的设备设施进行“三乘联检”，并做好记录，发现问题要及时维修，保证设备设施的良好使用。

（二）旅客列车停站前后的安全工作

始发站旅客进站时列车长应在旅客进入站台处立岗，引导组织旅客上车；列车员在车门口立岗，组织旅客排队验票上车，并做好安全宣传。运行中途站时，到站前列车进入站台时，要先试开边门，待车停稳后再打开，组织旅客先下后上，防止拥挤和混乱。对重点旅客应在到站前先安排到车门口，列车停稳后及时下车。遇到下雪天，到站应及时清除扶手和车梯的冰雪，保证旅客上下车安全。

列车乘务员要加强车门管理，认真执行“停开、动关锁、出站台四门检查瞭望”制度，严禁旅客从反边门上下车；锁闭车门时，做到一关二锁三拉四销（上下两道锁），有作业需求的车门不加销。列车前、后部车厢端门、餐车厨房边门有防护栏，并加锁。前、后部车厢端门、行李车端门加锁。列车途中临时停车时，广播员应向旅客通报，列车员应坚守岗位，加强巡视，确保车门锁闭，不让旅客上下车。

（三）旅客列车运行中的安全工作

列车运行中，乘务员要做到：

（1）及时通报站名，防止旅客坐过站或下错车。

（2）列车运行时要经常进行宣传安全，劝阻旅客不要站在车辆连接处，不要手扶门框、风挡，不要将头、手伸出窗外，不要向车外抛物。需要吸烟时，应到车厢连接处去，连接处设有烟灰盒，烟头熄灭后放入烟灰盒内。列车通过大桥、隧道时，应锁闭厕所，打开全夜灯，动员旅客关闭车窗，并巡视车厢，严禁旅客向窗外扔杂物。进入夜间行车时，提醒旅客看管好自己的财物，加强车厢巡视，负责卧车的列车员应坐在车厢的边凳上，密切注意车厢动态。加强禁带危险品的宣传，铁路公安人员和客运人员要密切配合，共同做好危险品检查工作。列车员应能通过“宣、看、闻、问、摸、查”的方法查堵危险品，发现危险品及时交列车长、乘警处理。

(3)整理好行李架，防止压断或行李坠落砸伤旅客，行李架上的物品应摆放平稳、牢固，做到大不压小，重不压轻，长顺短横，较重物品、锐器、杆状物品、玻璃制品、易滑物品应放置座位下面。取送开水时，应有相应安全措施，防止烫伤旅客，给旅客倒水时，要做到站稳、接杯、不倒满。送水壶有套，壶嘴有帽，保温桶加锁。

(4)作业中做到：上下车时紧握扶手，不飞乘飞降；列车运行中不开车门乘凉、扫倒垃圾和摘挂方向牌；不准用水冲刷门头、连接处；电气化铁路区段严禁登高作业和用水冲车皮。背面作业时，做到“一看、二下、三瞭望”。

【例 5－1】2008 年 2 月 11 日，肇庆公安处乘警支队乘警长胡 × × 值乘肇庆至岳阳 0602 次列车（回空车底）时，因列车餐车未生火，其在餐车拿热水瓶到肇庆站打开水，在站台上见列车已启动，返回时爬车不慎摔下，被列车撞击后当场死亡。

【事故原因分析】列车已开行，胡 × × 仍飞乘上车导致事故发生。

(5)列车乘务组人员会使用列车上的各种服务设施和安全器材。对紧急制动阀和手制动机、灭火机做到“两知一会”，即：知位置，知性能，会使用。

(6)燃煤取暖锅炉、茶炉、电磁炉由持有合格证的人员严格按规定程序操作，锅炉、茶炉室内严禁堆放易燃物品，严禁缺水、少水点火；清除炉灰时，应先用水浸灭冷却后再装袋，在指定的垃圾投放站投放。锅炉室、茶炉室内保持干净，无杂物，离人加锁（电茶炉不锁），非取暖期锅炉室封闭。配电室（箱）加锁，保持清洁干净，严禁放置物品。

①燃煤取暖锅炉工作原理

列车上的燃煤取暖锅炉是靠温水循环来提高车内温度的。

注意事项：

a. 点火前应确认锅炉部件是否齐全、作用良好；确认水位表和温度表上是否贴有有效定检标签；确认锅炉是否有水，水位表上的红黑指针重合时为水满，黑指针低于红指针时为缺水。

b. 加煤时：要清理其中的杂物，必须防止易燃、易爆物品进入炉膛内。

c. 炉内水温超过 90℃或车底停留时必须压火。

d. 清灰时将炉灰从清灰口铲至锅炉室地面，用水浇透使炉灰完全熄灭，再将炉灰入袋封口，在垃圾投放站投下车，禁止直接向车外清倒炉灰。

②电茶炉工作原理

a. 开水器自动充满冷水后（窥水尺可以见），即可合上电源开关，此时电源、加热指示灯（红、绿）同时发亮，即发热管电加热。当水加热至温度表指示 100 ℃时，控温器又自动切断电源，加热灯（红色），熄灭，进行保温，开水可以饮用。当打开水龙头取开水后，由于水位降低，浮球阀自动开启进水，控温器自动接通发热管，再次加热（红色指示灯发亮），重复上述过程，便可不断供开水。

循环过程图：进水→加热至 100 ℃→保温→取用开水→水位下降→进水。

b. 电茶炉使用时应注意的事项：

(a)通电前需检查：是否牢固接上安全地线，水阀及接头是否有漏水现象，窥水尺是否已注满水。

(b)合上电源开关后，面板上工作指示灯应发亮，表示发热管通电发热。

(c)水开后,红灯自动灭,表示水已开,可以饮用。

(d)开水器使用时,要将电源切断

二、旅客列车安全设备

(一)紧急停车装置

1. 紧急制动阀

紧急制动阀(图5-1)位于车厢乘务间对面的墙壁上或出门的左边墙壁上或通过门的后面。手把上有铅封,旁边有压力表。列车需要紧急停车时使用。

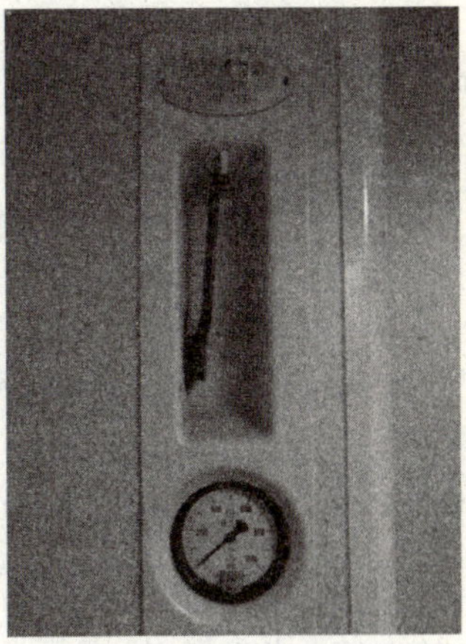

图5-1　紧急制动阀

使用方法:使用时,不必先行破封,立即将阀手把向全开位置拉动直到全开为止,不得停顿和关闭。遇弹簧手把时,在列车完全停车以前不得松手。在长大下坡道上,必须先看压力表,如压力表指针已由定压下降100 kPa时,不得再行使用紧急制动阀(遇折角塞门关闭时除外)。

发现下列危及行车和人身安全情形时应使用紧急制动阀停车:

(1)车辆燃轴或重要部件损坏;

(2)列车发生火灾;

(3)有人从列车坠落或线路内有人死伤(特快旅客列车不危及列车运行安全时除外);

(4)能判明司机不顾停车信号,列车继续运行;

(5)列车无任何信号指示,进入不应进入的地段或车站;

(6)其他危及行车和人身安全必须紧急停车时。

不能使用紧急制动阀的情况:

(1)列车运行在桥梁上或隧道内时;

(2)列车发生火灾运行在居民稠密区、厂矿、草垛、易燃易爆等危险品存放区时;

(3)在长大下坡道上如风表指针由定压下降100 kPa时(遇折角塞门关闭时除外)。

【例5-2】2006年5月6日22:15, K30次福州开往洛阳的列车运行至武夷山—横峰间,全列车突然被黑黑的浓烟淹没,能见度不到1 m,列车长立即使用紧急制动阀停车,停车后发现,列车停留在枫水湾隧道内K67+900处,列车长迅速与运转车长联系,立即组织开车,于22:21开出,停车6 min。全列1 300多名旅客不同程度地受到烟尘伤害。

【事故原因分析】车内浓烟系牵引列车的内燃机车排出的废气,因在隧道内不能向外扩散,故通过通风系统进入旅客列车车厢,致使旅客受到伤害。列车在通过桥梁、隧道时,使用紧急制动阀,使得浓烟更难以扩散,也不便于救援。

2. 列车手制动机

图5-2　列车手制动机

客车常用的手制动机为螺旋式(图5-2),安装在客车通过台端墙板上。手制动手轮为摇把形,平时手把可缩入端板内。

这种制动机主要是在车厢无动力（无机车牵引或机车故障）时使用。如车厢在编组甩挂作业时或列车遇到风暴、火灾、塌方等自然灾害而又失去动力时，就需要将制动机旋紧，以防车厢溜动。

乘务员听到机车鸣示三短声时，应将手制动机的手把用手拉出并依顺时针方向转动，嵌入式的要先拔出手把，再将手制动机旋紧。机车鸣示二短声时，则反转缓解。

（二）消防设施

1. 灭火机

列车上常用的灭火机（图 5－3）主要是干粉灭火机、水雾灭火机。

乘坐旅客的车厢：每端各 2 个共 4 个，双层客车每层 4 个，共 8 个，每个装药 2 kg。餐车：餐厅 2 个，厨房 2 个，共 4 个，每个装药 4 kg。

适用范围：可燃固体、可燃液体、可燃气体，带电设备初起火灾。

干粉灭火器：使用前先摇匀，拉出保险销，对准火焰根部按下压把即喷，注意灭火时要站在上风位置。

水雾灭火器：使用前先摇匀，拉出保险销，不可倒置使用，对准火焰根部按下压把即喷。

图 5－3　灭火器

2. 灭火毯（又称防火麻袋）

餐车配备灭火毯 2 条，放在灭火毯专用箱中（图 5－4）。灭火毯专用箱置于餐车厨房的门口处。主要用于扑救餐车厨房内的火灾。

3. 消防锤（又称紧急破窗锤）

空调客车硬座车配备消防锤（图 5－5）5 把（双层客车上层无），卧铺车配备 3 把，餐车配备 4 把。动车组全列共 42 把（其中 1、4、8 车每车各 4 把；2、3、5、6、7 车每车各 6 把）；1、8 车紧急破窗锤悬挂在观光室外的车厢四角墙壁上；4 车紧急破窗锤悬挂在餐吧就餐区的四角墙壁上；2、3、5、6、7 车紧急破窗锤分别悬挂在车厢四角及中部墙壁上。仅限紧急逃生时使用。

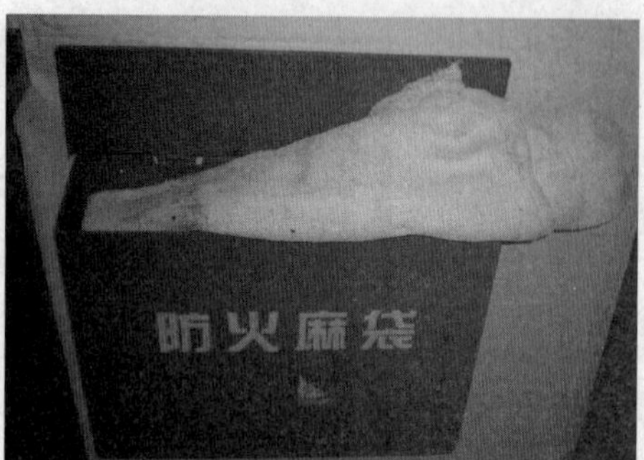

图 5－4　防火麻袋

图 5－5　紧急破窗锤

使用方法：使用时握住紧急破窗锤把手，用力向外侧拔出，然后敲击车窗，动车组敲击紧急逃生红色圆圈提示位置后，利用把手外侧保护框将未完全脱落的玻璃推向车体外侧。

(三)其他安全装置

1. 轴温报警器

轴温报警器(图5-6)位于乘务间配电箱内,用于检测车轴的温度,当轴温高于车外气温40℃时,轴温报警器发出“嘟、嘟……”声音报警,屏幕闪烁,客运乘务员要及时通知车辆乘务员处理,严禁乱动或关闭轴温报警器。

图5-6　轴温报警器

2. 安全渡板

每个车厢配有一块安全渡板(图5-7)。当列车停在高站台处时,在列车停稳开门后,置于车门与站台之间,用以补充站台与车体之间的空隙,防止旅客上下车时因踩空发生意外。

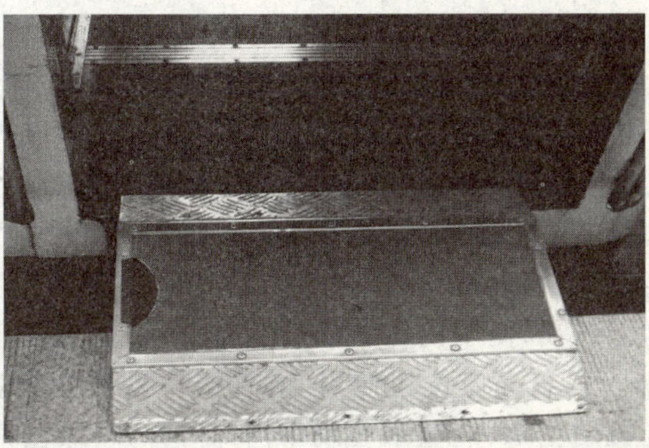

图5-7　安全渡板

3. 列车上的电器设备

旅客列车上除停车、消防设备外,还有很多用电的设备,如配电柜、电源开关、电磁炉、电热水器等,这些电器设备都禁止乱动、乱接电源线;禁止超负荷使用;禁止湿手、摸黑开关电器设备;出现故障立即停用;出现火情,立即断电,禁止用水扑救。

(四)动车组安全设备

1. 紧急制动装置

动车组全列共19处紧急制动装置。1~8车位于车厢内一、二位端,每端各1处;1、8车观光室内各有1处,4车乘务室内1处。紧急情况需要制动时使用,如司机判明可继续行车时,司机可操作将紧急制动复位,列车缓解后可继续运行。

使用方法：使用时不必先行破封，直接将阀手柄向下拉动至底部，即可松手，列车停车后用钥匙将紧急制动阀复位。

2. 紧急逃生窗

动车组全列共46个紧急逃生窗。其中42个紧急逃生窗与42把紧急破窗锤位置相吻合，其余4个紧急逃生窗分别在列车两端司机操作室两侧位置上，利用手柄开启。仅限紧急逃生时使用。

使用方法：使用紧急破窗锤击破紧急逃生窗玻璃，组织旅客按顺序逃生。

3. 防火隔断门

动车组全列共有7个防次隔断门。3、5、6车位于车厢二位端，2、7车在车厢一、二位端各1个。发生火灾时，防火隔断门可阻止或延缓火势蔓延，最长阻燃时间为15 min。

使用方法：使用钥匙打开防火隔断门上侧门锁，拉动防火隔断门，直至两边门合闭，然后锁闭防火隔断门。

4. 疏散舷梯

动车组全列有一套(2架拼装式)疏散舷梯，位于4车二位端逃生梯室内。在动车组运行中途因故障不能继续运行时，疏散舷梯可将乘客从故障动车组上转移至相邻线路的列车上。疏散舷梯使乘客可以在必要时从列车上下到站台上。疏散舷梯既可作为一个桥来连接停靠在旁边的列车，也可作为一个梯子使用下到地面上。

使用方法：梯身自带扶手，向上拉起，用套管将扶手固定即可。

5. 乘降梯

动车组内共2架乘降梯(均为拼装式)，位于4车二位端逃生梯室内。在动车组运行中发生紧急情况，停车后需将乘客从动车组上转移到地面时使用。乘客下车时，要确保地面上的安全。

使用方法：将梯身拼装好，即可使用。

6. 车厢内车门控制装置

动车组全列共计22组车厢内车门控制装置，位于车厢内车门一侧电控挡罩上。由上至下分别为：上解锁、蜂鸣器、紧急开门按钮(外侧有保护罩，是旅客在紧急情况下使用的紧急开门装置)、绿色开门按钮(为触摸式开门装置)、红色关门按钮(为触摸式关门装置)、下解锁、红色手动扳手，用于车厢内操作开、关车门。

使用方法：上解锁为开门锁，使用钥匙向任意一侧拧动，向上扳动红色手动扳手至90°位置后拉动车门即可打开；紧急开门按钮使用时，直接将按钮外部防护罩按破后，按下按钮，将红色手动扳手向上扳动至90°位置后拉动车门即可打开；绿色开门按钮和红色关门按钮必须在司机释放后方可使用，司机释放后开关门按钮内部灯呈亮灯状态，未释放为灭灯状态；下解锁为关门锁，用钥匙向内侧拧动则关闭除当前操作的车门以外的一侧其他车门。注意在操作之前，必须先确认车门右侧下方的手动车门锁未被锁闭，若锁闭，用钥匙解锁后方可操作。

7. 车厢外车门控制装置

动车组全列共计22组车厢外车门控制装置，位于车厢外车门面板右侧。包括手动开门扳手、触摸式开门按钮、手动车门锁，用于在车厢外操作开启车门。

使用方法：在车厢外开门时，将手动开门扳手扳至90°位置不要松手，同时拉动车门即可开启车门；车门中间处的触摸式开门按钮，应在司机释放后才可使用，司机释放后按钮内部灯呈亮灯状态，未释放为灭灯状态。注意在操作之前，必须先确认手动车门锁未被锁闭，若锁闭，用钥匙解锁后方可操作。

8. 站台补偿器

动车组全列共有 22 个站台补偿器，位于车门地板边缘。在列车停稳开门后站台补偿器自动落下，补充站台与车体之间的空隙，防止旅客下车时因踩空发生意外。

使用方法：站台补偿器应随车门开启和关闭自动落下或收起，自动装置故障时应使用手动开关。手动落下时，使用钥匙手动打开补偿器，站台补偿器方可落下；手动收起时，需用手将补偿器搬起并不得松手，同时用钥匙将手动开关关闭即可，此操作必须在车门关闭前完成，否则车门无法关闭。

9. 紧急通风装置

动车组全列每节车厢顶棚均设有针孔状紧急通风系统；车厢内墙板下侧板条缝内侧均设有吸气装置，过道处的吸气装置设在车厢两端过道处，顶棚上的吸气孔。当动车组发生断电，空调系统不能正常运行时自动启动紧急通风装置，用来维持车内空气流通，最长可维持 30 min。

【引导案例分析】

车辆部门在防寒整备中没有将采暖锅炉两个排水阀关闭（锅炉缺排水斗），致使锅炉无法存水，锅炉焚烧前列车员未检查确认采暖锅炉状态，致使锅炉无水干烧，炉体产生的高温将车辆顶部可燃结构引燃，致使火灾。

内容三　旅客列车服务工作

【知识目标】

（1）了解乘务员工作对于仪容仪表的总体要求。

（2）掌握旅客列车服务要求。

【技能目标】

（1）掌握服务礼仪规范。

（2）牢记旅客列车作业标准。

【引导案例】

某次列车一列车员自北京西至石家庄间的作业流程如下：

（1）北京西站开车铃响，列车员面向车门站在白色安全线上，铃止上车，将安全渡板、活动顺号牌、抹布放入乘务间内。

（2）车门立岗，车动关门锁门，自检互检边门，开厕所。

（3）整理行李架、衣帽钩、毛巾绳。

（4）拖通过台、连接处、车厢过道。

（5）给车厢旅客送开水。

（6）随时解答旅客问询，适时宣传安全常识。

（7（访问重点旅客，做到心中有数；

（8）到站前锁闭厕所，列车进入站台后打开边门，车停稳后挂活动顺号牌，抹扶手，组织旅客上下车。

【思　　考】

(1)以上叙述的作业中有哪些做得不对的?

(2)整理车容时应注意什么?

(3)送开水时,应注意哪些安全事项?

(4)对重点旅客的服务怎样才能做到心中有数?

(5)锁闭厕所有哪些规定?

(6)还有哪些作业没做到?

旅客运输组织工作要从方便旅客出发,全面安排,按照长短途列车分工、换乘优先、保证重点的原则,合理、经济地使用运输能力,均衡地组织运输。承运人应本着旅客至上的原则,坚持人民铁路为人民的宗旨,周到热情为旅客服务。对旅客在旅行中发生的困难应千方百计予以解决。

旅客列车服务工作就是为旅客提供全面的服务,最大限度地满足旅客在旅行中的物质和文化生活方面的需要,为旅客提供良好的旅行环境和服务设施。列车乘务员的工作是直接面对旅客,因此列车乘务员服务工作的好坏直接影响到铁路的声誉,乘务员必须牢记"人民铁路为人民"的服务宗旨,树立"以人为本,旅客至上"的服务理念,讲文明、有礼貌地为旅客服务,努力做到文明服务、礼貌服务、主动服务、热情服务、周到服务。

一、列车乘务员的仪容仪表

仪容仪表的总体要求是整洁、庄重、简洁、大方。旅客列车乘务员在出乘时必须着规定的制服,佩戴服务标志,以饱满的精神状态、大方的举止为旅客服务。不歪戴帽子,不挽袖子和卷裤脚,不敞胸露怀,不赤足穿鞋,不穿高跟鞋、钉子鞋、拖鞋,不戴首饰;不留长指甲,不染彩色指甲和头发;男乘务员不留胡须、头发不过耳、领;女乘务员头发不过肩,可淡妆上岗。

二、礼貌服务

(1)对旅客不分种族、国籍、民族一视同仁,尊重民族习惯和宗教信仰。

(2)在旅客多的地方行走时要先打招呼,不与旅客抢道、并行,走对面时要主动示意让路。

(3)列车长在站车交接、接受检查时行举手礼;列车员在列车始发、终到时,面向站台致注目礼。

(4)进包房先敲门,经允许后方可进人,离开时,应退步出包房。

(5)运行中,列车工作人员不得使用软卧车洗脸间和厕所。在其他席别车厢,乘务员不得与旅客争用洗脸间和厕所。

(6)运行中列车工作人员不得在餐车逗留、闲谈、占用座席,不得陪同客人就餐。

(7)在服务中,对旅客的配合和支持应表示谢意,遇有工作失误之处,应向旅客表示歉意。

(8)给旅客造成损失或发生旅客伤害时,本着对旅客负责的态度,以公正、诚实、守信的原则,按规定妥善处理。

(9)列车晚点要及时通告,超过30 min时,列车长要代表铁路通过广播向旅客道歉,并积极做好服务工作。

三、旅客列车出乘前的准备工作

在每趟出乘前,列车长、列车员交接班时应清点卧具备品、清扫工具等,并配备齐全,车厢卫生达到内外整洁,窗明几净,四壁无尘,无死角;椅套、头套无污迹、油垢,顶棚、洗脸盆、便器洁白,通风口无灰尘,四框、整容镜电镀件光亮、无灰尘,厕所无异味,垃圾桶洁净、套袋定位,通过台、连接处无痰、无污迹,锅炉间、工具柜内无杂物,门框、窗框洁净,烟灰缸盖无灰尘,暖气管无积灰,清扫工具干净,揭示牌清晰、干净。

四、旅客列车运行中的服务工作

1. 列车运行中途作业二十字服务方法

(1) 到站前:扫(清扫地面)
报(通报站名)
带(把重点旅客带到边门口)
锁(锁厕所)
试(试开边门)

(2) 停车时:开(车停开门)
抹(抹扶手,规定站抹黄杠)
宣(查堵危险品上车的宣传)
看(看票上车)
扶(扶老携幼)

(3)开车后:锁(动关锁边门)
开(开厕所门)
检(自互检边门)
安(安排座位)
整(整理行李架、衣帽钩)

(4)运行中:拖(拖地面)
冲(冲开水)
宣(旅行常识、卫生宣传)
抹(抹茶几、四壁)
访(访问重点旅客)

2. 旅客列车服务要求

(1)坚持全面服务,重点照顾。服务要以旅客的需求为中心,从细节上入手,做到善解人意,无微不至,不厌其烦,有始有终,在车厢的服务中做到眼勤(勤观察)、嘴勤(勤宣传)、腿勤(勤巡视)、手勤(勤检查)。全面服务要做到"三要,四心,五主动"。

在对待老、幼、病、残、孕重点旅客时,应做到心中有数,针对他们的需求,通过有针对性的服务,切实帮助他们解决旅行中的困难,为了使重点服务贯穿于旅行的全过程,要对车厢的重点旅客做到"三知、三有",即知座席、知到站、知困难;有登记、有服务、有交接。

(2)坚持"以人为本","无干扰"服务。

无干扰不是不服务、无服务,而是在搞好服务的同时,掌握服务的"度",将旅客所受到的一切有形的、无形的干扰,减少到最低,以保证旅客有一个安全、舒适、宽松、随意的旅行环境。

在服务过程中做到“三轻、两不准”,即:服务中做到说话轻,走路轻,操作轻;夜间(硬座车:23:00~6:00,硬卧车21:30~7:00)不准售货车到车厢售货,卧车夜间熄灯后不准叫醒旅客查验票证。

(3)卧具整洁,无污渍、无破损,折叠整齐,装袋保管;贴身(被套、垫单、枕套)卧具做到一客一换,已使用的和未使用的分别存放,卧具到终点站后收取。

(4)为了保持车站及城市的环境卫生,旅客列车运行在市区、大桥、隧道停车3 min以上的较大车站和到达终点前,乘务员应锁闭厕所,不能把垃圾、污水、粪便带入城市,但应事先向旅客作好宣传工作,不应将厕所过早关闭,一般到达大站、终到站前3~7 min关闭厕所。对特殊情况急需使用厕所的旅客,应提供应急容器,方便旅客。

采取集便装置的列车厕所内应配备手纸篓(筐),乘务人员要加强宣传,及时清理厕所废纸,防止厕所堵塞影响使用。采用集便装置的列车停靠站不是规定的吸污站时,厕所可不锁闭。列车渡海前要向旅客告知宣传,在渡海期间让旅客使用渡轮上的厕所,列车上的厕所全部锁闭。

(5)整洁卫生时要做到的“四随带、“五不倒”。四随带:扫地带抹布、冲水带铁桶、整理行李带垫布、清理茶几带容器。五不倒:连接处、窗口、洗脸间、停站、桥梁(隧道)不倒垃圾茶叶渣。

五、旅客列车饮食供应工作

铁路旅客饮食供应的基本任务是保证广大旅客在旅行中的饮食需要。饮食供应工作要认真执行“全面服务、重点照顾”的原则,尊重少数民族和外籍旅客的饮食习惯、禁忌避讳。

铁路旅客饮食供应要认真贯彻执行《食品安全法》,加强食品采购、保管、加工、销售等环节的管理,严防食物中毒。餐、茶用具要实行“五过关”,即餐具洗消程序是一清、二洗、三消、四控、五保洁。目前列车上使用含氯消毒剂进行消毒,消毒时间为3~5 min,有效氯浓度为250 mg/kg。

餐车应根据列车运行时间,实行一日三餐的供应方法,以具有特色的快餐为主,适当供应单炒菜,有条件时可供冷饮、夜宵及兼营其他商品,以满足不同旅客消费水平的需求,实现良好的社会效益和经济效益。

六、列车广播工作

列车广播室是列车上的宣传阵地,其他人员不得入内,广播室的钥匙只能由广播员保管。列车广播的主要任务是介绍铁路安全、旅行常识及沿线的名胜古迹;正确及时的作好站名及中转换乘通告;按时转播中央人民广播电台的新闻和报纸摘要节目以及宣传党的路线、方针、政策;为活跃旅客的旅行生活适当播放一些文娱节目和录像;为保证旅客旅行安全及身体健康,可做一些安全、服务、卫生科普、防火、防爆、防盗的宣传。

列车广播员应根据旅客心理及客流特点对乘务中各区段、各区间的播音内容做出详细安排,经列车长审查批准后,按计划执行。

【引导案例分析】

(1)车没动时,仍应车门口立岗,不能离开边门。到站前,车没停稳,不能开门,要严格执行“停开、动关锁,出站台四门检查瞭望”后,再做其他作业。

(2)整理车容时要达到“三条线”,即行李架、毛巾绳、衣帽钩一条线。整理行李架时,要带垫布,以免踩脏坐椅。行李架上的物品应摆放平稳、牢固,做到大不压小,重不压轻,长顺短横,较重物品、锐器、杆状物品、玻璃制品、易滑物品应放置座位下面。

(3)取送开水时，应有相应安全措施，防止烫伤旅客，给旅客倒水时，要做到站稳、接杯、不倒满。送水壶有套，壶嘴有帽，保温桶加锁。

(4)对车厢的重点旅客要做到“三知、三有”，即知坐席、知到站、知困难；有登记、有服务、有交接。

(5)为了保持车站及城市的环境卫生，旅客列车运行在市区、大桥、隧道停车 3 min 以上的较大车站和到达终点站前乘务员应锁闭厕所。一般到达大站、终到站前 3 ~ 7 min 关闭厕所。对特殊情况急需使用厕所的旅客，应提供应急容器，方便旅客。

采用集便装置的列车停靠站不是规定的吸污站时，厕所可不锁闭。列车渡海前要向旅客告知宣传，在渡海期间让旅客使用渡轮上的厕所，列车上的厕所全部锁闭。

(6)到站前没做到：扫(清扫地面)、报(通报站名)、带(把重点旅客带到边门口)。

技能演练

1. 实训项目：列车工作实训。
2. 实训内容：旅客列车乘务。
3. 实训要求：

(1)掌握旅客列车作业标准，能够单独作业；

(2)熟记值乘列车的停车站及到站时间、开车时间；

(3)掌握熟记50句文明用语和50句忌语，并能正确应用文明用语。

4. 实训报告要求：

按日填写，书写工整，卷面整洁。现场考核占40%。

复习思考题

1. 列车乘务组由哪些人员组成？各自的分工如何？
2. 乘务组的主要工作是什么？
3. 乘务组织制度有哪些？
4. 出乘前应做好哪些准备工作？
5. 列车到站前后的安全工作有哪些？
6. 列车运行中要做好哪些安全工作？
7. 列车上有哪些安全设备设施？说明它们的位置及使用方法。
8. 旅客列车服务工作的要求有哪些？
9. 旅客列车服务工作中应注意哪些服务礼貌？
10. 旅客列车运行中“二十字”作业法的内容是什么？

模块六　旅客运输事故的处理

内容一　旅客运输阻碍的处理

【知识目标】

(1)了解旅客运输安全的基本措施；

(2)掌握旅客运输阻碍时的处理原则；

(3)掌握列车发生火灾、爆炸、撞车、颠覆、被洪水围困、线路中断等旅客运输阻碍后的应急处理程序。

【技能目标】

能熟练运用规章在线路中断后对旅客进行妥善安排。

【引导案例】

某年6月10日，一名旅客持广州至北京西的空调硬座客特快车票乘坐T16次列车(经由郑州)，因长沙—岳阳间水害，铁路组织原列车绕道京九至北京，该旅客自南昌站起要求改乘软卧，列车长应如何处理?

【思　　考】

(1)线路中断后旅客应如何安排?

(2)铁路组织列车绕道时运费如何计算，票据如何填写?

在铁路旅客运输中，常常会因为自然灾害造成线路中断，或是因为列车发生火灾、爆炸、行车事故造成列车滞留、绕道或折返，这种因意外事件致使铁路旅客运输不能正常进行的现象称旅客运输阻碍。发生运输阻碍时，车站和列车应密切配合，及时妥善处理，保障旅客生命财产安全，消除不良影响，将损失降到最低。

一、旅客安全运输概述

(一)旅客安全运输的意义

旅行安全是旅客选择出行方式首先考虑的因素，确保旅客运输安全是树立良好企业形象，提高其在运输市场中竞争力的最有力措施。同时，保证旅客运输安全，是关系到人民生命财产和国家声誉的政治问题，是客运工作优质服务的重要标志，是我国铁路运输组织的基本原则之一。因此，各级组织要经常对职工进行政治思想、安全知识和遵章守纪的教育，建立健全群众性的安全生产组织，经常开展“四查”活动(查思想、查纪律、查制度、查领导)，抓事故苗头，挖事故根源，论事故危害，订防止事故的措施，牢固树立安全生产人人有责的思想，确保旅客运输安全。

(二)旅客安全运输的措施

(1)维护好站、车秩序。客运工作人员必须经常向旅客宣传铁路安全旅行常识，认真执行岗位责任制。车站要有秩序地组织旅客进出站、上下车，随时清理站内闲杂人员，严禁旅客钻车和横跨股道。除指定车站作业的小型机动车(限速 10 km/h)外,其他车辆严禁进入站内。列车乘务员要加强车门管理,严禁旅客背面下车,认真执行"停开、动关、出站加锁、四门瞭望"等安全制度。

(2)车站建筑物和站、车一切为旅客服务的设备,应经常保持良好状态。

(3)加强防火、防爆的宣传,严禁危险品带进站、带上车。对旅客携带品发现可疑时,站、车客运人员应配合公安人员检查,对查出的危险品,在车站应由旅客自行处理,在列车上交最近前方停车站处理。列车长应编制客运记录一式三份(一份交车站,一份交旅客,一份列车存查)。列车交下的危险品除易燃、易爆品及放射性物品交公安机关处理外,其他物品交有关部门收购,所得价款寄交旅客。

(4)车站发现无人护送的精神病患者时,应严禁乘车。对有人护送的,应通知列车长注意,协助护送人员防止发生意外。

二、旅客运输阻碍的处理

(一)运输阻碍的种类及造成的原因

1. 运输阻碍的种类

(1)列车撞车、颠覆、脱轨、坠河;

(2)列车发生火灾、爆炸;

(3)线路中断(含自然灾害、行车事故等)。

2. 造成运输阻碍的原因

(1)自然灾害,如水灾、雪害、冰雹、地震、泥石流等;

(2)旅客责任,如携带危险品、吸烟者乱扔烟头所引起的燃烧、爆炸等;

(3)铁路过失,如设备陈旧、失修,职员素质低、基础工作薄弱、劳动纪律松弛、列车严重超员等所引起的意外事故;

(4)其他原因,如有人破坏、战争等。

(二)发生运输阻碍的应急处理

1. 列车发生火灾、爆炸时的应急方案

(1)立即停车。列车运行中发生爆炸或火灾,发现火情的列车乘务人员特别是本车厢或相邻车厢列车员应立即拉下紧急制动阀,使列车停在安全地带。

(2)疏散旅客。紧急制动后,列车乘务人员应迅速指挥旅客疏散到邻近车厢,同时向列车长、乘警长报告。

(3)迅速扑救。列车长、乘警长在接到报告后,应立即组织、指挥义务消防队和其他工作人员进行扑救,并通知各车厢乘务员封锁车厢,严禁旅客下车、跳车、串车,防止意外事故发生,为事后查明情况创造条件。

(4)切断火源。停车后,车辆、机车乘务员和运转车长要迅速将起火车厢与列车分离,切断火源,防止火势蔓延。

(5)设置防护。列车分解后,运转车长和机车乘务员要迅速设置防护。

(6)报告救援。列车长、运转车长和乘警长要尽快向行车调度员报告事故情况,请求救援。报告内容要简明扼要,车次、时间、地点、火势情况要报告清楚,并应迅速向当地政府、公安机关和驻军请求支援。

(7)抢救伤员。在疏散旅客、迅速扑救的同时,要积极地抢救伤员。

(8)保护现场。在扑救火灾时,要注意保护好现场。列车乘务人员采取多种措施做好宣传工作,稳定群众情绪,维持秩序,以免发生混乱。

(9)协助查访。列车长、乘警长要积极协助公安机关了解情况,提供线索,帮助侦破。

(10)认真取证。公安乘务民警应尽可能了解事故情况,索取证据,以利于现场勘察、侦察线索和查明原因。

全体乘务人员在列车发生爆炸、火灾后,必须按照分工坚守岗位,不得擅离职守,要在列车长、乘警长的统一指挥下,根据实际情况灵活果断地采取得力措施,进行紧急处置。图 6－1 为列车发生火灾、爆炸时的应急作业流程图。

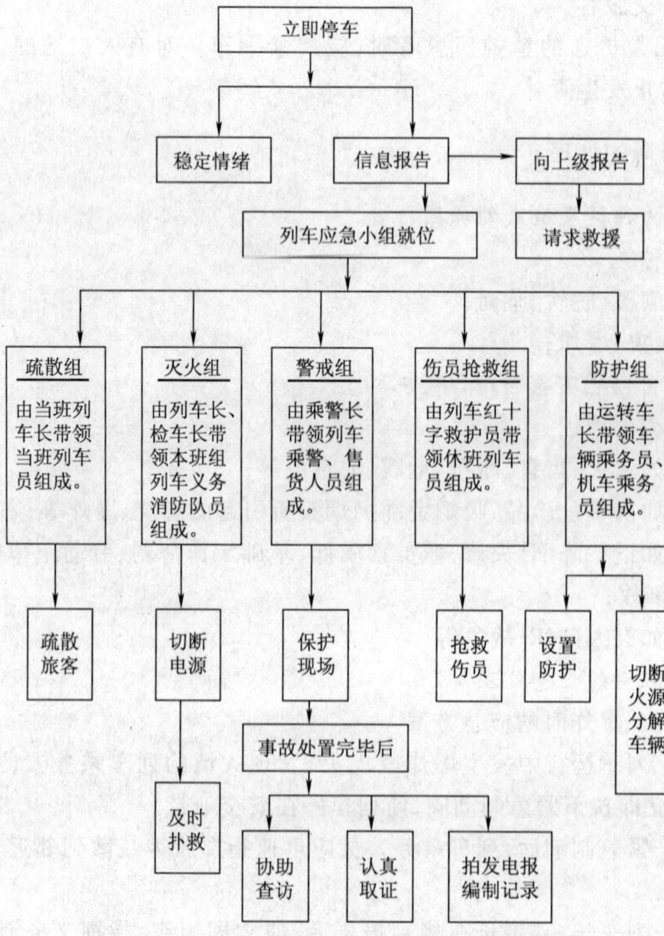

图 6－1　列车发生火灾、爆炸时应急作业流程图

上述 10 条应急方案要点,在处理突发事故时可根据实际情况同步进行。

2. 列车发生撞车、颠覆时的应急方案

(1)设置防护。机车乘务人员(受伤、遇难时由其他人员)和运转车长负责迅速设置防护。

(2)报告救援。尽快向行车调度员报告事故情况,请求救援,并应迅速向当地政府、公安机关和驻军请求支援。

(3)抢救伤员。抢救时要先重后轻、先伤后亡,会同乘警控制现场,为查明原因提供依据。

(4)保护现场。通过宣传稳定秩序和保护现场,可依靠旅客中的军、警、干部、工人等,防止坏人乘乱作案。

3. 列车被洪水围困时的应急方案

(1)列车立即退回安全地段(高坡,后方车站或线路所),退行办法按有关行车组织规定办理。

(2)必要时有组织地疏散旅客上高地或小山。

(3)设法报告上级,请求救援。

(4)通过宣传稳定秩序,组织保卫工作,以免发生混乱

(5)组织照顾老、弱、病、残、孕、幼等重点旅客。

(6)联系地方居民组织饮食供应。

4. 列车被塌方阻挡时的应急方案

(1)立即退回安全地带或后方车站。

(2)迅速报告上级,听候处理。

(3)坚守岗位,维持好车内秩序,禁止旅客擅自下车。

(4)必要时可利用其他交通工具有组织地绕道输送旅客,防止发生混乱。

(三)线路中断时的应急处理

线路中断造成列车不能继续运行时,列车长应迅速了解停运的原因,组织列车工作人员稳定车内秩序。发生火灾、爆炸等事故时,应组织旅客撤离现场,抢救伤员,扑救火灾(必要时应分解列车),调查取证并迅速与就近车站联系,向客调及上级有关领导报告情况。

列车停运且不能在短时间内恢复运行时,站车应做好服务工作,解决旅客的困难,做好饮食供应工作,必要时,向地方政府报告请求援助。

发生事故的铁路局还应向国务院铁路主管部门请求命令后向全路发出停办客运业务的电报。恢复通车时也照此办理。

1. 线路中断后对旅客的安排

列车停止运行后,应按下列规定安排已购买车票的被阻旅客。

(1)线路中断,旅客可以要求在原地等候通车、返回发站、中途站退票或按照承运人的安排绕道旅行。

(2)停止运行站或被阻列车应在车票背面注明“日期、原因、返回××站”字样或贴同样内容的小条,加盖站名戳或列车长名章,作为旅客免费返回发站、中途站办理退票、换车或延长有效期的凭证。

(3)旅客持票要求在发站或一个中途站(返回途中自行下车无效)等候通车后继续旅行时,可凭原票在通车10日内恢复旅行。旅客要求恢复旅行时,车站应办理签证手续,通票还应根据旅客候车日数延长车票有效期。卧铺票应办理退票。

(4)在发站或由中途站返回发站停止旅行时,退还全部票价,其中包括在列车上补购的车票,但罚款、手续费和携带品超重、超大补收的费用不退。已使用至到站的车票不退。

(5)在停止运行站或返回中途站退票时,退还已收票价与发站至停止旅行站的票价差额,不足起码里程按起码里程计算。

(6)铁路组织已购票的被阻旅客乘原列车绕道运输时持原票有效。组织旅客换乘其他列车绕道运输,车站应为旅客办理签证手续,在车票背面注明“因××绕道××站(线)乘车”并加盖站名戳。绕道运输乘坐原座别、铺别时票价不补不退,变更座别、铺别时,补收或退还差额。中途下车车票失效。

(7)线路中断后旅客买票绕道乘车时,按实际径路计算票价。

(8)旅客索取线路中断证明时,由车站出具文字证明,加盖站名戳。

【例 6-1】某年 5 月 10 日，一旅客持甲—丁的硬座客票（11.00 元，到站为丙站的加快票票价 1.00 元）。在列车运行至丙站后丙—丁区间因水害线路中断，该旅客要求返回乙站终止旅行，该如何处理？该区段线路图如图 6-2 所示。

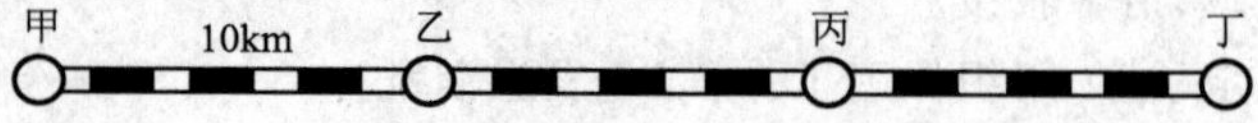

图 6-2　甲—丁区段线路图

【解】(1)在丙站应在车票背面注明“因前方水害，于 5 月 10 日返回乙站”，加盖站名戳。

(2)在站办理退票，退还已收票价与发站至终止旅行站间（甲—乙）票价的差额，发站至终止旅行站硬座票价 1.00 元，加快票已使用至到站不退。

应退 11.00 - 1.00 = 10.00（元），不收退票费。

收回原票，填退票报销凭证。

【例 6-2】某年 8 月 10 日因石德线水害线路中断，铁路组织 K374/K371 次（太原—上海）新型空调车绕道经石家庄、郑州、徐州去上海。一旅客持本次列车太原经德州到上海的空调硬座半价客快票，要求自石家庄开始使用硬卧，5 车下铺 3 号有空铺，列车长同意办理，办理时发现该旅客的减价凭证无效。应如何办理？

【解】列车长处理方法如下。

(1)按原径路处理减价不符：

太原—上海（石、德）1 489 km。

已收：空调半价硬座客快速票价：89.00 元。

应收：空调全价硬座客快速票价：177.50 元。

补收差价：177.50 - 89.00 = 88.50（元）。

加收 50% 的票款：88.50 × 50% = 44.50（元）。

合计：88.50 + 44.50 = 133.00（元）。

(2)按绕道径路里程核收卧铺票价：

石家庄—上海（郑、徐）1 410 km。

硬卧（下）票价：190.00 元。

手续费：5.00 元。

合计：133.00 + 190.00 + 5.00 = 328.00（元）。

【例 6-3】2013 年 5 月 5 日，K128/K125 次（长春—西安，新空调旅客列车，经由天津、德州、石家庄、郑州）列车到达西安站，因西安至宝鸡间发生水害线路中断，列车组织返回发站。到达石家庄站时，一旅客持 K128/K125 次天津至兰州新空硬座快卧车票（卧到西安，12 车 12 下，票号 A103827）和列长编制的 10 号客运记录要求停止旅行，石家庄站如何办理？

【解】(1)处理依据：

《铁路旅客运输规程》第五十条规定，线路中断旅客要求退票，在中途站退还已收票价与已乘区间票价差额，不收退票费，但已使用到站的票价不退。

旅客的硬卧已使用至到站不退。应退还天津至兰州新空硬座快速票与天津至石家庄新空硬座快速票差额。

(2)计算步骤：

天津—兰州 2 018 km。

新空硬座快速票价:224.00元。

天津—西安1 342 km。

新空卧铺(下)票价:136.00元。

天津—石家庄419 km。

新空硬座快速票价:62.50元。

已收票价与已乘区间票价差:224.00 - 62.50 = 161.50(元)。

净退票价:161.50元。

(3)填写退票报销凭证,如图6-3所示。

北 京 铁 路 局

退票报销凭证　A000000

石家庄站　　2013年5月6日

原　票	天津　站至　兰州　站
已乘区间	天津　站至　石家庄　站
已乘区间票　价	陆拾贰元伍角
退 票 费	伍拾元整
共　计	陆拾贰元伍角

(无经办人名章无效)　　经办人 ××　印

图6-3　退票报销凭证填写式样

2. 线路中断对行李、包裹的安排

(1)末装运的行李、包裹留在发站待运或由托运人办理取消托运。

(2)已装运在途被阻的行李、包裹,列车折返时由折返局根据具体情况指定卸在折返站或临近较大车站(列车不折返、待命继续运行的不卸)。如折返区段均为中间小站时,可与邻局协商,返回邻局较大的车站卸下保管。线路恢复后,应优先装运被阻的行李、包裹,并在票据记事栏注明被阻日数,加盖站名戳。

(3)根据托运人的要求,在发站和由中途站返回发站的行李、包裹取消托运时,收回行李、包裹票,在旅客页和报单页记事栏注明"线路中断,取消托运",填写"退款证明书",退还全部运费并将收回的行李、包裹票附在"退款证明书"报告页上报。

(4)旅客或收货人、托运人在中途站领取时,收回行李、包裹票,填写"退款证明书",退还已收运费与发站至领取站间的运费差额,不足起码里程按起码里程计算,并在行李、包裹票旅客页、报单页、记事栏注明"线路中断、中途提取",附在"退款证明书"报告页上报。

(5)旅客在发站停止旅行,行李已运至到站,要求将行李运回发站取消托运时,在行李票报销页加盖"交付讫"戳,在记事栏注明"因线路中断、行李运至到站返回,运费不退",交旅客作为报销凭证。

(6)旅客在发站或中途站停止旅行,要求仍将行李运至到站时,补收全程或中止旅行站至到站的行李和包裹差价。

(7)包裹在中途被阻,托运人要求变更到站,补收或退还已收运费与发站至新到站的运费差额,不收变更手续费。在"客杂"或"退款证明书"记事栏注明"因××线路中断,变更到站"。

(8)鲜活包裹在运输途中被阻,卸车站应及时与发站联系,征求托运人处理意见。要求返回发站或变更到站时,按上述办法处理。托运人要求铁路处理时,卸车站应处理,处理所得款填"客杂"上交,在记事栏内注明情况,并编制客运记录写明情况,附处理单据寄送发站,处理所得款由处理站所属铁路局收入部门汇付发站所属铁路局收入部门。发站凭记录和单据填写"退款证明书"退还已收运费与发站至处理站间运费差额和物品处理所得款。记录、处理单据及收回的包裹票随"退款证明书"报告页上报。

(9)组织行李、包裹绕道运输时,应在行李、包裹记事栏注明"线路中断,绕道运输被阻×日"并加盖站名戳,原车绕道时加盖列车行李员名章,到站根据实际运输里程加上被阻日数计算运到期限。

(10)线路中断后承运包裹,经铁路局批准,按实际经路计算运费。

【引导案例分析】

因长沙—岳阳间水害,铁路组织原列车绕道京九线至北京,在南昌站要求改乘软卧,铁路组织列车绕道运输时,原票有效。铁路组织已购票的被阻旅客乘原列车绕道运输时持原票有效。绕道运输乘坐原座别、铺别时票价不补不退,变更座别、铺别时,补收或退还差额。

票价计算如下:

变座补卧	南昌$\overline{\text{京九线}}$北京西:1 449 km
空调车软座票价	212. 50 元
空调车硬座票价	108. 50 元
软硬票价差	212. 50 - 108. 50 = 104. 00(元)
软卧(下)票价	216. 00 元
手续费	5. 00 元
应补收	104. 00 + 216. 00 + 5. 00 = 325. 00(元)

内容二 旅客运输事故处理

【知识目标】

(1)了解旅客运输事故的范围、种类、等级;

(2)掌握旅客发生疾病、死亡和人身伤害的处理的原则及有关规定。

【技能目标】

(1)掌握旅客人身伤害事故处理方法;

(2)掌握携带品损失的处理方法。

【引导案例】

××年×月×日 T8316/8317 次(广州—张家界),韶关东站开车后不久,5 号车厢旅客周×(男,50 岁,身份证号×××)突然晕倒(有陪同人员一名),经广播找医生诊断为高血压病复发,急需下车(前方停车站郴州)治疗。(周×车票:广州至株洲 E0002513;陪同旅客:××车票:广州至株洲 E0002514)。列车长应如何处理?

【思　　考】

旅客乘车途中发生人身伤害事故时,应如何处理?

持有车票的旅客和无票人员，在车站、列车上发生急病、死亡以及旅客在旅行途中发生意外伤害时，车站和列车必须密切配合，按章妥善处理才能保障正常的站车秩序和旅客的生命安全。

一、旅客发生急病、死亡的处理

（一）旅客发生急病时的处理

（1）持有车票的旅客在车站候车期间发生急病时，车站应立即送至医院急救，如系传染病应送传染病医院。

（2）旅客在列车上发生急病时，列车长应填写客运记录，送交市、县所在地的车站或较大车站，转送医院或传染病医院治疗。

（3）旅客在治疗期间所需的一切费用，应由旅客自负。如本人确实无力负担，铁路局可在"旅客保险"支出项下列支，由车站按时请领偿还医院。

（二）旅客发生死亡的处理

（1）持有车票的旅客在车站候车期间死亡时，车站站长应会同公安部门、卫生部门共同检验，并按规定处理。如因传染病死亡的应根据卫生部门的指示办理。车站应通知其家属或工作单位前来认领。

（2）旅客在列车上死亡时，列车长应填写客运记录，会同铁路公安人员将尸体和死者遗物交给市、县所在地的车站或较大的车站，接收站按照在车站死亡时的处理规定办理。

（3）对死者的遗物妥善保管，待死者家属或工作单位前来认领时一并交还。旅客死后所需费用，先由铁路部门垫付，事后向其家属或工作单位索还。如死者家属无力负担或无人认领，铁路可在"旅客保险"支出项下列支。

（三）无票人员发生急病或死亡时的处理

没有车票的人员，在站台或列车上发生急病或死亡时，由铁路部门负责处理。在候车室、广场等地发生急病或死亡时，由车站通知地方有关部门处理。

二、旅客人身伤害事故的处理

（一）旅客人身伤害事故的定义

凡持有效车票的旅客，经检票口进站验票加剪开始，至到达目的地出站缴销车票时止（中转和中途下车的旅客自出站至进站期间除外），在旅行中遭受到外来、剧烈、明显的意外伤害事故（包括战争所致者在内）以及承运人的过错，致使旅客人身受到伤害以至死亡、残废或丧失身体机能者，均属旅客人身伤害事故。对运送期间发生的旅客人身伤害，铁路运输企业承担保险或运输、保险双重责任。

（二）旅客人身伤害事故的种类及等级

1. 种类

旅客人身伤害按其程度分为三种：

（1）轻伤：伤害程度不及重伤者。

（2）重伤：肢体残废、容貌毁损，视觉、听觉丧失及器官功能丧失。具体参照原铁道部颁发的《关于公布处理铁路旅客人身伤害事故有关文件格式和部分赔付标准的通知》。

（3）死亡。

2. 等级

根据旅客伤亡人数、伤亡程度等情形，铁路旅客人身伤害事故等级分为六类：

(1)轻伤事故，指只有轻伤没有重伤和死亡的事故。

(2)重伤事故，指9人以下重伤、没有死亡的事故。

(3)一般事故，指2人以下死亡事故。

(4)较大事故，指3人以上9人以下死亡或10人以上49人以下重伤的事故。

(5)重大事故，指10人以上29人以下死亡或50人以上99人以下重伤的事故。

(6)特别重大事故，指30人以上死亡或100人以上重伤的事故。

(三)旅客人身伤害事故的现场处理

1. 旅客人身伤害事故的处理原则

(1)期限原则。即旅客伤害必须是发生在旅客运送责任期间。

(2)有效原则。即旅客必须持有效车票(包括持各种免费乘车证、免费乘车的儿童、经承运人许可搭乘的尚未补票的无票旅客)。

(3)责任原则。即必须分清铁路责任、旅客自身责任、第三人责任、不可抗力四种情况。

2. 旅客人身伤害事故的处理程序(图6-4)

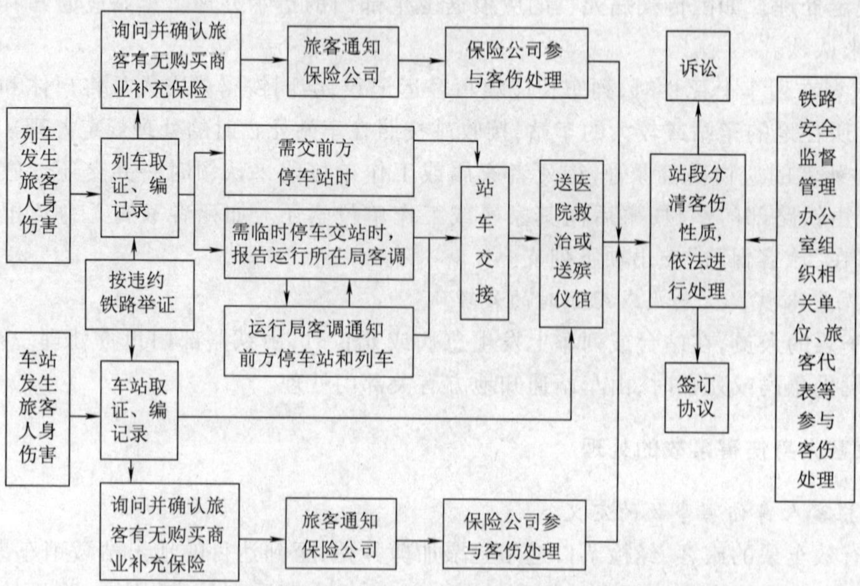

图6-4　旅客人身伤害事故处理程序图

3. 旅客人身伤害事故的处理办法

(1)列车、车站发生旅客人身伤害事故时，列车长、站长应当会同铁路公安人员查看旅客受伤情况，迅速采取救护措施，稳定人员情绪，维护现场秩序。列车上无乘警，列车长认为必要时，应及时向前方停车站铁路公安部门通报，并做好前期调查取证工作。

(2)列车需将受伤旅客交车站处理时，应移交前方三等以上有医疗条件的停车站，并及时报告运行所在局的客调，由客调通知车站做好救护准备工作。

移交车站前，旅客有特殊要求的，可按其要求交有医疗条件的前方停车站或到站，并在客运记录中要求旅客写明“我自愿在×××车站下车治疗”等字样并签名。

列车担当单位、客调应当掌握列车运行沿线车站医疗条件状况。

(3)因伤情严重需紧急停车处理的，应立即报告客调或通过运转车长、司机报告列车调度员。接到报告后，客调或列车调度员应当立即处置。

(4)旅客列车或车站发生三人以上疑似食物中毒时,列车长、站长应当及时通知客调,由客调通知铁路卫生防疫部门,并会同公安人员做好现场保护工作。

(5)发现旅客在区间坠车时应当立即停车处理,但为保障列车运行安全不具备停车条件时(参照技规 271 条 4.3“特快旅客列车不危及本列车运行安全时除外”),可以不停车。

不具备停车条件或者迟延发现时,列车长应当通过运转车长、检车乘务员或司机通知邻近车站及铁路公安部门派人寻找,并及时向事故发生地和列车担当铁路局主管部门报告。

(6)车站对本站发生、发现或列车移交的受伤旅客应当及时联系当地医疗急救机构或送就近医院抢救。

需缴纳押金或者垫付医疗费用时,应当根据对事故责任的初步判断,由责任人垫付医疗费用;不能区分责任或者责任人不明、无力承担的,车站可用站进款垫付。

动用站进款时,填写或补填“运输进款动支凭证”(财收 -29),5 日内由核算站或车务段财务拨款归还。

受伤旅客住院期间的生活费由旅客自理。旅客或其家属确有困难的,经事故处理站站长或者车务段长批准,可用站进款垫付。

(7)受伤旅客经现场抢救无效死亡,或对站内、区间发现的旅客尸体,经公安机关或医疗部门确认死亡后,车站应当转送殡仪馆存放,并尽快通知其家属。尸体存放原则上不超过 10 日。

死者身份、地址不清,或者死亡原因系伤害致死需立案侦查的,可根据公安机关的意见处理死者尸体;必要时,应对尸体做法医鉴定。对死者的车票、衣物、随身携带物品等应当妥善保管,并于办理赔偿时一并转交其继承人;死者身份不明或者家属拒绝到站处理的,按无法交付的物品处理。

(8)发生旅客人身伤害时,应当保护事故现场,禁止与抢救、救援、调查无关的人员进入。必要时,可请求地方政府提供协助。

(9)发生旅客人身伤害事故后,列车长、站长应当会同铁路公安部门及时勘验事故现场,检查旅客所持车票的票种、票号、发到站、车次、有效期等,收集不少于两份同行人或见证人的证言及其他相关证据,并妥善保管。

收集证人证言时,应当记录证人的姓名、性别、年龄、地址、联系方式、身份证号码等内容。证言、证据应当准确、真实,能够反映事故发生的时间、地点、过程、原因和结果。

事故发生单位及铁路公安部门在调查取证时,应全面搜集相关证据资料,形成比较完整的证据链,能够证明事故发生的过程和原因,初步确定事故性质。

(10)列车向车站移交受伤旅客时,车站不得拒绝接收。

列车向车站办理移交手续时,应当编制客运记录一式两份,一份存查,一份办理站、车交接,连同车票、旅客携带物品清单、证据材料一并移交。因特殊情况来不及编写客运记录时,列车长应指派专人下车与车站办理交接(动车组列车除外),并必须在 3 日内向事故处理站补交有关材料。

旅客人身伤害系因斗殴等治安或刑事案件所致的,由铁路公安部门处理。需将受伤旅客移交车站救治时,乘警应将第三人同时交站处理。受伤人员治疗费用由当事人支付。当事人确无支付能力的,车站可先行垫付。

(11)列车发现精神异常旅客时,应要求其同行成年人看护;无同行成年人时,应指派专人看护。车站发现时,不予运送,并为其办理退票手续。精神异常旅客伤及他人时,由铁路公安部门处理。

(12)旅客在法定时限内索赔且能够证明伤害是在铁路旅客运输过程中发生的,受理单位应及时通知事故发生单位，并本着方便旅客的原则，移交旅客就医所在地车站或旅客发、到站处理，被移交站应当受理。事故发生单位应当在3日内搜集并向车站移交相关证据材料。

(13)在站内或区间线路上发现有坠车旅客时，发现或接到通知的车站应当迅速通报有关列车。列车接到通报后，应当立即调查，收集包括证人、证言在内的证据材料和旅客携带物品，并在3日内向事故处理站移交。

(14)旅客人身伤害事故可能与线路、列车、车站设施设备相关时，列车、车站应立即通知有关管理单位。被通知单位接到通知后，应及时了解相关设施设备情况，提取有关设施设备运行记录等证据或出具书面意见，并于3日内交事故处理站。

4. 事故速报

车站、列车发生旅客人身伤害事故时，可用电话向所在单位或上级主管部门报告事故概况。但发生一般以上事故时，应及时向有关铁路局主管部门拍发事故速报，并逐级向上级主管部门报告。

报告(含事故速报)内容主要包括：

(1)事故种类。

(2)发生日期、时间、车次。

(3)发生地点、车站、区间里程。

(4)伤亡旅客的姓名、性别、国籍、民族、年龄、职业、单位、住址、身份证号码以及车票种类、号码、发站、到站等基本情况。

(5)事故、旅客伤亡及现场处理简况。

(四)事故处理工作组及其工作

1. 事故处理工作组的组成

发生旅客人身伤害事故时，应当成立事故处理工作组。较大以下伤亡事故由事故发生地所在铁路局组织成立事故处理工作组，但对旅客同意现场调解的轻伤事故，车站可会同值勤公安人员、事故发生单位共同处理；重大伤亡事故由铁路总公司组织成立事故处理工作组，特别重大伤亡事故由国务院或者国务院授权的部门组织成立事故处理工作组。

事故处理工作组组长一般情况下由事故处理站(车务段)的站长(段长)担任；发生重大及以上伤亡事故时，事故发生地所在铁路局局长为组长。事故处理工作组由以下单位和人员组成：

(1)事故处理站(车务段)或其上级主管部门；

(2)事故责任单位、发生单位或其上级主管部门；

(3)事故处理站公安派出所或其上级铁路公安部门；

(4)其他与事故处理有关的单位或人员。

事故处理工作组应当积极开展事故调查，尽快确定事故原因及责任单位，及时、妥善处理各项善后事宜。事故处理工作组认为必要时，可要求事故发生单位进一步提供相关证据资料。铁路公安机关认为需要开展事故调查时，可按照法定程序独立开展调查。

2. 事故处理工作组负责的主要工作

(1)办理受伤旅客就医事宜。

(2)收集事故有关资料，建立案卷。事故案卷中应有：客运记录、证人证言、车票、医院证明、现场照片或图示、寻人启事、公安部门现场勘验笔录、鉴定结论和处理尸体意见等。

(3)查实伤亡旅客身份，通知伤亡旅客家属或发寻人启事。

(4)召开事故分析会,分析事故原因,确定责任单位。

(5)处理死亡旅客尸体。

(6)与旅客或其继承人、代理人协商办理赔付。

(7)其他与事故处理有关的事宜。

3. 事故分析会的召开

事故发生后,应当及时召开事故调查分析会。铁路局应派员参加重大及以上伤亡事故调查分析会。应由政府安全监督管理部门调查处理的旅客人身伤害事故,按照国家有关规定办理。

4. 明确处理费用

旅客受伤需治疗时,医疗费用按实际需要,凭治疗医院单据,由铁路运输企业承担,但其标准一般最高不超过赔偿金限额。如旅客人身伤害系法律、法规规定铁路运输企业免责的,其医疗费用由旅客承担。

旅客自身责任或第三人责任造成的人身伤害,医疗费用由责任人承担。第三人不明确或无力承担时,由铁路运输企业先行赔付后,向第三人追偿。

旅客受伤治疗后身体部分机能丧失,应当按照机能丧失程度给付部分赔偿金和保险金。旅客身体两处以上受伤并部分机能丧失的,应当累加给付,但不能超过赔偿金、保险金最高限额。旅客受伤治愈后无机能影响,在赔偿金、保险金最高限额的5%以内酌情给付。旅客死亡按最高限额给付。

如铁路运输企业能够证明旅客人身伤害是由铁路运输企业和旅客的共同过错造成的,应当相应减轻铁路运输企业的赔偿责任。

因处理事故需要发生的其他费用(如看尸、验尸、现场勘验、寻人启事等与事故处理直接有关的支出)一并在事故处理费中列支并在事故处理报告上列明。

因事故产生的保险金、赔偿金、医疗费用、其他费用,有责任单位(铁路运输企业其他部门责任时,转责任单位所属铁路局)的,由处理事故局将以上费用转账给责任单位;无责任单位的,转事故发生单位。

事故责任涉及两个以上单位时,其事故处理费用由责任单位共同分担,分担比例按责任轻重由事故处理工作组确定。

5. 事故赔付程序

(1)受伤旅客治疗结束或死亡旅客尸体处理完毕,事故处理工作组应在确定事故责任、核实各种费用及授权委托书、亲属关系证明等有关证明后,尽快与旅客或其继承人、代理人协商办理赔付。

办理时,编制"铁路旅客人身伤害事故最终处理协议书"(表6-1),经事故处理各方对所载内容确认无异议、签字,并加盖事故处理站单位公章后,将赔偿金支付给旅客或其继承人、代理人。

(2)因处理事故所发生的赔偿金及其他费用,由责任单位承担;涉及两个以上责任单位的,根据事故处理工作组确定的责任分担比例,由责任单位共同承担;无责任单位的,由事故发生单位承担。

(3)需向事故责任或发生单位转账时,由事故处理单位财务部门开具"转账通知书"(会凭7),连同"铁路旅客人身伤害事故最终处理协议书"转送事故责任或发生单位。

事故责任或发生单位应当在收到"转账通知书"等材料次日起10日内将费用转拨事故处理单位;超过10日的,每超过1日,按应付费用的0.5%支付滞纳金。

(4)旅客意外伤害是由第三方造成的,铁路运输企业在垫付相关费用后,可向责任方追偿。

表 6－1　铁路旅客人身伤害事故最终处理协议书　　NO ______

一、旅客姓名　　　性别　　　年龄　　　职业　　　单位或住址
二、发生日期、时间、车次：
三、发生地点、车站、区间：
四、客票种类：自　　　站至　　　站，票号：
五、伤害简要概况：
六、事故经过和责任分析：
七、协议处理意见：
八、协议人签字：

（五）责任划分

铁路旅客人身伤害事故责任分为旅客自身责任、铁路运输企业责任、第三人责任和其他责任。

1. 旅客自身责任

旅客违反铁路安全规定，不听从铁路工作人员引导、劝阻，不按有关标志、说明使用设备设施，具有故意或者重大过失，或者因其自身健康原因造成人身伤害的，属于旅客自身责任。

【例 6－4】法定监护人过失伤害案。

200×年 8 月 29 日，旅客贾××（女，8 岁）与母亲王×乘坐 T×××次车从 A 地返往 B 地。上车后，贾××玩硬卧车厢边凳，列车员、服务员几次劝告，其母充耳不闻。时过不久，贾××被边凳打伤，造成左手第 3 指末节“指骨末端骨折”。

分析定性：其母（完全民事行为能力人）对列车工作人员的劝告不置可否，未尽到法定监护人责任，应由贾××的法定监护人承担全部责任。

【例 6－5】旅客在列车卫生间跳车案。

200×年 3 月 25 日，K×××次列车 18:35 正点从 A 站始发。18:57 分通过 B 站时，旅客辜××（女，17 岁，事发后铁路处理时谎称 19 岁）打开 3 号车厢卫生间窗户，跳下正在运行的列车。19:04 被下行的货物列车司机发现，即用电台通知信号楼。19:20 车站会同驻站公安一同将其送往医院抢救。

分析定性：旅客自身原因（故意）跳车造成人身伤害，铁路不承担赔偿责任。

2. 铁路运输企业责任

由于铁路运输企业人员的职务行为和设施设备的原因给旅客造成的伤害，属于铁路运输企业责任。

铁路运输企业责任按事故发生原因、铁路运输企业之间运输业务分工以及内部各部门、岗位职责等确定责任单位。事故处理工作组认为两个以上单位都负有责任时，可以列两个以上的责任单位。

事故发生原因基本确定，但由于事故发生单位或相关设备管理部门未及时搜集或未妥善保管相关证据资料，导致不能确定责任单位时，由事故发生单位或相关设备管理部门承担责任。

列车需将受伤旅客交站处理，调度部门延迟处置、车站推诿或未及时联系医疗机构影响救治时，与责任单位列同等责任；没有责任单位时，列主要责任。

铁路运输企业责任中，客运部门责任分为车站责任和列车责任。

(1)有下列情形之一的，属于车站责任：

①旅客持票进站或下车后在出站前因组织不当造成人身伤害的。

②车站缺乏引导标志或有关引导标志不准确误导旅客造成人身伤害的。

③车站设备、设施不良造成旅客人身伤害的。

④车站销售的食物造成旅客食物中毒的。

⑤车站在规定停止检票后继续检票放行或检票放行时间不足，致使旅客抢上列车造成人身伤害的。

⑥车站组织不力造成旅客上车时造成人身伤害的。

⑦因车站客运工作人员违章操作、管理不善，发生火灾、爆炸造成旅客人身伤害的。

⑧事故处理工作组有理由认为属于车站责任的。

(2)有下列情形之一的，属于列车责任：

①车门未锁致旅客跳车、坠车或站内背门下车造成人身伤害的。

②列车工作人员过失致旅客在不办理乘降的车站(包括区间停车)下车造成人身伤害的。

③列车组织不力，致旅客下车时造成人身伤害的。

④车站误售、误剪车票，列车未能妥善处理造成旅客跳车伤害的。

⑤列车报错站名致旅客误下车造成伤害的。

⑥列车工作人员过失造成旅客挤伤、烫伤的。

⑦餐车、售货销售的食物造成旅客食物中毒的。

⑧列车客运工作人员违章操作、管理不善致火灾、爆炸造成旅客人身伤害的。

⑨列车设备不良且列车客运工作人员管理不善造成旅客人身伤害的。

⑩事故处理工作组有理由认为属于列车责任的。

【例6-6】铁路员工职务行为致旅客伤害案。

200×年×月×日，××次××站停车后，几名列车员违规作业未开边门，造成旅客集中在一节车厢下车。同时，车站客运、外勤均违规作业，在旅客尚未全部下车的情况下发车。列车起动后，为避免承担旅客越站责任，一名列车员继续让旅客下车，造成旅客熊×(女，64岁)匆忙下车时摔倒在站台上，左臂、右腿粉碎性骨折。

分析定性：站车有关工作人员全体违章作业。

(1)列车员违反边门管理制度。

(2)客运员、助理值班员违反旅客乘降组织安全规定。

3. 第三人责任

由于旅客和铁路运输企业合同双方以外的人给旅客造成的伤害，属第三人责任。因第三者责任造成旅客人身伤害时，受害者可直接向施害的第三者索赔；第三者不明或无力承担时，铁路运输企业可先行赔付，而后向施害的第三者追偿。

【例6-7】列车刚开车，携带品未放稳坠落行李架伤害案。

200×年10月21日，旅客张××(女，23岁)乘坐D××次动车组。车开后行至道岔群时因列车晃动，邻座旅客王××(男，42岁)摆放在两节行李架之间斜面上的随身携带物品(拉杆箱，重 9.6 kg）坠落，砸在张××头部，引起头晕、恶心。列车长初步定性为第三人责任，主持双方调解。因双方对赔偿数额无法达成一致，编制《客运记录》交站处理。

分析定性：王××没有尽到安全关注义务，将随身物品放在了行李架衔接处支撑架的斜面上，造成物品在列车运行中正常的晃动时坠落，为第三人责任。

4. 其他责任

非上述三种责任造成的伤害，属于其他责任。

对事故责任划分有争议时，事故处理工作组应将调查报告、事故案卷、处理意见等有关资料报事故发生和事故处理单位共同的上级客运主管部门或其授权的客运主管部门裁决。

发现事故定性不准确、处理不符合规定时，上级客运主管部门可以责令重新审查或纠正。

事故处理完毕后，事故处理工作组应当出具“铁路旅客人身伤害事故定责通知书”（表 6－2），寄送事故责任单位并抄知其上级客运主管部门。

表 6－2　铁路旅客人身伤害事故定责通知书　　　　NO ______

铁路局（集团公司） 站（段） 关于　　年　　月　　日发生的　　旅客人身伤害事故，经事故处理工作组研究，列　　站（段）责任事故。 年　　月　　日 事故处理站（印章）

5. 有下列情形之一造成的人身伤害，铁路运输企业不承担保险责任；

（1）因疾病、自杀、斗殴或犯罪行为；

（2）失踪者（但因车辆失事或意外事故而致失踪者不在此限）；

（3）因无票扒、跳车；

（4）有欺诈、骗保意图。

有下列情形之一造成的人身伤害，铁路运输企业不承担运输责任；

（1）不可抗力；

（2）旅客自身健康原因造成的或者铁路证明伤亡是旅客故意、重大过失造成的。

【例 6－8】××年×月×日 T82/T79 次列车（南宁—上海南，南宁客运段承担乘务）旅客肖××（男，39 岁，身份证号：×××）于道州开车后，因 6 号车厢左侧第三个车窗滑落，砸伤其左手中指，经广播找医生（李瑞，男，50 岁，广东省人民医院医师，身份证号×××）救治后（包扎止血），初步诊断为骨折。旅客肖××车票：梧州一义务空调硬座客特快联 A162306，随身旅行包一件。列车长应如何处理？（前方停车站为永州）

【解】列车长处理方法如下：

（1）会同铁路公安人员查看旅客受伤程度，及时采取抢救措施。

（2）通过列车广播寻找旅客中的医务工作者协助救助，旅客医生实施救助前，列车长应先确认其身份、姓名、单位，并做好记录；实施紧急救护时，医护工作者应将患者病情、医疗措施风险告知患者或同行旅客。

（3）受伤旅客如需交车站处理时，联系客运调度安排前方停车站（三等以上车站）做好救护准备工作。

（4）应收集旁证材料（二份以上）并用医生开具的初步诊断意见书编制客运记录（表 6－3），连同伤者及其车票、旁证材料一并交永州站处理（旅行包自带）。若旅客行李不能自带，则应附物品清单一份。

表 6-3　客运记录示例一

南宁铁路局　　客统—1 **客　运　记　录** 第　01　号
记录事由：向车站移交受伤旅客
永州站：
本次列车旅客肖××（男，39 岁，身份证号：×××）于道州开车后，因 6 号车厢左侧第三个车窗滑落，砸伤其左手中指，
经广播找医生（李瑞，男，50 岁，广东省人民医院医师，身份证号×××）救治后（包扎止血），初步诊断为骨折，急需下车治
疗，现交贵站，请予协助处理。
旅客肖××车票：梧州—义务空调硬座客特快联 A162306，随身旅行包一件。
注：　　　　　　　　　　　　站 1. 站、车需要编制记录时均适用。　南宁　段　编制人员　T82/T79　次列车长　（印） 　　　　　　　　　　　　　　站 2. 本记录不能作为乘车凭证。　　段　签收人员　　　　（印） ××××年×月×日编制

【例 6-9】2013 年 9 月 20 日北京西开往南宁的 T5 次列车在石家庄站开车时，发生石击列车造成旅客伤害，飞石将机后第 14 位 YZ21023 号前进方向右侧第 4 个车窗两层玻璃击碎，并将南宁市针织厂工人徐明（男，30 岁）左眼扎伤，头部击破流血不止，列车将受伤旅客交郑州站治疗。列车处理过程如下：

（1）列车长会同乘警检查旅客伤害情况，并进行止血包扎；

（2）列车长编制旅客伤亡事故记录（表 6-4），将受伤旅客交郑州站转送医院治疗；

（3）列车长向有关部门及上级主管单位拍发事故速报，如表 6-5 所示。

表 6-4　客运记录示例二

南宁铁路局　客统—1 **客　运　记　录** 第　01　号
记录事由：发生旅客伤害事故移交旅客
郑州站：
2013 年 9 月 20 日本次列车在石家庄站开车时，发生石击列车造成旅客伤害，飞石将机后第 14 位 YZ21023 号前进方
向右侧第 4 个车窗两层玻璃击碎，并将南宁市针织厂工人徐明（男，30 岁）左眼扎伤，头部击破流血不止，经列车寻医进行
止血包扎后现将旅客移交你站送医院抢救，请按章处理。
T5 次，北京西至南宁，票号 A000016。
注：　　　　　　　　　　　　站 1. 站、车需要编制记录时均适用。　南宁　段　编制人员　T5　次列车长　（印） 　　　　　　　　　　　　　　站 2. 本记录不能作为乘车凭证。　　段　签收人员　　　　（印） 2013 年 9 月 20 日编制

表 6－5 铁路电报

铁路电报						
发报所	电报号码	等级	词数	日	时分	附注

主送：南宁局客运处、客调、安监室、公安处、南宁客运段、乘警队

抄送：中国铁路总公司运输局，安监司、公安局

2013 年 9 月 20 日北京西开往南宁的 T5 次列车在石家庄站开车时，发生石击列车造成旅客伤害，飞石将机后第 14 位 YZ21023 号前进方向右侧第 4 个车窗两层玻璃击碎，并将南宁市针织厂工人徐明（男，30 岁，身份证号码 × × ×）左眼扎伤，头部击破流血不止，列车长会同乘警检查了旅客伤害情况，并进行止血包扎，将受伤旅客交郑州站转送医院治疗。特电告知。

南宁—北京 2 组（2013）第 020 号

T5 次列车长印

2013 年 9 月 20 日于郑州站

三、旅客携带品损失的处理

因铁路运输企业过错造成旅客携带品损失的，铁路运输企业应当承担赔偿责任。旅客能够证明其携带进站乘车、且经物价部门确定其价值的，按其价值赔偿；否则，对每名旅客携带品损失的赔偿限额为人民币 2 千元。

旅客携带的货币、金银、珠宝、有价证券或者其他贵重物品发生灭失、损坏的，铁路运输企业不负赔偿责任。

1. 旅客财产受到损害时，首先是修复原状，不能修复的折价赔偿。折价赔偿以受损坏财产的实际价值为限。

2. 旅客能证明其携带品带进站乘车，且能够确定携带品价值的，按下列规定赔偿：

（1）旅客能出具发票（或者其他有效证明）证明购买价格时，应按扣除物品合理折旧、损耗后的净值进行赔偿，双方协商处理。

（2）协商不成的，以处理单位所在地物价部门或价格评估机构确定的物品价值赔偿。计算公式为：直接财产损失赔偿费 = 受损坏的财产的直接损失。

办理旅客携带品损失赔偿时，由旅客或其继承人、代理人向铁路运输企业提出可确认的证据。处理时使用“铁路旅客人身伤害事故最终处理协议书”，由事故处理协商各方签字结案。

旅客携带品由旅客自己负责看管。携带品在候车室、列车上遗失（被盗）时，铁路不承担赔偿责任。

【例 6－10】旅客随身携带物品过安检机时遗失（被盗）。

× 年 2 月 26 日，旅客曹 × 在候车室安检时，携带品被盗（自诉）。提起直接损失 20 135 元，“间接损失 7 200 元”，共计损失 27 335 元的索赔要求。至当年 7 月，曹 × 采取一系列行动，向 × 市政协法律界委员咨询谋求法律支持，通过记者采访刊登图文并茂的专题报道，向 × 市消委会投诉，数次到车站、公安派出所交涉。经调查，依法驳回曹 × 的索赔要求，维护铁路的合法权益。

四、事故处理报告与统计

一般以上伤亡事故处理完毕后，事故处理和发生单位应在 3 日内逐级向铁路局客运主管

部门报送“事故调查处理报告”。

铁路局应当在每月20日前汇总上月本局处理的旅客人身伤害事故情况，按要求填写“铁路旅客人身伤害事故统计表”（表6－6）和“安全情况报告”，报铁路总公司运输局。

事故案卷一案一卷，由事故处理单位保管，案卷保存期为5年。事故处理站（车务段）在事故处理完毕后3d内向局客运主管部门报告。

表6－6　旅客人身伤害事故统计表

＿＿＿＿铁路局（公章）

人数／伤害种类／事故责任	死亡	重伤	轻伤	人数／伤害种类／事故责任	挤伤	摔伤	轧伤	跳车	烧烫伤	石击列车	其他
铁路企业											
旅客自身											
第三人责任											
不可抗力											
其他											
人数合计											
赔偿金合计											

填报人签字：＿＿＿＿＿＿

填报日期：＿＿＿年＿＿＿月＿＿＿日

【引导案例分析】

列车长应当会同铁路公安人员查看旅客受伤程度，及时采取抢救措施。并通过列车广播寻找旅客中的医务工作者协助救助，旅客医生实施救助前，列车长应先确认其身份、姓名、单位，并做好记录；经医生诊断救治后，列车长应编制客运记录，连同病人及其车票一并交郴州站处理，陪同人员随同（携带物品自带）。客运记录编制见表6－7。

表6－7　客运记录编制式样

××铁路局　　客统—1

客　运　记　录

第0201号

记录事由：移交急病旅客

郴州站：

×月×日T8316/8317次列车旅客周×（男，50岁，身份证号×××）于韶关东站开车不久突然晕倒，已广播找医生诊断救治，为高血压病复发，急需下车抢救。现将病人及同行人一并交贵站，请按章处理（携带品自带）。旅客持有车票：广州—株洲E0002513和E0002514。

注：

1. 站、车需要编制记录时均适用。　　××站段　编制人员　T8316/8317次列车长　（印）

2. 本记录不能作为乘车凭证。　　站段　签收人员　（印）

××××年×月×日编制

内容三　高速铁路客运应急处置

【知识目标】

掌握高速铁路车站、列车发生火灾、爆炸等非正常情况下应急处理原则和处理程序。

【技能目标】

具备非正常情况下应急处理的能力。

【引导案例】

2013 年 6 月 24 日，某高铁车站发现超过 15 min 无法正常在售票窗口办理电子客票的换票、退票、改签业务，或大量旅客持二代居民身份证无法正常进、出站检票。车站应该如何处理?

【思　　考】

互联网售票故障应如何处理?

为确保高速铁路站、车非正常情况下应急处理能力，各铁路局应针对动车组列车高速运行和火灾爆炸等应急处理程序不同于普速铁路的特点，制定高速铁路客运系统应急预案。

一、站、车非正常情况的范围

(1)动车组列车发生大面积晚点。
(2)车站、列车发生火灾、爆炸。
(3)列车临时变更进入非专用站台。
(4)列车进入无电区或机车弓网故障。
(5)车站、列车发生公共卫生事件。
(6)客服系统故障，不能正常使用。
(7)车站自动售、检票系统故障。
(8)紧急情况需呼叫动车组列车。
(9)发生电梯故障。
(10)动车组列车故障。
(11)发生旅客误操作紧急报警按钮。
(12)动车组运行中遇异物击车，造成车窗玻璃被击碎。

二、处置原则

动车组旅客列车具有高速运行的特点，一旦发生火灾、爆炸、旅客食物中毒及其他非正常情况，必须坚持“站车协同、以站保车、快速反应、先行处置”的原则，统一领导，集中指挥，分工协作，按章处理，把旅客生命、财产损失降到最低限度。

三、处置程序

(一)动车组列车发生大面积晚点

车站发生下列情况，导致大量旅客滞留、积压时，启动动车组大面积晚点应急预案：

(1)发生自然灾害中断线路行车时;

(2)发生行车事故或设备故障预计 1 h 内不能处置完毕时;

(3)同线发生超过 5 列动车组列车晚点 30 min 及以上时。

1. 车站发生大量旅客滞留、积压时的应急处置

(1)值班车站领导职责:

①立即赶赴综合指挥中心,了解现场具体情况;

②根据现场实际情况,启动本站应急预案;

③做好人员调配和分工;

④及时向上级值班室报告;

⑤遇情况紧急,向地方政府汇报,请求交通、武警、卫生防疫等相关部门支援。

(2)旅客候车乘降组织:

①如某条铁路出现大面积晚点,客运值班员应将正常线路的指挥权交由副值班员负责,客运值班员负责大面积晚点的应急处理。

②遇大面积列车晚点长时间时,指挥中心将广告屏的内容调整为晚点原因等信息,安抚旅客情绪。

③引导旅客不要聚集在检票口,在未放客前引导旅客在候车区等候。

检票口检票的时机必须在确认动车组到达站台后,且在大部分旅客出站后再放客,杜绝折返列车到站立即放客造成站台对流。

④严格控制进站人数,清理进出站通道,保持畅通,严防因滞留旅客造成车站秩序混乱。

⑤加强对站台的清理,防止逗留过多旅客,保障通道的畅通。

⑥客流高峰期在没有运能的情况下不能轻易宣传旅客去退票或改签,确认旅客不乘车时才能引导去退票。

⑦大面积晚点时临时变更股道的情况较频繁,原检票口必须留专人宣传,防止旅客漏乘。

⑧同一检票口两趟列车(含重联)同时发生晚点时,分别将两趟车的旅客分别组织到不同检票口等候,避免有车底到达时因检票口堵塞无法组织旅客乘降。

⑨遇旅客接续其他线动车组发生晚点又无法改签时,值班员要与列车长认真办理交接,尽量妥善安排旅客座位,在无法安排的情况下要耐心做好解释工作,取得旅客谅解。

(3)指挥中心(综控室)职责:

①负责与客服调度联系,及时将上级命令传达到位;

②掌握信息,准确判断,协调各单位并指挥各部门做好应急处置。

③更改核对广播、导向等旅服系统信息;

④广播致歉,公布列车运行信息;

⑤负责向地区管委会通报晚点信息。

(4)行车值班员职责:

①及时与调度联系,确认后续列车和接续列车的开行方案;

②随时与指挥中心(综控室)联系,确认列车开行条件。

(5)客运值班干部、值班员职责:

①立即赶赴现场,组织客运人员做好解释、安抚、引导工作;

②及时将现场处置情况向指挥中心汇报。

③做好客运各岗位的应急处置分工，疏导旅客，维持现场秩序；

④对晚点旅客进行安抚和引导；

⑤遇供餐时间，组织应急食品发放。

(6)客运员职责：

①配合客运值班员维护车站秩序；

②利用喇叭、广播等工具做好列车晚点信息通报和致歉工作；

③对旅客进行劝导和安抚；

④协助客运值班员做好应急食品的发放和宣传工作。

图6－5为列车大面积晚点的应急处理程序。

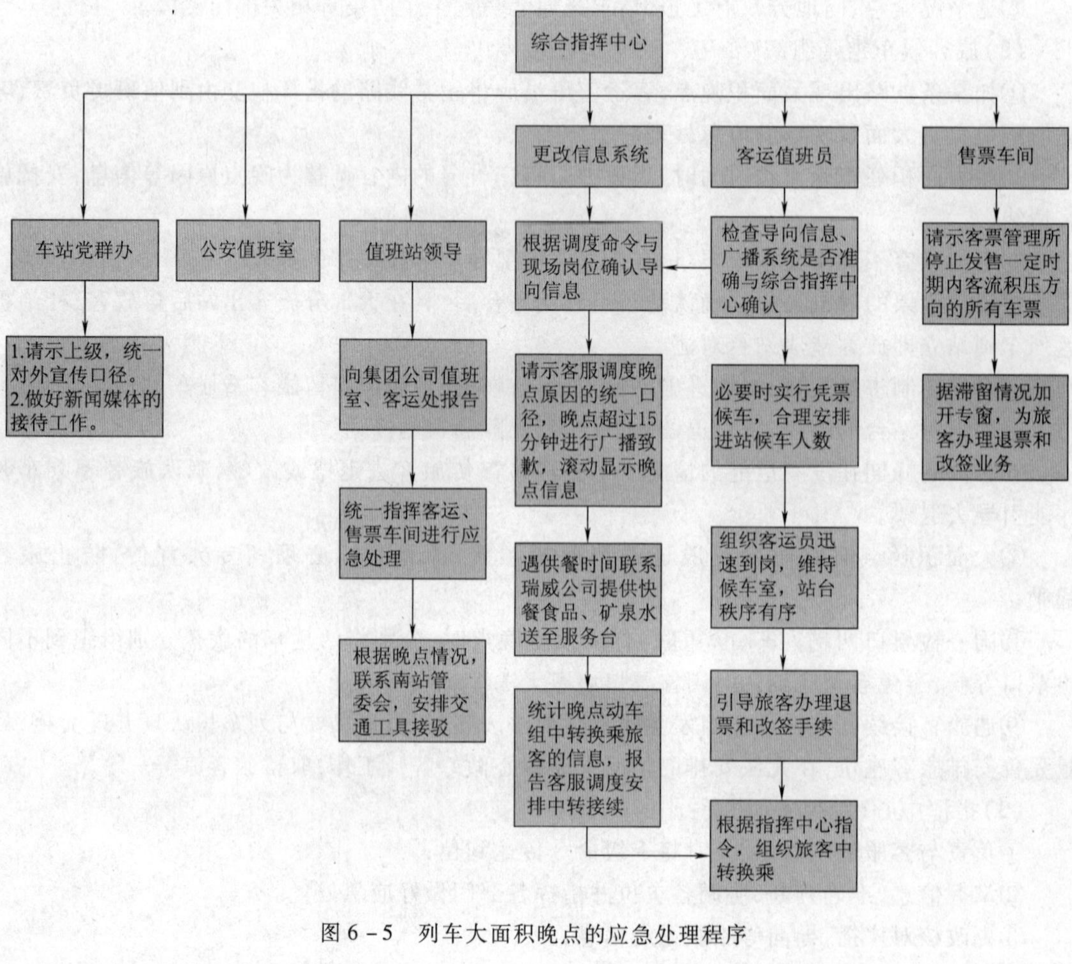

图6－5　列车大面积晚点的应急处理程序

2. 发生旅客集体拒绝下车时的应急处置

(1)各站在接到动车组列车旅客集体拒绝下车的信息后，车站站长(副站长)要主动与公安所取得联系，并与公安所负责人立即赶往现场，亲自指挥，并分别向车站值班室汇报。

(2)公安部门应迅速组织足够警力到现场维持秩序，客运段、公安处主要领导在接到通知后，要立即赶往现场，配合车站做好应急处置工作。

(3)动车组列车晚点到达后，发生旅客拒绝下车，向铁路要求赔偿时，车站应根据旅客的不同诉求，加强配合，做好诚恳道歉、解释安抚和相关法律法规的宣传工作，分头耐心说服劝解，稳定旅客情绪，对需要重点帮助的旅客提供相应服务，取得旅客的理解和支持，有序组织引导旅客下车出站。

(4)车站对有诉求或不满情绪的旅客，指定专人负责接待，引导到指定地点，进行分组疏导，隔离劝说，按章妥善处理。

(5)因晚点造成旅客没有赶上所乘接续列车时，车站安排人员及时为旅客按章办理改签、退票手续。

(6)公安派出所要组织足够警力，维持现场秩序，积极配合客运部门做好安抚解释、劝解疏导等工作。对经反复劝阻无效，且阻扰列车开车达10 min以上或滞留列车达30 min以上的人员，由公安民警按照原铁道部、公安部有关规定将行为过激人员强制带离列车和站台，及时对列车车门进行强行关闭，清理现场线路障碍物。

劝导工作原则：

①把解决拒绝下车旅客实际问题作为处理劝说工作的立足点。

②宣传、解释有关法律、法规和现行政策，坚持以疏导、教育、劝离为主，本着“可散不可聚、可顺不可激、可解不可结”的思路，做到矛盾不激化，人员不滞留，事态不失控。

劝导工作方法：

告诉旅客铁路与民航的情况有很大不同，民航的飞机主要在空中飞行，受干扰小。铁路不仅列车多，乘客多，而且列车运行线路长，途中可能遇到的情况也更为复杂。

晚点发生后，跟旅客讲明铁路运输应急处理“先处理再查明原因”的原则，避免扰乱铁路运输的正常秩序，将损失控制到最低。即一旦列车已经晚点了，就不能让它继续晚点，乘客应及时撤离车体，保证其投入下一轮的运行中。劝导旅客及时离开列车，事后通过法律途径维护合法权益。

其他注意事项：

①各级人员要尽最大努力去化解矛盾，在劝说时不要说多余话，做到态度和蔼，同时不能做出任何赔偿承诺。

②不要让旅客聚集在一起，尽量采取个别谈话的方式解决。旅客已聚集在一起时，要由旅客选出一名代表进行谈判。

③对于列车长来电告知上级部门同意采取退空调费等措施解决问题时，客运值班员（客运员）要请示综合指挥中心确认后，方可办理。

④对于折返列车，如无法在短时间内将大量旅客劝离下车时，应请示铁路局（集团公司）客运处建议启用热备车底开行折返车次。

⑤对在现场录音、录像、照相的旅客，可以采取两种方式处理：

一是由工作人员同时录像，留好证据。

二是与该旅客沟通，最好能留下其联系方式，便于处理后续问题。

3. 遇台风、暴雨等恶劣天气时的应急处置

(1)车站接到台风、暴雨等恶劣天气预报后，站长应及时组织工作人员迅速到岗，加强站场巡视，检查客运服务场所的揭示牌、广告牌、挂钟等服务设施是否牢固，并安排人员准备沙袋等防洪设备。

(2)当候车室、地道等区域出现浸水时，车站应组织力量及时采取堆垒沙袋设防等方式，防止雨水灌入。

保洁工作人员应及时清理积水，并在候车室、天桥、地道等区域设置防滑警示，加强宣传，

防止旅客滑倒摔伤。必要时启动积水强排措施。

(3)造成列车停运、晚点时，车站应迅速将列车停运原因、恢复运行时间等信息及时通过广播、揭示向旅客宣传，做好安抚解释工作，稳定旅客情绪。同时备足现金，增开退票窗口，积极有序地组织旅客办理退票、改签手续。

(4)积极做好旅客的食品、饮水供应工作。必要时，及时与地方交通部门联系，做好旅客分流疏散工作。

(5)发生旅客滞留或受灾时，车站要及时向铁路局(集团公司)值班室、客运处汇报情况。

(二)车站、列车发生火灾、爆炸

1. 车站发生火灾、爆炸事故时的应急处置

(1)信息报告。客运人员立即向客运值班员(综控室)、值班站长汇报，由值班站长向车站值班室、车站派出所报告。

(2)应急就位。站长迅速组织疏散组、处置组、救护组赶到现场，分工负责。

(3)疏散旅客。疏散组进行紧急疏散广播，加强宣传，稳定旅客情绪。打开安全出口、疏散通道，组织旅客快速有序疏散到安全地带。

(4)切断电源。迅速切断起火、爆炸点附近电源，防止火势蔓延。

(5)及时扑救。客运人员迅速对着火、爆炸点进行扑救。灭火原则：先控制，后灭火；先重点，后一般；先救人，后救物。

(6)抢救伤员。抢救组实施必要的现场急救，配合医务人员积极救治伤员。

(7)保护现场。协助公安维持现场秩序，彻底清理检查，防止余火复燃。

(8)协助查访。协助公安查明火灾、爆炸原因和损失程度，提供线索。

2. 动车组列车发生火灾、爆炸时的应急处置

(1)动车组列车工作人员(含司机、随车机械师、乘警、客运、餐饮、保洁等人员，下同)发现或接到旅客反映车厢内有爆炸、明火、冒烟或消防设施报警时，应立即处置并通知列车长。列车长接到通知后，应会同随车机械师、乘警进行现场确认。若经检查未发现异常情况时，列车长立即通知司机并做好记录。

(2)在确认火情或爆炸后，列车工作人员应立即启动紧急停车装置(或按下火灾报警按钮)，列车长(或随车机械师)应立即将火势情况通知司机，并报告客服调度。

(3)列车长应立即组织扑救。列车工作人员应迅速通过口头宣传和广播宣传，稳定旅客情绪，同时组织事故车厢的旅客向安全车厢疏散。事故车厢旅客疏散完毕后，应立即关闭通道阻火门。

(4)险情消除后，列车长、乘警、随车机械师要对险情发生部位进行全面检查，确认险情排除后，列车长应告知司机解除险情，并安排工作人员继续对险情部位观察直至终点站。

(5)当全部人员向安全车厢疏散完毕后，险情仍未得到有效控制，需向地面疏散时，列车长向司机请求在最近营业站停车向地面疏散。

(6)如情况紧急，被迫在区间疏散时，列车长在接到司机转告列车调度员已扣停邻线列车的通知后，立即指挥列车工作人员打开列车运行方向左侧车门(无线路一侧)，根据需要安装好疏散舷梯(安全渡板)或应急梯，组织旅客向地面安全地带疏散；如确定在最近营业站停车时，客服调度应先通知前方停车站提前做好准备，组织旅客疏散。

(7)如遇险情危及旅客安全，又未能及时接到扣停邻线列车的命令时，列车长应会同司机，组织列车工作人员打开列车运行方向左侧车门(无线路一侧)，结合现场实际，确定旅客疏

散方向和疏散方式，列车工作人员应做好旅客安全宣传和防护，严禁旅客跨越线路。

(8)列车工作人员应维护好旅客疏散秩序，确保人员安全，防止旅客盲目打破车窗玻璃跳车发生意外，紧急情况下可使用安全锤击破紧急逃生窗的玻璃，组织旅客爬窗逃生。旅客疏散后应关闭车门，以免大量空气进入助长火势。

(9)在疏散旅客、处置险情的同时，列车工作人员应对受伤人员开展紧急救护，并做好对重点旅客的服务工作。

(10)列车工作人员应积极配合公安部门保护好事故现场，协助调查取证，为现场勘察、认定火灾原因创造有利条件。

(三)列车临时变更进入非专用站台

(1)动车组列车原则上在靠有高站台的股道内接发和组织旅客乘降。因故无法将动车组接入高站台股道时，车站信号楼因提前通知客运广播室。

(2)广播室立即向客运主任(值班干部)和客运值班员汇报，同时进行广播。

(3)客运主任(值班干部)须立即到达现场指挥，并调配人员加强站台力量。迅速将移动楼梯搬置车门处，组织旅客安全有序乘将。

(4)广播室要加强对站台的广播，提醒旅客注意上下车安全，站台客运人员扶老携幼，加强对特殊旅客的照顾，防止发生意外，同时做好宣传解释工作。

(四)列车进入无电区或机车弓网故障

(1)全列车听从司机的统一指挥，按司机给出的信号或指示执行。

(2)区间停车时，随车机械师在司机指挥下处理有关列车防护和事故救援等工作。

(3)列车长应及时与司机、随车机械师联系，及时掌握列车状况。

(4)列车加强广播宣传，提醒旅客注意事项，及时锁闭厕所，注意保持车内风管压力。

(5)列车长、列车员要加强车内巡视，对重点旅客进行重点照顾。

(6)当列车停电发生闷车时，列车长应及时与司机、机械师联系，使用手动开门装置开启部分车门，保持车内空气流通，同时做好车门防护，严禁旅客下车。

(7)遇需要组织旅客疏散、转乘时，列车长、列车员应使用手动紧急开门装置，打开边门并做好防护，组织旅客有序疏散到安全地带或转乘。

(五)车站、列车发生公共卫生事件

1. 车站发生公共卫生事件时的应急处置

(1)信息报告

发现旅客集体性疑似食物中毒症状时，客运人员应立即向客运值班员(综控室)、值班站长汇报，由值班站长报告车站值班室、车站派出所，通知急救中心或医院。

(2)现场救治

由车站红十字救护员对病人进行初步救治；根据中毒病人人数、症状等具体情况合理安排隔离区域，将中毒及疑似病人集中管理，开窗通风，做好服务工作，稳定病人情绪；当医疗卫生人员到达现场时，立即协助转送病人。

(3)收集证据

禁止旅客食用可疑中毒食品，保留所有可疑食品及其工具、设备，封闭现场。配合卫生医疗人员收集患者呕吐物、排泄物及剩余食品，使用密闭清洁器具存放。

(4)调查取证

配合卫生防疫部门调查发病的原因及有关证据收集、证言取证。

在处理应急公共卫生事件时应注意：

(1)做好自我保护，防止在处置过程中感染；

(2)面对有检疫疾病症状的旅客不能躲避，要及时上前处置。

(3)做好对旅客的安抚工作。

(4)在医疗和防疫部门到达后，做好相关配合工作。

(5)及时通知指挥中心，广播宣传身体不适者及时联系车站工作人员进行处置。

(6)在列车到达前预想好转移路线，尽可能减少被转移人员与站内其他旅客的接触。

(7)及时封锁已经污染或者可能污染的区域，采取禁止向外排放污物等卫生处理措施。

(8)如果由于突发公共卫生事件引起大量民工提前返乡，造成现实运输能力严重不足时，要及时、准确、逐级上报旅客滞留人数、流向、流量，并提出请求增加运输能力的意见，及时调整运输能力、疏散旅客。

(9)联系车站派出所组织警力维护现场秩序，必要时应立即封闭现场，设置警戒线，严格控制进出人员及车辆。

(10)需要对动车组进行消毒时，报告客服调度，通知行控室。

2. 列车发生公共卫生事件时的应急处置

(1)动车组列车上发生重大疫情时的应急处置

①动车组列车发现疑似鼠疫、霍乱等重大疫情的病例或接到动车组列车上有疑似传染病病例的通知时，列车长应立即向司机、客服调度和段值班室报告（报告内容包括：日期、车次、时间、运行地点以及患者主要症状、所在车厢顺号、旅行目的站和密切接触人员简况等）。司机向列车调度员报告，列车调度员立即向值班主任报告，值班主任立即向铁路卫生防疫部门报告。

②列车调度员根据铁路局（集团公司）有关部门确定的处置方案，安排动车组列车在指定车站停车。列车长接司机指定站停车的通知后，做好卫生防疫人员上车和疑似病例交站等相关准备工作，车站及铁路卫生防疫部门做好接车紧急处置准备。

③列车长应组织控制病人所在车厢旅客的流动，必要时封锁该车厢端门，并将病人或疑似病人隔离在该车厢下风向一端，密切接触者相对集中在该车厢另一端。必要时给病人或疑似病人佩戴口罩，并对密切接触者进行登记，内容包括：姓名、性别、年龄、身份证号码、联系方式等；封锁已经污染或可能污染的区域，同时做好被隔离人员的交站准备。

④列车长在指定停车站将传染病人、疑似病人、密切接触者和其他需要跟踪观察的旅客及相关资料移交车站和铁路卫生防疫部门。

⑤乘警应维护好车内秩序，确保区域封锁、旅客隔离、站车移交等工作正常开展。

⑥铁路卫生防疫部门应上车对已经污染或可能污染的区域进行消毒。铁路卫生防疫部门确认处置完毕后，方可解除区域封锁。

⑦站车应积极配合现场的医疗和铁路卫生防疫部门工作。

(2)动车组列车发生旅客食物中毒事件时的应急处置

①动车组列车发生旅客疑似食物中毒事件后，列车长应立即向司机、客服调度和段值班室报告（报告内容：日期、车次、时间、运行区段、中毒人数、危重患者人数、死亡人数以及患者车厢分布人数、主要症状表现、可疑食品，采取的急救、现场控制等措施）；司机向列车调度员报告，列车调度员立即向值班主任报告，值班主任立即向铁路卫生防疫部门报告。

②列车长应组织动车组上的红十字救护员对患者进行初步救治,同时通过列车广播在旅客中寻找医生一起对患者进行救护;列车工作人员应对疑似中毒人员及其密切接触者进行登记,封锁现场,封存可疑食品、食具用具等。铁路卫生防疫部门应上车收集中毒人员的呕吐物、排泄物待查。如不能排除是列车供应食品所致,要立即停止列车食品供应,追回已售出的可疑食品,通知旅客停止继续食用,防止事态扩大。

③需停站处置时,列车调度员应安排动车组在最近具备医疗抢救条件的车站停车,并通知前方停车站做好抢救准备。

④列车长在指定停车站将疑似病人旅客及相关资料移交车站和铁路卫生防疫部门。

⑤站车应积极配合现场的医疗和防疫部门工作。列车长必须采取最快通讯方式向前方停车站或当地卫生防疫部门报告,并报告上级主管领导。

(六)客服系统故障,不能正常使用

1. 车站导向揭示故障时的应急处置

(1)客运人员要立即报告综控室(综控室无人值守时,向客运值班员汇报,下同),由综控室或客运值班员通知维修部门并向站长汇报。

(2)车站要加强广播宣传,工作人员使用小喇叭加强宣传,同时在候车室、地道、天桥、票厅、检票口等安全关键位置设立活动揭示牌,加强组织力量,确保旅客乘降安全。

2. 车站广播系统故障时的应急处置

(1)信息报告

确认广播系统故障时,迅速向客运值班员、行控室报告,并通知设备维护部门,做好相关记录登记。

(2)应急启动。

客运值班员迅速通告各岗位,并确认岗位喇叭、对讲机状态良好。综控员(客运员)加强与行控室联系,掌握旅客列车到开及股道运用情况。

(3)客运组织。

综控员(客运员)通过对讲机向相关岗位进行作业预告;候车室客运员加强喇叭宣传,引导旅客候车。

做好列车信息宣传预告,做好检票、停检和巡视工作;各岗位客运人员按对讲机预告提前立岗,密切留意旅客和列车动态,做好防护引导。

站台旅客乘降、列车给水作业完毕,站台客运值班员用对讲机通报,综控员(客运员)复诵确认。

(4)故障排除。

故障排除后,综控员立即向客运值班员和行控室报告,并填写设备台账。

(七)车站自动售检票系统故障

1. 微机售票系统故障时的应急处置

微机售票系统故障是指客票系统的硬件设备(包括网络)、系统软件、应用软件发生故障,或系统遭受外部侵害而影响客票系统正常运行的事件。

(1)发生客票系统故障,不能进行正常的微机售票时,售票值班员须马上报告车间值班干部和电算室机房值班人员。售票员在窗口耐心回答旅客的询问,稳定旅客的情绪,不与旅客发生冲突。

(2)机房值班人员必须及时对故障程度进行确定,对可能恢复需要的时间做出初步估计。

在基本不影响售票的情况下，须尽快处理好，确认 10 min 内不能处理完毕时，应立即向售票车间值班干部和车站值班室汇报，同时报告当地电算部门及铁通公司维护部门。

(3) 售票车间值班干部接到售票系统故障报告并确认在 10 min 内不能处理完毕时应立即向车站值班室报告。

(4) 车站值班室接到售票车间值班干部的报告后应立即向应急领导小组汇报，并向铁路局信息技术所、客运处客票管理所报告，同时启动应急预案，组织各窗口发售代用票。另布置客运等部门开通绿色通道，允许旅客上车补票。车站公安所应加强警力维护售票系统。当客票系统中断 30 min 还没有恢复时，车站值班室还要向公安处值班室、铁路局办公室值班室汇报。

(5) 信息技术部门立即对故障现象进行分析，快速找出故障点，分清属地区中心故障和车站售票系统故障，及时采取有效措施，排除出现的故障，恢复客票系统正常运行。必要时报铁路总公司客票系统总体组、有关厂家和代理商进行技术支持。

(6) 若涉及到联网通道，由铁路局电务处协助信息技术部门对故障现象进行排查。属联网通道问题时，及时通知铁通公司，采取有效措施，快速排除故障，恢复联网通道畅通。

(7) 当出现 60 min 内无法恢复的重大故障，需启用应急备份方案时，车站必须报请铁路局信息技术所、客运处批准，及时通报所属公安处值班室。当铁路局中心数据库系统出现重大故障需启动应急备份方案时，必须报请路局主管运输副局长和总工程师批准。

(8) 停电导致客票系统中断，不能进行正常微机售票时比照办理。

2. 车站自动检票系统故障时的应急处置

(1) 客运人员应立即报告综控室，由综控室向相关维修部门、值班站长汇报，相关维修部门要立即组织维修。

(2) 客运人员增开人工通道，立即加强力量实施人工验票。

(3) 提前打印电子客票信息表供检票口客运员查询持二代身份证直接进站的旅客购票信息。

来不及打印时，可通过对讲机呼叫客运值班室或票房查询旅客购票信息，核对无误后予以放行。

(八) 紧急情况需呼叫动车组列车

1. 动车组旅客掉落站台时的应急处置

处置原则是“及时发现，及时处理，宁可不开，不可错开”。

(1) 如发生站台停靠动车组列车有旅客掉入股道，且列车准备启动（或已经启动）时，站台客运员应及时将对讲机调成 1 频，通知司机立即不要开车（立即停车），同时迅速赶到旅客掉下处查看情况，接司机回复：“司机明白，暂不开车（立即停车）”信号后，立即将对讲机调为 2 频，通知客运值班员到岗，同时将情况汇报综控指挥中心。

(2) 客运值班员检查现场了解具体情况，及时向指挥中心及车站值班领导汇报，并通知公安到场处理。

(3) 若掉入股道旅客未受伤或受伤不重且可以自行走动时，客运（值班）员应安抚旅客情绪，并引导旅客走向车厢连接处将其救上站台，征求旅客意见后可向综合指挥中心汇报旅客无大碍可继续旅行，并做好与列车长交接及旅客信息登记工作。

(4) 遇旅客受伤或死亡时，客运值班员应立即汇报综合指挥中心，指挥中心立即联系定点医院到场抢救伤员。

2. 站台发生列车车门夹人或夹物品时的应急处置

处置原则是"及时发现,及时处理,宁可错停,不可错开"。

(1)如发生动车组列车夹人或夹物且列车已初启动时,站台客运员应及时将对讲机调成1频,通知司机立即停车并打开车门,同时要跟车跑动上前进行救扶(若被夹伤人员为儿童时,要将其抱起随车跑动,直至列车停止或必须放弃时),把握抢救时机。

待列车停止运行后且车门已打开,立即将对讲机调为2频,通知客运值班员到岗,同时将情况汇报综控指挥中心。

(2)客运值班员检查现场了解具体情况后,及时向指挥中心及车站值班领导汇报,并通知公安到场处理。

(3)若列车停稳车门打开后,检查被夹旅客未受伤或受伤不重时,征求旅客意见后可向综合指挥中心汇报旅客无大碍可继续旅行,并做好与列车长交接及旅客信息登记工作。

(4)遇旅客受伤或死亡时,客运值班员应立即向综合指挥中心汇报,指挥中心立即联系定点医院到场抢救伤员。

(九)发生电梯故障

1. 垂直电梯发生故障时的应急处置

(1)保持镇定,并且安慰困在电梯里的旅客,向大家解释不会有危险,电梯不会掉下电梯槽。电梯槽有防坠安全装置,会牢牢夹住电梯两旁的钢轨,安全装置也不会失灵。

(2)千万不要尝试强行推开电梯内门,即使能打开,也未必够得着外门,想要打开外门安全脱身当然更不行。电梯外壁的油垢可能使人滑倒。

(3)电梯天花板若有紧急出口,也不要爬出去。出口板一旦打开,安全开关就使电梯煞住不动。

但如果出口板意外关上,电梯就可能突然开动令人失去平衡,在电梯槽里,可能被电梯的缆索绊倒,或因踩到油垢而滑倒,从电梯顶上掉下去。

(4)赶快把每一层楼的按键都按下。当紧急电源启动时,电梯可马上停止继续下坠。

(5)一只手紧握手把,这样可固定人所在的位置,使你不至于因重心不稳而摔伤。

(6)整个背部跟头部紧贴电梯内墙,呈一直线。要运用电梯墙壁作为脊椎的防护。

(7)膝盖呈弯曲姿势。因为韧带是人体唯一富含弹性的组织,借用膝盖弯曲来承受重击压力,比骨头承受压力会更大。在电梯出现异常速度时,乘客应手扶轿壁,并侧身双腿保持弯曲,以减轻对电梯急停的不适应。

2. 自动扶梯发生故障时的应急处置

(1)如遇自动扶梯故障或逆行,现场人员应第一时间按下紧停按钮,避免事态进一步恶化。

(2)自动扶梯上旅客双手十指交叉相扣。护住后脑和颈部,两肘向前,护住侧太阳穴。

(3)不慎倒地时,双膝尽量向前屈,护住胸腔和腹腔的重要脏器,侧躺在地。

(4)当发现前面有人突然摔倒了,马上停下脚步,同时大声呼救,告知后面的人不要向前靠。

(5)尽量保护好老人和儿童。

(6)尽量保持情绪稳定、冷静,防止因慌乱而引发的踩踏、拥挤等二次危害。

(十)动车组列车故障

1. 动车组空调失效时的应急处置

(1)动车组发生空调失效时(具备应急通风功能的动车组遇断电时将自动启动应急通风装置;遇空调故障时,由随车机械师启动应急通风装置),随车机械师应及时将故障情况告知列车长、司机，列车长立即向客服调度报告。

（2）列车长向全体工作人员传达，并通过广播向旅客通报情况并致歉。列车长组织工作人员加强宣传解释、车厢巡视、旅客安抚等工作。乘警负责维护车内秩序。司机、随车机械师做好故障处理工作。

（3）动车组列车空调失效（应急通风功能失效或无法满足需求）超过 20 min 不能恢复或列车发生闷车，列车长应及时与司机、随车机械师沟通协商，根据现场情况做出打开车门决定，并通知司机转报列车调度员。

（4）列车长应根据列车工作人员配置及客流情况，确定开门数量与位置，并组织列车工作人员共同配合在列车运行方向左侧（无线路一侧）车门安装防护网。确认安装稳固后，由随车机械师向司机确认运行速度是否可开门，达到开门条件时使用手动开门装置开启车门。车门打开后，列车长组织工作人员值守，严禁旅客靠近挂网处。

（5）在车站停留时，按规定开启车门，站车共同做好安全防护，等待救援或组织旅客改乘其他旅客列车。

（6）列车长按规定编制客运记录，交到站为旅客按章办理退还空调费手续。

2. 动车组列车故障需启用热备动车组的应急处置

（1）动车组列车需区间换乘热备动车组的应急处置

①列车长接到司机转达的组织旅客换乘热备动车组的调度命令时，应立即向列车工作人员传达，列车工作人员应检查车内情况，坚守岗位。

②列车应向旅客通告换乘的决定，告知安全注意事项，并对列车不能如期运行给旅客出行造成的不便，列车长应代表铁路部门向旅客致歉，并感谢旅客的配合，做好后续服务工作，取得旅客的支持与谅解。

③随车机械师准备好疏散舷梯（安全渡板）或应急梯，并预先放在指定车门处，检查疏散舷梯（安全渡板）或应急梯处于良好状态并安装好扶手，其他工作人员予以协助。故障车和救援车列车长应将列车工作人员分成 2 组（重联时增加 2 组），各组分别负责一个疏散舷梯（安全渡板）或应急梯的安全防护。救援列车停靠指定位置前，严禁开启车门。

④本线换乘时，故障车和救援车都打开无邻线侧车门，并放置和固定好疏散舷梯（安全渡板）或应急梯后，组织旅客有序下车，车上、车下均安排人员防护，防止旅客摔伤。其他工作人员做好宣传引导，维持秩序。

⑤邻线换乘分两种情况：

a. 同一车型动车组列车换乘时，救援列车与故障列车工作人员分别手动打开 3、7 号车厢（重联或长编组时同时开启 11、15 号）靠内端相对应的车门，共同架设疏散舷梯（或安全渡板），故障列车在 3 号车厢架设，救援列车在 7 号车厢架设（重联或长编组时故障列车在 3、11 号车厢架设，救援列车在 7、15 号车厢架设）。

故障列车工作人员组织 1 ~ 4 号和 5 ~ 8 号车厢旅客分别从 3 号、7 号车门（重联或长编组时 9 ~ 12 车和 13 ~ 16 号车厢旅客分别从 11 号、15 号车门）向救援列车进行转移；列车长在 3 号（重联时在 3、11 号）车门组织旅客换乘，安排人员在地面进行防护；列车长安排工作人员在 7 号（重联或长编组时在 7、11、15 号）车门做好旅客换乘的组织及地面防护工作。

救援列车列车长在 7 号（重联时在 7、15 号）车门接应换乘旅客，安排人员在地面进行防护；列车长安排乘务人员在 3 号（重联或长编组时在 3、11、15 号）车门接应换乘旅客，并做好地面防护工作。同时，组织 3 号、7 号车门上车的旅客到 1 ~ 4 号和 5 ~ 8 号车厢（重联或长编组时11号、15号车门上车的旅客分别到9～12号和13～16号车厢)，并妥善安排旅客。

b. 不同车型动车组列车换乘时，由救援列车工作人员负责架设疏散舷梯(安全渡板)。动车组单列运行时，救援列车视现场情况，手动开启前进方向第一个车门与故障列车1或8号车门对齐，组织旅客从1或8号车门换乘。动车组重联运行时，救援列车前组车体换乘完毕后，由救援列车随车机械师引导司机，移动停车位置，确定后组车底车门的对应位置后，再组织后组车底旅客换乘。必要时可采用应急梯组织旅客换乘。

疏散舷梯(安全渡板)安装平稳牢固后，按照安全有序、逐个通过的原则组织旅客转乘。乘警加强车内巡视和宣传，维护好车内秩序。

⑥旅客换乘完毕，故障车列车长安排列车工作人员全列巡视，确保无旅客滞留和行李遗留后，与救援车列车长办理交接。列车长和随车机械师负责疏散舷梯(安全渡板)或应急梯的撤回、拆卸及存放工作，锁闭车门并向司机反馈信息。救援车列车长代表铁路部门向旅客致歉。故障车列车工作人员跟随原车底返回，如故障车在最近营业站停车时，列车乘务人员可根据车队安排，携带备品备件下车退乘。

(2)动车组列车在长大隧道需换乘热备动车组的应急处置

①列车长通知客服调度需开启隧道照明，客服调度通知供电部门通过远动开关方式开启照明；无法远动开启照明时，列车长应安排客运乘务人员(原则上为男性)与乘警各自携带通讯、照明工具，手动解锁打开车门(单洞双线隧道位于非会车侧，双洞单线隧道位于会车侧)，并分别沿隧道内的疏散通道，到就近的开关箱开启照明，开启后迅速返回列车。列车长(或随车机械师)负责车门开关和防护。

②遇单洞隧道，应急处置程序按照区间换乘办理。

③遇双洞隧道，即上下行线路不在同一洞内时，分以下两种情况处置：

a. 本线换乘时，开启隧道照明后，比照区间本线换乘办理，组织旅客从会车侧车门下车，但须安排人员做好防护，防止旅客误入疏散通道进入邻线隧道。

b. 邻线换乘时，故障车列车长首先确定列车临靠的最近救援通道编号(在救援列车到达前不得打开救援通道门)，由列车长通报司机，司机向列车调度汇报，列车调度据此安排救援列车的停靠位置。故障车列车长根据救援通道位置，确定距救援通道最近的两个车门，通知列车工作人员做好换乘准备工作。

救援列车停稳后，救援车列车长安排人员打开救援通道门及距救援通道最近的两个车门，架设疏散舷梯(安全渡板)或应急梯，做好换乘准备，完成后通知故障车列车长，

故障车列车长接到救援列车长的通知后，立即安排打开车门，架设疏散舷梯(安全渡板)或应急梯，组织旅客换乘。

故障车列车长会同乘警全列巡视，确认旅客换乘完毕，并确认双侧隧道及救援通道内无滞留旅客及遗留行李后，通知救援车列车长，双方办理交接，故障车列车长负责关闭两侧救援通道门和隧道照明，并通知本车司机，由司机向列车调度汇报。

救援车旅客换乘完毕，列车工作人员应将疏散舷梯(安全渡板)或应急梯收好定位存放，锁闭车门并向司机反馈信息。救援车列车长代表铁路部门向旅客致歉。故障车列车工作人员跟随原车底返回，如故障车在最近营业站停车时，列车乘务人员可根据车队安排，携带备品备件下车退乘。

3. 动车组列车车门故障时的应急处置

(1)动车组运行中，列车工作人员接到旅客报告或发现车门出现故障后，应立即采取安全

防护措施，并报告列车长，同时应锁闭靠近故障车门的内端门。

(2)列车长立即通知司机、随车机械师，并与随车机械师赶赴现场处理。

(3)随车机械师确认故障车门不能及时修复时，列车长应及时组织人员设置警示带，并报告司机、段值班室以及客服调度，客服调度通知前方停车站避开故障车门，做好旅客乘降组织。同时列车长应在列车到站前提前组织故障车厢旅客到邻近车厢下车。

(4)列车停站或开车前出现全列或单个自动开关门装置故障时，由司机通知随车机械师和列车长，随车机械师负责处理相关故障，列车长组织全体列车工作人员负责手动开关车门并引导旅客有序乘降。

4. 动车组列车运行中车辆发生异音、异状、异味时的应急处置程序

(1)列车工作人员发现或接到反映车辆下部有拖、拉、击打声，上下振动声，连续摩擦声等异音的通知时，或遇有动车组车辆突发剧烈上、下跳动；车体剧烈摆动；连接处明显下垂；走行部有剧烈连续的摩擦震动声等异状时，列车工作人员应立即采取紧急停车措施并通知司机及随车机械师。

(2)列车工作人员发现或接到反映有烧焦和橡胶、塑胶熔化等刺激性异味的通知时，要立即向列车长汇报，列车长立即通知司机、随车机械师以及乘警。随车机械师与列车长要迅速赶到现场检查确认，并将现场情况及时告之司机。

(十一)发生旅客误操作紧急报警按钮(紧急制动阀)

(1)列车工作人员应立即了解情况，根据乘车信息系统显示及时报告列车长与随车机械师，列车长立即联系司机，说明报警原因。

(2)列车工作人员配合乘警调查事情经过，做好记录，并形成详细的书面报告。

(十二)动车组运行中遇异物击车，造成车窗玻璃被击碎

(1)列车工作人员要迅速报告列车长，列车长通知乘警、随车机械师赶赴现场，并通知司机采取相应措施。

(2)如造成人身伤害，列车长应按有关规定处理；通知保洁员迅速清理车内玻璃碎片，防止扎伤旅客；调整破损车窗附近旅客座位，同时做好安全宣传和防护。

【引导案例分析】

(1)立即报告。车站发现超过15 min无法正常在售票窗口办理电子客票的换票、退票、改签业务，或大量旅客持二代居民身份证无法正常进、出站检票时，应立即向铁路局(集团公司)客运处、信息技术处汇报。

(2)确定故障短时间无法解决时，由客运处通知车站启动电子客票应急模式。车站接到通知后，进入应急模式，根据实际情况启用电子客票应急窗口。

(3)换票处置：

①车站在应急模式下只办理乘车站为本站的电子客票换票业务。

②当车站售票业务正常时，售票员可使用售票程序中的“应急换票”功能，办理旅客换票业务。

③当出现其他故障，车站无法正常办理售票业务时，按要求启动应急售票系统，并在应急售票系统中的“电子客票换票应急”程序办理换票业务。

④查询电子客票信息异常或失败时，售票员可输入旅客提供的身份证件号码和订单号，或身份证件号码和购票短信中的车次、到站、车厢号和席位号，打印“应急乘车凭证”，系统自

记录应急换票存根。需报销的旅客可凭有效身份证件和"应急乘车凭证"在10天内到任一可办理电子客票换票的车站换取车票。

⑤故障恢复后,铁路局(集团公司)客运处应立即通知车站终止应急状态,车站电子客票应急窗口退出"电子客票换票应急"程序,自动将应急换票存根数据上传至铁路总公司电子客票库,进行信息比对处理,发现存在虚报身份信息或购票信息等恶意行为,换取"应急乘车凭证"的旅客,将其列入互联网售票黑名单。

(4)退票处置:

①已换成纸质车票的按退票有关规定办理。

②持电子客票旅客要求在车站退票时,售票员给旅客开具"受理退票凭证"一式三联,第一联交收入稽核所留存,第二联由旅客签字后收回车站留存,第三联交旅客。故障恢复后,经铁路局(集团公司)确认应急换票存根处理完毕,方可根据"受理退票凭证"联机核验和补办正常退票、退款业务。车站"受理退票凭证"在联机正常处理后随原票上缴收入部门。

③旅客可持有效身份证件和"受理退票凭证"于10日内到办理车站领取退票手续费凭证。

(5)改签处置。改签业务车站可采用退原票(原退)、售新票的方式办理,开具原票的"车票收回凭证"或"受理退票凭证"后,给旅客发售一张新票。待系统恢复正常后,将原票办理后续退票业务。

技能演练

1. 实训项目

列车运行中发生特殊情况的处理。

2. 实训内容

旅客在列车上发生急病、死亡的处理,旅客在列车上发生伤害事故的处理。

3. 实训要求

(1)熟悉掌握列车运行中发生特殊情况的处理依据和处理办法。

(2)熟悉旅客在列车上发生急病、死亡的处理程序。

(3)正确掌握客运记录的填写方法。

(4)正确掌握事故速报的填写方法。

4. 实训报告要求

(1)列车发生特殊情况处理时应列明处理依据。

(2)客运记录、事故速报填写要标准,文字必须工整,不能涂改。

复习思考题

1. 旅客安全运输的意义何在?保证旅客安全运输的措施有哪些?
2. 什么叫运输阻碍?运输阻碍的种类及造成原因有哪些?发生运输阻碍应如何处理?
3. 旅客在候车期间或在列车上发生急病、死亡应如何处理?
4. 旅客人身伤害事故的种类与等级如何划分?旅客发生人身伤害事故应如何处理?

参 考 文 献

[1] 中华人民共和国铁道部．铁路旅客运输规程．北京:中国铁道出版社．2011.
[2] 中华人民共和国铁道部．铁路旅客运输办理细则．北京:中国铁道出版社,2011.
[3] 中华人民共和国铁道部．铁路客运运价规则．北京:中国铁道出版社,2011.
[4] 中华人民共和国铁道部．铁路旅客运运输管理规则．北京:中国铁道出版社,1994.
[5] 彭进．铁路客运组织．北京:中国铁道出版社,2008.
[6] 劳动和社会保障部．客运值班员(国家职业标准)．北京:中国铁道出版社,2013.
[7] 劳动和社会保障部．售票值班员(国家职业标准)．北京:中国铁道出版社,2013.
[8] 劳动和社会保障部．列车值班员(国家职业标准)．北京:中国铁道出版社,2013.